O DILEMA DO CRESCIMENTO

Preencha a **ficha de cadastro** no final deste livro
e receba gratuitamente informações
sobre os lançamentos e as promoções da Elsevier.

Consulte também nosso catálogo
completo, últimos lançamentos
e serviços exclusivos no site
www.elsevier.com.br

LAURENCE CAPRON

WILL MITCHELL

O DILEMA DO CRESCIMENTO

CONSTRUIR, TOMAR EMPRESTADO OU COMPRAR: QUAL A MELHOR DECISÃO ESTRATÉGICA PARA CRESCER E INOVAR

Tradução
Alessandra Mussi

Do original: *Build, Borrow, or Buy*
Tradução autorizada do idioma inglês da edição publicada por Harvard Business School Review Press
Copyright © 2012, by Harvard Business School Publishing Corporation

© 2013, Elsevier Editora Ltda.

Todos os direitos reservados e protegidos pela Lei nº 9.610, de 19/02/1998.
Nenhuma parte deste livro, sem autorização prévia por escrito da editora, poderá ser reproduzida ou transmitida sejam quais forem os meios empregados: eletrônicos, mecânicos, fotográficos, gravação ou quaisquer outros.

Copidesque: Shirley Lima da Silva Braz
Revisão: Edna Cavalcanti e Roberta Borges
Editoração Eletrônica: Estúdio Castellani

Elsevier Editora Ltda.
Conhecimento sem Fronteiras
Rua Sete de Setembro, 111 – 16º andar
20050-006 – Centro – Rio de Janeiro – RJ – Brasil

Rua Quintana, 753 – 8º andar
04569-011 – Brooklin – São Paulo – SP – Brasil

Serviço de Atendimento ao Cliente
0800-0265340
sac@elsevier.com.br

ISBN 978-85-352-6398-5
Edição original: ISBN: 978-1-4221-4371-1

Nota: Muito zelo e técnica foram empregados na edição desta obra. No entanto, podem ocorrer erros de digitação, impressão ou dúvida conceitual. Em qualquer das hipóteses, solicitamos a comunicação ao nosso Serviço de Atendimento ao Cliente, para que possamos esclarecer ou encaminhar a questão.

Nem a editora nem o autor assumem qualquer responsabilidade por eventuais danos ou perdas a pessoas ou bens, originados do uso desta publicação.

CIP-Brasil. Catalogação na fonte
Sindicato Nacional dos Editores de Livros, RJ

M668d
    Mitchell, Will
        O dilema do crescimento: construir, tomar emprestado ou comprar: qual a melhor decisão estratégica para crescer e inovar / Will Mitchell, Laurence Capron; tradução: Alessandra Mussi. – Rio de Janeiro: Elsevier, 2013.
        23 cm

        Tradução de: Build, borrow, or buy
        ISBN 978-85-352-6398-5

        1. Desenvolvimento organizacional. 2. Planejamento empresarial. 3. Planejamento estratégico. I. Capron, Laurence. II. Título.

12-9215.
                                            CDD: 658.4092
                                            CDU: 65:316.46

Os Autores

Laurence Capron é titular da cadeira Paul Desmarais de Parcerias e Propriedade Ativa no INSEAD, na França, e diretora do Programa de Educação Executiva do INSEAD em Estratégia Corporativa e M&A. Suas atividades de pesquisa e ensino concentram-se em M&A, alianças, desenvolvimento corporativo e estratégia de portfólio. Ela leciona nos programas de MBA executivo e PhD do INSEAD e é autora de inúmeros artigos, entre os quais "Finding the Right Path" na *Harvard Business Review* (com Will Mitchell).

Laurence recebeu várias distinções e prêmios, que incluem o Best Teaching Award do INSEAD, por seu programa de MBA eletivo, M&A e estratégia corporativa, ministrado no INSEAD e na Wharton. Também recebeu vários prêmios importantes na área de pesquisa, como o Academy of Management's Best Paper Award, o McKinsey/Strategic Management Society Award e o HEC Paris Foundation Best Doctoral Dissertation Award. Foi ganhadora do 2011 Prix Académique Syntec du Conseil en Management, na França, pelo melhor trabalho de pesquisa na categoria de Estratégia e Finanças. O foco de sua pesquisa atual é o modo como as empresas obtêm novos recursos e usam M&A, alianças e licenças para complementar seu crescimento orgânico.

Laurence ingressou no INSEAD em 1997, depois de obter seu PhD em estratégia pela HEC (Hautes Études Commerciales) de Paris. Foi professora convidada de estratégia em MIT Sloan (2011–2012), Wharton (2005–2006) e na Kellogg (2004–2005). De 2007 a 2010, dirigiu a INSEAD-Wharton Alliance. É também membro do conselho editorial do *Strategic Management Journal*.

Will Mitchell é professor J. Rex Fuqua de Gestão Internacional na Fuqua, Faculdade de Administração da Duke University, e titular da cadeira Anthony S. Fell em Novas Tecnologias e Comercialização na University of Toronto, onde atualmente é professor convidado de Gestão Estratégica na Rotman School of Management. Will obteve seu PhD na Faculdade de Administração da University of California – em Berkeley, CA – e é graduado em Administração pela Simon Fraser University em Vancouver. Antes de ingressar na Duke University, foi acadêmico da University of Michigan.

Will leciona nos programas de MBA, PhD e Educação Executiva da Duke e da University of Toronto, bem como em programas na África, na Ásia e em outros locais. Ministra cursos em dinâmica empresarial, estratégia corporativa, em mercados emergentes e na indústria farmacêutica; empreendedorismo e gestão no setor de saúde.

Will estuda a dinâmica empresarial em países de mercados desenvolvidos e emergentes, investigando como os negócios mudam de acordo com as mudanças nos ambientes competitivos e, por sua vez, como essas alterações contribuem para o sucesso ou o fracasso contínuo nos âmbitos corporativo e social. A pesquisa enfatiza as mudanças técnicas e organizacionais, que incluem TI (Tecnologia da Informação), Tecnologia de Produtos, Estruturas e Processos Organizacionais e Ambientes Institucionais. Will publicou muitos trabalhos sobre estratégia e serviços médicos. Sua atual pesquisa concentra-se em como as empresas selecionam e gerenciam diferentes modos de mudança, como M&A, alianças, intercâmbio de recursos discretos e desenvolvimento interno. Ele está estudando as causas e os efeitos dessas mudanças para empresas que operam em vários setores da América do Norte, Ásia e África, com foco especial em empresas de biociências e várias entidades que operam em mercados emergentes.

Will é muito atuante em associações profissionais e corporativas. É coeditor do *Strategic Management Journal*; membro do conselho editorial de várias publicações relacionadas à estratégia na América do Norte, Ásia e Europa; e membro do Conselho do Neuland Laboratories, Ltd. (Hyderabad).

Prefácio

De várias maneiras, este livro começou na University of Michigan, em Ann Arbor, durante o outono de 1993. Separadamente, estudávamos como as empresas às vezes sobrevivem e se ajustam em ambientes dinâmicos, especialmente como usam aquisições, alianças e outros mecanismos para adquirir e recombinar recursos estratégicos. Nosso primeiro encontro, seguido de um trabalho em conjunto, levou a duas décadas de uma grande amizade entre nossas famílias, à pesquisa em colaboração e ao ensino de como as organizações competem e sobrevivem ao desenvolver sólidas estratégias de seleção e gerenciamento de recursos.

Este livro resulta, mais diretamente, da pesquisa que fizemos na última década – com base em nossos primeiros projetos – sobre como as empresas "constroem, tomam emprestado ou compram" os recursos necessários para competir com sucesso e, especificamente, como escolhem entre as inúmeras opções de obtenção de recursos disponíveis. Ao longo dessa pesquisa, tivemos o privilégio de manter contato com executivos de algumas das maiores empresas do mundo, de diversos setores e locais geográficos. Somos imensamente gratos pela boa vontade dos executivos em compartilhar suas experiências – boas e ruins. Sua sinceridade foi inspiradora, e seus insights, indispensáveis ao nosso progresso. Suas histórias aparecem em todo o livro.

Também fomos muito agraciados com ideias e textos de colegas e outros acadêmicos que forneceram insights indispensáveis dentro do amplo domínio das teorias evolucionárias e ecológicas, capacidades dinâmicas e troca entre empresas. Somos especialmente gratos pela inspiração de Rajshree Agarwal, Erin Anderson, Ashish Arora, Jay Barney, Glenn Carroll, Wes Cohen, Karel Cool, Michael Cusumano, Yves Doz, Kathleen Eisenhardt, John Freeman, Alfonso Gambardella, Philippe Haspeslagh, Bruce Kogut, Dan Levinthal, Marvin Lieberman, Phanish Puranam, Brian Silverman, Harbir Singh, David Teece, Michael Tushman, Oliver Williamson, Sidney Winter e Maurizio Zollo.

Ao longo dos anos, tivemos a sorte de trabalhar em dissertações, artigos e estudos de caso com talentosos coautores que nos ajudaram a desenvolver e aprofundar nossas ideias nas estratégias de construir-tomar emprestado-comprar. Esses nomes incluem Gautam Ahuja, Jay Anand, Asli Arikan, Joel Baum, Rich Bettis, Fares Boulos, Nir Brueller, Olivier Chatain, Pierre Dussauge, Bernard Garrette, Mauro Guillén, Connie Helfat, Rebecca Henderson, Glenn Hoetker, John Hulland, Jung-Chin Shen, Kevin Kaiser, Samina Karim, Ishtiaq Mahmood, Xavier Martin, Anita McGahan, Louis Mulotte, Anuradha Nagarajan, Joanne Oxley, Anne Parmigiani, Urs Peyer, Nathalie Pistre, Karen Schnatterly, Myles Shaver, Kulwant Singh, Anand Swaminathan, Bart Vanneste e Charles Williams. Os trabalhos desses profissionais e seus colegas estão citados nos anexos deste livro.

Também somos imensamente gratos por tudo o que aprendemos com nossos alunos – nos vários programas de MBA, MBA executivo, formação de executivos, gestão de saúde e PhD nas faculdades em que lecionamos e fizemos pesquisas nos últimos 20 anos. Dado o grande número de instituições em que tivemos o prazer de trabalhar (entre as quais, University of California em Berkeley, Duke, HEC Paris, INSEAD, Ivey Business School, Kellogg, Michigan, MIT Sloan, Toronto, Wharton, University of Witwatersrand e National University of Singapore), conhecemos legiões de alunos talentosos, com uma impressionante variedade cultural, de ideias e perspectivas. Seus pontos de vista enriqueceram este livro.

Recebemos incentivo e orientação formidáveis de nossos editores. David Champion ajudou-nos a organizar um esboço das ideias e orientou-nos durante o desenvolvimento deste livro. Tamzin Mitchell e Matt Darnell trabalharam na primeira etapa editorial, para não deixarmos o texto hermético demais. Lew McCreary colaborou com sua paciência e teimosia igualmente incansáveis para esclarecer nossa lógica e tornar o livro de fácil leitura. Melinda Merino se dispôs a correr o risco com este livro na Harvard Business Review Press.

Por fim, temos profunda gratidão a nossas famílias. Não teríamos escrito este livro sem a paciência e o apoio formidáveis que recebemos deles. Laurence agradece profundamente a seu marido, Pierre Chandon, e suas três filhas, Louise, Claire e Marie. Will também é imensamente grato pelo apoio de Dilys Bowman e de seus três filhos, Mairi, Tamzin e Luc – e promete chegar em casa em uma hora.

Laurence Capron
William Mitchell

Sumário

Os Autores		v
Prefácio		vii
	Introdução	1
	Dois funerais e um casamento	1
CAPÍTULO 1	Estrutura conceitual dos caminhos para obtenção de recursos	11
CAPÍTULO 2	Quando construir	35
	Desenvolvimento interno versus *obtenção de recursos externos*	35
CAPÍTULO 3	Quando tomar emprestado por meio de contrato	65
	Contrato básico versus *aliança*	65
CAPÍTULO 4	Quando tomar emprestado por meio de aliança	91
	Aliança versus *aquisição*	91
CAPÍTULO 5	Quando comprar	117
	Aquisição versus *alternativas*	117
CAPÍTULO 6	Realinhando seu portfólio de recursos	149
CAPÍTULO 7	Desenvolvendo sua capacidade de seleção empresarial	171
ANEXO A	Estrutura conceitual dos caminhos para obtenção de recursos: modelo completo	195
ANEXO B	O programa de pesquisa dos autores	197
Referências		203
Índice		213

Introdução
Dois funerais e um casamento

Há algo de errado na maneira como muitas empresas obtêm os recursos necessários para seu crescimento. Várias são muito boas em identificar quais são esses recursos e quase todas levam esse desafio a sério. Contudo, vemos um grande número de empresas – mesmo aquelas que gozam de alta reputação – enfrentando dificuldades em lidar com o crescimento, pois dão menos atenção à maneira correta de obter recursos do que à tarefa de identificá-los. As empresas subestimam a importância de analisar muito bem antes de escolher os caminhos certos para o crescimento, ou seja, se vão construir, tomar emprestado ou comprar. Como resultado, seguem escolhendo a esmo, sem disciplina, diligência ou princípios orientadores. Na verdade, é muito comum que não façam uma escolha consciente; fazem o que sempre fizeram, imaginando que a prática leva à perfeição. Mais tarde, quando não conseguem os resultados esperados em uma oportunidade promissora, jamais suspeitam que o problema teve início muito tempo atrás, com uma escolha malfeita.

Nosso objetivo com este livro é mostrar como criar um novo negócio com poderosa capacidade: a disciplina de escolher os melhores caminhos a seguir ao buscar oportunidades de crescimento. Com base em nossa pesquisa, desenvolvemos uma estrutura conceitual abrangente para decidir se a melhor maneira de alcançar o sucesso é construir, tomar emprestado ou comprar em diferentes circunstâncias e combinações distintas. As palavras que formam o subtítulo de nosso livro expressam um ponto de vista: (1) construir: *faremos por nossa conta*; (2) tomar emprestado: *precisamos da ajuda dos outros*; e (3) comprar: *vamos pagar para entrar no negócio*.

Naturalmente, dito dessa forma, o conceito até parece simples, mas não é. A busca por uma nova oportunidade geralmente exige recursos dos quais ainda não dispomos, que podem ser um conjunto de habilidades, know-how, tecnologias, métodos, competências, entre outros fatores. Para competir por essa oportunidade, é necessário criar os recursos necessários internamente ou obtê-los de fora.

Uma vez que as decisões sobre como obter esses recursos podem parecer bastante claras, algumas empresas reconhecem quão difícil – e importante – significa fazer uma escolha sensata diante de um número limitado de opções. Consequentemente, as empresas costumam embasar suas decisões em preferências e práticas conhecidas, depois de uma rápida reflexão sobre o assunto. Como vamos mostrar, esses hábitos descuidados explicam, em grande parte, por que tantas estratégias viáveis não prosperam, deixando de realizar todo o seu potencial.

Para ajudar a explicar o dilema que está no cerne deste livro, oferecemos três casos hipotéticos mostrando três abordagens diferentes à busca dos recursos indispensáveis para oportunidades de crescimento substancial. Chamamos essas estratégias de *crescimento dependente do caminho*, *crescimento oportunista* e *crescimento com construção-empréstimo-compra*. Os dois primeiros cenários esboçam o problema da escolha inadequada do caminho. O terceiro indica a via para as soluções que descrevemos nos próximos capítulos.

Crescimento dependente do caminho: o drama do mágico de um truque só

Merlin Manufacturing (os três exemplos são fictícios) é uma empresa de engenharia com trajetória de sucesso na criação de sistemas de controle industrial para clientes empresariais dos setores de refinação de petróleo e produtos químicos. Em geral, seus produtos são patenteados, altamente complexos e personalizados. Seu tradicional modelo de negócios foi muito bem elaborado e eles trabalham em estreito contato com os clientes para produzir soluções específicas.

Contudo, há algum tempo, os clientes passaram a exigir sistemas de controle com base na Internet, capazes de gerenciar vários locais de produção de um único local. Alguns executivos da Merlin previram essa situação e houve muito debate interno quanto a oferecer novos produtos baseados na web e, se fosse o caso, quando colocariam a iniciativa em prática. Entretanto, vários executivos do grupo de engenharia se mostravam céticos quanto à segurança e à consistência das abordagens de controle de processos pela Internet. Decidiram, então, adotar a postura de "esperar para ver" até que um dos concorrentes da Merlin lançou uma linha de produtos baseados na Internet.

Com o passar dos anos, a Merlin ampliou sua competência técnica, principalmente por meio de aquisições. A exemplo de várias empresas que "compram" sua ascensão na curva tecnológica, a Merlin acreditou que havia aprimorado sua capacidade de identificar e adquirir pequenas startups de tecnologia de ponta e inseri-las com sucesso em sua cultura. O modo "comprar", quase automaticamente, tornou-se a arma escolhida para lidar com as mudanças no ecossistema de controle industrial. A estratégia de crescimento da Merlin dependia exclusivamente do caminho, transformando-a em um mágico de um truque só.

Tempos depois, a Merlin desenvolveu processos personalizados para as aquisições, oferecendo treinamento de Fusões e Aquisições (M&A – Mergers & Acquisitions), ministrado por renomados consultores e acadêmicos. A liderança enfatizava a excelência nas aquisições com base em um primoroso conjunto de habilidades. A empresa acreditava que a fórmula tornava-se cada vez mais rápida e eficaz, acompanhando a subida do preço de suas ações na bolsa.

Acompanhando o ciclo inerente a cada novo avanço na curva tecnológica, agora a Merlin precisava elevar sua base de conhecimento de controle de processos via Internet. Para ingressar nesse novo mercado, teriam de aplicar sua fórmula mágica de aquisições e começar a fechar negócios.

Mas a seara de sistemas de controle de processos via Internet era um fenômeno novo e volátil. Os próprios engenheiros da Merlin o viam com ressalvas e havia uma atípica falta de entendimento interno em termos de como avaliar os possíveis alvos e quais perguntas fazer. Mesmo assim, a Merlin não poupou esforços para seguir em frente, mas não conseguiu alcançar os benefícios esperados. A *due diligence* era mais difícil, as negociações, mais acirradas, e a integração, cheia de atropelos – muitas pessoas-chave das empresas adquiridas pularam fora do barco bem antes da partida.

Rapidamente, Merlin perdeu terreno no novo nicho de mercado. Além disso, sofreu prejuízo em suas áreas essenciais, pois as novas aquisições desviavam atenção e investimentos. O preço das ações da Merlin sofreu um duro golpe e os executivos se dispersaram na tentativa de reconquistar a confiança dos investidores, num esforço mais difícil do que o esperado. Sem a costumeira magia, agora a própria Merlin tornara-se alvo de aquisição, acabando encampada e dividida por sua arquirrival.

A despeito de qual opção escolher após cuidadosa reflexão, uma empresa dependente do caminho provavelmente terá dificuldades com o crescimento – em especial, em situações competitivas que passam por constantes mudanças. Esse tipo de empresa não pode reagir com eficácia quando o setor ingressa em novas técnicas, mercados ou diretrizes normativas que tanto criam novas oportunidades quanto trazem novas ameaças aos negócios tradicionais.

Crescimento oportunista: quando escolhas arbitrárias levam ao caos

Maverick Publishing é uma estrela em ascensão no setor de mídia, cujos concorrentes já estabelecidos na mídia tradicional enfrentam os desafios das ofertas digitais que ameaçam o modelo de negócios com material impresso. Em comparação a esses rivais, a Maverick é altamente focada, enxuta e ágil, e agora desponta com habilidades digitais.

Onde outros entravam com tímidos passos miúdos e pequenos experimentos, a Maverick era agressiva, aproveitando todas as oportunidades para obter novos recursos digitais. Ouvia as argumentações dos gerentes de bancos de investimentos e comprava empresas de mídia na Internet; formava parcerias para desenvolver produtos interessantes nos nichos digitais e negociava licenças para aumentar sua competência técnica digital. Além disso, deu às equipes internas de desenvolvimento ampla autonomia para criarem recursos digitais.

A Maverick foi reconhecida pelos especialistas em mídia e negócios por sua estratégia vigorosa e pela maneira como misturava parcerias externas com explorações internas, em uma época em que os concorrentes exploravam bem menos, interna ou externamente.

Contudo, mesmo com os investimentos de tempo e dinheiro da Maverick em recursos novos e surpreendentes, os funcionários começaram a se sentir frustrados. A empresa, nem de longe, atingiu a força que deveria ter conquistado no mercado. As empresas adquiridas não estavam bem integradas e não surgiu nenhuma sinergia palpável. Não havia um controle claro do emaranhado cada vez mais evidente de licenciamentos e alianças formadas. Ninguém parecia capaz de articular a forma como cada parceria deveria contribuir para ofertas tangíveis que levariam adiante a estratégia digital. A falta de direcionamento claro e coerente desmotivou os funcionários, pois as numerosas e fragmentadas iniciativas de desenvolvimento de recursos acabavam puxando as pessoas em direções diferentes.

Em seu oportunismo agressivo, a Maverick agiu rapidamente, enquanto outras empresas do setor foram cautelosas, vacilantes e lentas demais. Mas também agiu de modo arbitrário. Uma deficitária coordenação estratégica norteava as decisões, financiando projetos internamente, trabalhando com parceiros em outros e procurando alvos de M&A para outros projetos. A empresa teve dificuldades em explorar os benefícios potenciais de toda essa atividade e, como resultado, submeteu os funcionários a um caótico processo de parcerias e aquisições caras e demoradas. Na verdade, a Maverick Publishing acabou com uma reputação de extrema desordem.

Ao contrário da estratégia de um truque só da Merlin, em parte a Maverick estava certa em usar vários caminhos para o crescimento. No entanto, não conseguiu analisar circunstâncias e contingências importantes que, como descobrimos, devem pesar nas decisões sobre quais caminhos de crescimento escolher para determinados tipos de recursos. Em vez disso, as decisões da Maverick quanto a construir, tomar emprestado ou comprar foram tomadas arbitrariamente em cada caso. Desse modo, o caos foi inserido no DNA da estratégia da Maverick.

Você reconhece tendências semelhantes, em sua própria empresa, de se tornar vítima de estratégias de crescimento oportunistas ou dependentes do caminho? Em caso afirmativo, qual seria o método mais eficaz para escolher os caminhos certos para o crescimento?

Crescimento no modelo construir-tomar emprestado-comprar: um remédio certo para cada doença

Considere uma terceira abordagem, a estratégia de *construir-tomar emprestado-comprar*. Nos últimos 30 anos, a Panacea Pharmaceuticals participou da revolução biotecnológica e liderou a criação do evolutivo modelo de rede de inovação global. Em sua trajetória, a empresa conheceu novas tecnologias e mercados em constante mudança, contando cada vez mais com um portfólio variado de P&D (Pesquisa e Desenvolvimento) interna, contratos básicos, alianças e aquisições para desenvolver e comercializar suas inovações farmacêuticas.

A Panacea emprega equipes de P&D de alto desempenho em todo o mundo, mas diferentemente de alguns concorrentes, há muito tempo ela complementa o desenvolvimento interno com recursos externos. A empresa elevou o padrão de investimento em projetos internos, a maioria dos quais deve contar com as habilidades comprovadas da organização em áreas terapêuticas essenciais.

Externamente, a empresa recorreu a inúmeras licenças, o que lhe proporcionou acesso aos compostos, produtos e habilidades desejados que complementam as atividades internas. A Panacea também buscou parcerias mais complexas – com o objetivo de, em conjunto, desenvolver novos produtos e explorar novos mercados – quando os contratos não foram suficientes para comportar os altos níveis de interação dos parceiros ou coordenar e proteger os recursos-chave.

Onde quer que alianças levassem a maior valor estratégico ou ao aumento substancial de colaboração necessário, a Panacea tentaria converter antigas parcerias em aquisições. Ela também fez encampações diretas em áreas terapêuticas importantes do ponto de vista estratégico às quais precisava de rápido acesso para obter os recursos capazes de acelerar o aprendizado interno.

Através da seleção cuidadosa de diferentes caminhos para a obtenção de novos recursos, a Panacea passou por uma transformação radical. Manteve sua posição de liderança acompanhando a expansão global do setor. Desenvolveu um entendimento disciplinado de quando criar um novo recurso internamente, quando contratar ou aliar outras empresas para tomar recursos emprestados e quando seguir o árduo caminho de adquirir outra organização.

Diferentemente da Maverick, a Panacea aprendeu a mesclar adequadamente as estratégias de construir, tomar emprestado ou comprar. Ao contrário da Merlin, evitou depender de um único truque, desenvolvendo várias habilidades, dominando os três modos com o julgamento experiente para saber quando cada uma seria mais garantida e produziria os resultados de maior sucesso.

A promessa do livro

Nossa pesquisa e experiência indicam que uma boa capacidade de construir, tomar emprestado ou comprar é uma ferramenta poderosa para alcançar o crescimento. O livro explica, passo a passo, a estrutura conceitual que permite escolher o melhor caminho para obtenção dos recursos necessários, a fim de competir com êxito quando novas oportunidades surgirem. Chamamos isso de criar uma *forte capacidade de seleção*. (Consulte o "Glossário de termos principais", no fim deste capítulo, para obter uma visão geral dos termos que usamos ao longo deste livro.)

À medida que apresentamos a estrutura conceitual dos caminhos para obtenção de recursos, mostraremos como várias empresas de pequeno e grande porte de todo o mundo desenvolveram estratégias de crescimento sustentável que refletem essa estrutura. Descreveremos como algumas cresceram mais rapidamente e com menos problemas que muitos concorrentes, tornando-se mais lucrativas e, portanto, conquistando vantagem competitiva de longo prazo. Essas empresas evitam muitas das armadilhas do crescimento aplicando um processo mais ordenado, colhendo os louros do trabalho árduo dedicado a seleção e implementação de suas estratégias de crescimento. Em contrapartida, contaremos como organizações que não conseguiram adotar ou que se desviaram desses princípios tiveram dificuldade para crescer de modo eficaz. Na verdade, esse tipo de erro costuma contribuir para a quebra das empresas – sejam elas startups dando os primeiros passos após um sucesso inicial, sejam líderes poderosos do setor em que atuam.

As ideias aqui apresentadas podem ser preciosas para muitos executivos responsáveis pelo processo decisório: para CEOs e outros integrantes da alta administração que estão moldando a visão estratégica da empresa, para integrantes da equipe de desenvolvimento corporativo que estão identificando quais são as etapas importantes para colocar a visão em prática e para ajudar qualquer tipo de pessoa responsável por tomar decisões quanto a onde e como procurar novos recursos. Cada um desses stakeholders desempenha papel indispensável na liderança, garantindo que a estrutura conceitual dos caminhos para obtenção de recursos proporcione grandes benefícios para a empresa.

Esperamos que você se beneficie dessa jornada de aprendizado. Vale lembrar que não há nenhum sistema infalível que forneça orientação passo a passo para tais caminhos. Os líderes ainda devem usar de bom senso e criar organizações com a disciplina necessária ao desenvolvimento de uma forte capacidade de seleção. Só por meio da combinação de sabedoria e disciplina é possível chegar ao *mix* ideal de modos de construir, tomar emprestado ou comprar.

GLOSSÁRIO DE TERMOS PRINCIPAIS

Os seguintes termos aparecerão ao longo do livro:

- **Recursos**: ativos necessários para criar bens e serviços para os clientes. Os recursos podem incluir *ativos físicos*, como instalações e equipamentos; *intangíveis*, como know-how e propriedade intelectual; ou *recursos humanos*, que incluem funcionários e outros stakeholders internos e externos que contribuem para as atividades da empresa.

- **Recursos estratégicos** são os necessários para reforçar as atuais vantagens competitivas, estabelecer as bases para a vantagem no futuro ou as duas coisas.

- **Recursos existentes ou atuais** são os que a empresa possui ou controla no momento, ou aos quais estabeleceu acesso confiável.

- **Recursos pretendidos** são os que faltam no presente e que a empresa deseja obter para criar novos bens e serviços valiosos para clientes atuais e futuros.

- **Lacunas de recursos**: a distância entre os recursos atuais e os pretendidos.

- **Capacidade de seleção**: a capacidade de escolher os caminhos adequados para preencher as lacunas de recursos.

- **Construir – desenvolvimento interno**: mudanças internas que a empresa realiza para criar valor, recombinando as capacidades já estabelecidas ou desenvolvendo novas aptidões. Esses esforços podem envolver treinamento interno, execução de desenvolvimento de produtos, contratação de novos funcionários ou construção de novas instalações. O desenvolvimento interno é a alternativa às três formas de obtenção de recursos externos: emprestar via contratos, alianças e aquisições (comprar).

- **Construir – ambiente exploratório interno**: um espaço independente no qual as equipes – trabalhando como Skunk Works* ou organizadas formalmente como unidades autônomas – podem experimentar novas ideias, recursos e modelos de negócios. Uma abordagem exploratória pode ser valiosa como forma de ganhar tempo para aprender sobre oportunidades incertas.

---

* *Nota da Tradutora*: Pequena unidade organizacional, pouco estruturada e independente, cujo objetivo é desenvolver um projeto específico ou fomentar a inovação. (Kotler, *Marketing de A a Z*, p. 56.)

- **Comprar – contrato**: acordos em condições normais de mercado para a compra de produtos ou serviços existentes de terceiros. Esses contratos incluem a compra imediata de tecnologias e serviços-padrão; licenciamento para uso de software, serviços e fontes de conhecimento especializado no país ou no exterior, acordos básicos de mercado e contratos de consultoria.

- **Comprar – aliança**: parcerias de colaboração contínua com outras empresas ou instituições (por exemplo, universidades). Em uma aliança, dois ou mais parceiros concordam em destinar recursos para trabalhar em conjunto por um período enquanto retêm autonomia estratégica. Os exemplos desse modelo incluem equity joint venture (quando existe investimento direto de capital, sujeito aos riscos do empreendimento) e nonequity joint venture (em que a posição do investidor é a de credor num empréstimo a ser pago, independentemente do resultado do negócio), alianças de marketing e P&D, investimentos de capital de risco corporativo, consórcio de várias entidades, franquias e acordos detalhados de outsourcing (terceirização). As alianças podem envolver acordos relativamente simples ou relacionamentos mais complexos, como contratos de várias fases, investimentos cruzados e complexos contratos de cessão de direitos. Todas as formas de alianças envolvem interação contínua entre os principais envolvidos que investem dinheiro e empenho para sustentar o trabalho na vigência do contrato. A independência dos parceiros significa que cada qual goza de autonomia estratégica – uma empresa não pode forçar os parceiros a fazer coisa alguma. De modo geral, as alianças são orientadas por contratos formais, mas todos os acordos são inevitavelmente incompletos, no sentido de que não conseguem especificar por completo todos os possíveis acontecimentos futuros.

- **Comprar – aquisição**: casos em que uma empresa compra pelo menos o controle de outra para poder usar livremente seus recursos. As aquisições fornecem direcionamento estratégico unificado tanto para o comprador quanto para a encampada. Às vezes, os compradores continuam a operar a organização adquirida como uma entidade independente, pelo menos no início, mas detêm o direito de integrar funcionários e outros recursos nas duas pessoas jurídicas para combinar operações e cocriar novos recursos. A aquisição pode implicar a compra de toda a organização ou de determinadas unidades de negócios de grandes corporações.

- **Desinvestimento**: a venda de unidades de negócios, linhas de produtos e ativos de grande porte.

CAPÍTULO 1

Estrutura conceitual dos caminhos para obtenção de recursos

Os ecossistemas de negócios mudam constantemente. As oportunidades vão e vêm com muita rapidez. A corrida é ganha pelos mais ágeis e rápidos. Para competir e crescer, empresas no mundo todo devem expandir-se com regularidade ou reinventar seus recursos. Empresas de mídia precisam de novas ofertas digitais, bancos de varejo devem disponibilizar serviços bancários pela Internet, montadoras de automóveis enfrentam pressão para oferecer tecnologias verdes, clientes de empresas alimentícias exigem produtos mais saudáveis e companhias farmacêuticas precisam constantemente absorver os frutos das pesquisas biomédicas. Na verdade, praticamente não existe nenhum setor em que a mudança não seja um curinga permanente.

O ritmo dessa efervescência competitiva, normativa, tecnológica e orientada ao mercado exige que as empresas analisem e preencham as lacunas em suas habilidades especializadas e no conhecimento que já possuem. Inevitavelmente, essas lacunas colocam os líderes diante de escolhas importantes.

Preencher essas lacunas é um desafio empresarial sem-fim. As companhias enfrentam uma diversidade impressionante de fontes de conhecimento e habilidades especializadas, além da crescente concorrência global para alcançá-las. Essa concorrência abrange tanto o mundo desenvolvido quanto os mercados emergentes em rápido crescimento. Cada vez mais, as empresas se veem navegando numa expansão global fronteiras geopolíticas e institucionais, uma realidade que afeta igualmente novos empreendedores e empresas estabelecidas, com bom lastro financeiro.

Contudo, independentemente de seu tamanho ou história, as empresas que buscam preencher as lacunas de recursos têm um número limitado de opções: podem inovar internamente (construir); celebrar contratos ou realizar alianças e joint ventures (tomar emprestado); ou fazer fusões e aquisições (comprar). Esse trio de categorias simples esconde uma complexa mistura de considerações que tornam difícil a seleção, e os resultados, incertos. Artigos na imprensa de negócios salientam a frequência com que as empresas não conseguem inovar, fechar contratos ou estabelecer alianças que permaneçam harmoniosas e produtivas ou não percebem as sinergias previstas de uma aquisição que parece ter um grande potencial.

Nossa pesquisa e experiência demonstraram que empresas de todos os tipos em todo o globo esforçam-se para encontrar e gerir os recursos críticos de seus sucessos futuros. Não conseguir obter novos recursos tem duas causas básicas. A primeira, e a de maior visibilidade, é que as empresas geralmente lutam para implementar os caminhos que escolheram a fim de obter os recursos; a segunda, e a menos compreendida, os caminhos escolhidos geralmente são os errados.

Como cada caminho apresenta muitas dificuldades, os executivos precisam entender quando um caminho faz mais sentido do que outro. Na verdade, a escolha do caminho errado tornará a implementação mais difícil e pode levar a uma *armadilha de implementação*. Nessa armadilha, a empresa fracassa porque se empenha cada vez mais para implementar o caminho errado para a obtenção dos recursos essenciais.

Nossa mensagem principal, em todo o livro, é simples: *as empresas que aprendem a selecionar os caminhos certos para obter novos recursos ganham vantagem competitiva*. Por outro lado, as organizações que, em vez de analisar cuidadosamente os passos dos concorrentes, reproduzem um método ultrapassado sem pestanejar – não importa o tamanho do esforço empreendido nessa trajetória – quase sempre vão tropeçar e cair. Vão perder terreno para as empresas que buscam abordagens mais disciplinadas para analisar, selecionar e equilibrar os diferentes caminhos de desenvolvimento de recursos. ("Um conto de dois negócios" destaca as vantagens e desvantagens dos inúmeros caminhos.)

UM CONTO DE DOIS NEGÓCIOS

O erro na seleção se encontra com o sucesso na seleção

A compra da Compaq Computer Corporation pela Hewlett-Packard (HP), em 2002, ilustra um conto de dois processos de seleção – um bem-sucedido e outro não.

Na época do negócio de US$25 bilhões, a aquisição da Compaq pela HP foi muito controversa. Mesmo assim, apesar de muitas previsões de catástrofe, o negócio ajudou a HP a completar sua transformação de empresa de instrumentos científicos em líder de computadores pessoais.

Menos bem-sucedidas foram duas aquisições anteriores realizadas pela Compaq. Desde a sua fundação, em 1982, até os anos 1990, a Compaq cresceu e se tornou uma das empresas líderes mundiais na fabricação de PCs para o varejo. Mas em meados dos anos 1990, a Compaq enfrentou a pressão da concorrente Dell e de outros rivais do setor. Em 1997 e 1998, a Compaq comprou a Tandem Computers, uma produtora de computadores comerciais high-end (de alta capacidade), e a Digital Equipment Corporation (DEC), fabricante líder de minicomputadores. A Compaq acreditava que essas duas aquisições lhe permitiriam competir com gigantes como a IBM, fabricante de computadores de grande porte.

A Compaq, porém, não tinha um projeto para integrar e explorar as propriedades adquiridas. Fundamentalmente, ela não poderia avaliar a viabilidade da integração pós-aquisição ou identificar as formas corretas para preencher as lacunas de recursos complementares. A Compaq batalhou para que as peças se encaixassem. A fragmentação resultante prejudicou sua capacidade de competir de forma bem-sucedida com os fabricantes de computadores mais bem integrados.

A Compaq cometeu dois erros em sua decisão de aquisição. Primeiro, não avaliou com cuidado as dificuldades ao absorver duas aquisições ambiciosas – e muito diferentes – em anos consecutivos. Segundo, por não ter analisado as questões de integração, a Compap acabou negligenciando os problemas em potencial que poderiam ter levado à desistência do negócio. Algumas vezes, os negócios não dão certo – em geral, por boas razões. Se você contar com conhecimento sólido o bastante para evitar um problema muito sério, terá a chance de mudar de ideia e ir atrás de uma estratégia de transformação mais adequada à sua organização. Mas a Compaq não conseguiu se recuperar das aquisições que não deram certo e acabou se tornando uma empresa-alvo. Em contrapartida, nos anos 1990, a HP evoluiu, de sua origem como uma inovadora de instrumentos científicos, tornando-se uma participante forte no segmento de minicomputadores e líder da indústria de impressoras para PCs.

No final dos anos 1990, a HP decidiu focar na indústria de computadores. Dividiu sua unidade de instrumentos científicos tradicionais em uma empresa separada, chamada Agilent. Em 2002, a HP via a Compaq como uma alavanca para ajudar a expandir sua presença no setor de computadores.

Ao contrário da Compaq, a HP prestou bastante atenção em como selecionar os recursos necessários para sua estratégia. Analisou com cuidado a viabilidade da integração da pós-aquisição e as formas de completar a aquisição com o desenvolvimento interno e o apoio da aliança. Antes de finalizar o negócio com a Compaq, a HP criou uma brigada de equipes de integração para especificar as atividades necessárias para a empresa empreender a integração dos recursos da Compaq e identificar os da HP, que se tornariam redundantes quando as operações estivessem unidas. A integração foi conduzida por Carly Fiorina, alta executiva muito respeitada que se reportava diretamente ao CEO da HP. Imediatamente após o fechamento do negócio, um executivo sênior da Compaq juntou-se à equipe de integração como colíder.

Em paralelo, a liderança sênior da HP reconheceu as lacunas de recursos complementares que teriam de preencher através das estratégias de construir e tomar emprestado. Desse modo, a HP reuniu várias equipes de projeto para desenvolver pontes entre software e hardware que interligariam as partes importantes das empresas recém-integradas (por exemplo, ligando os computadores da Compaq às linhas de impressoras da HP). Além disso, a HP identificou parceiros para ajudá-la a expandir o negócio integrado. Uma dessas iniciativas foi trabalhar em estreita interação com a SAP para desenvolver o software que a HP precisaria para seus serviços expandidos orientados aos negócios.

A combinação das estratégias de construir, tomar emprestado e comprar que se seguiram à aquisição da Compaq levou a mudanças importantes na HP durante a década seguinte – e, por fim, ao sucesso financeiro. A empresa demitiu milhares de pessoas das empresas-alvo e unidades tradicionais da HP. Ao mesmo tempo, porém, contratou pessoal para apoiar a mudança na direção estratégica. A empresa rapidamente tornou-se a maior fabricante de PC do mundo e reforçou sua liderança no negócio de impressoras.

Os resultados financeiros iniciais foram medíocres. Houve prejuízos em 2002 e baixa lucratividade até 2005. Em 2006, contudo, a transformação produziu sucesso substancial. A HP retornou a uma forte lucratividade, com crescimento nas vendas de até 50%, enquanto aumentou o pessoal em somente 10%. Ao longo dos cinco anos seguintes, a empresa cresceu em vendas para além de 50%, mantendo a lucratividade – apesar de ter dobrado o pessoal ao investir em áreas de negócios transformados para firmar sua liderança de mercado.

Naturalmente, nenhuma transformação isolada pode responder pela contínua dinâmica competitiva. Em 2012, sob nova liderança, a HP pensa em realizar novas mudanças no *mix* de negócios. Como parte dessa mudança, a empresa adquiriu a Autonomy Corporation por US$10 bilhões, em 2011, para fornecer recursos que a HP vai precisar para expandir os negócios de gerenciamento de informação.

Como observado na introdução, nossa estrutura conceitual dos caminhos para obtenção de recursos passo a passo ajuda você a escolher a melhor maneira de obter os recursos necessários para explorar oportunidades estratégicas. Parte do poder dessa estrutura é sua simplicidade. Mesmo assim, você pode esperar pela influência de pressões internas e externas, bem como por mudanças de rumo advindas de outras pessoas com poder de decisão.

Por quê? É da natureza humana que os líderes de negócios confiem repetidamente naquilo que conhecem melhor. Com o passar do tempo, as organizações desenvolvem uma forma dominante de obter recursos. Uma organização forte em P&D (Pesquisa e Desenvolvimento) pode, naturalmente, recorrer à inovação interna como um meio para a obtenção de recursos. Uma empresa que tenha crescido através de aquisições, frequentemente verá cada nova lacuna como uma oportunidade para comprar novamente. Uma companhia que valoriza respostas rápidas e alta flexibilidade em novos mercados talvez prefira tomar emprestado o que precisa através de alianças temporárias convenientes ou contratos de aquisição bem-definidos. Cada tipo de organização cresce em uma abordagem padrão para conseguir o que precisa. E cada abordagem padrão torna-se um martelo que vê cada oportunidade como um prego.

Consequentemente, a maioria das empresas terá de abandonar os velhos hábitos. E hábitos antigos custam a desaparecer! Você precisará de muita disciplina para se manter no curso. Mas se conseguir, responderá a cada nova oportunidade de maneira adequada. O sucesso vai depender menos de forças externas, como mercados e tecnologias, do que da disciplina e do comprometimento de importantes tomadores de decisão dentro da empresa.

A maioria das empresas pensa muito pouco sobre o caminho que escolhe, concentrando-se mais na implementação – e acaba se perguntando por que todo o trabalho árduo que tiveram foi inútil. Ao focar no desafio da seleção, a estrutura conceitual dos caminhos para obtenção de recursos leva a uma implementação mais eficaz por causa de sua ênfase no caminho certo. Vamos começar comparando as escolhas básicas de caminhos.

As escolhas dos caminhos para obtenção de recursos

Construir através de inovação ou desenvolvimento interno pode criar um novo valor poderoso decorrente da recombinação dos recursos existentes, mas até mesmo as empresas de P&D mais agressivas não conseguem criar todas as habilidades e recursos necessários apenas com os esforços de desenvolvimento interno. As empresas devem recorrer a fontes externas para complementar o crescimento orgânico. A obtenção de recursos externos pode assumir muitas formas. No nível mais simples, na busca de recursos, é possível contratar outras organizações dispostas a vender os recursos necessários. Por outro lado, é possível adquirir recursos trabalhando em colaboração ou comprando outra empresa.

Muitas vezes, a aquisição é apontada como o caminho mais rápido para a obtenção de uma carteira de recursos – juntamente com equipes de apoio, processos e culturas. Contudo, comprar uma empresa requer uma transação árdua de fusão e aquisição (M&A) e a integração pós-fusão da organização adquirida na controladora – um processo difícil que, não raro, fracassa.

Embora o desenvolvimento interno e a M&A sejam caminhos extremamente diferentes, ambos permitem que a empresa em busca de recursos exerça forte controle sobre aquilo que precisa e o valor que tais recursos, em última análise, produzirão. Como assumem que a propriedade ou o controle dos recursos são necessários para se conseguir vantagem competitiva, muitas empresas se veem diante de uma escolha simples: construir ou comprar.

Isso é um erro. Tomar emprestado novos recursos, por meio de contratos ou alianças com organizações parceiras, muitas vezes é um excelente caminho. Contratos e alianças oferecem acesso temporário aos recursos pretendidos em termos mais flexíveis e com riscos e custos mais baixos que os de outros métodos. Conforme descrito a seguir, essa certamente foi a experiência da indústria farmacêutica.

De fortalezas para redes

Até os anos 1970, as multinacionais do setor farmacêutico enfatizavam as atividades internas de P&D, produção e recursos de marketing. As empresas baseavam-se essencialmente no crescimento orgânico, não dando importância a contribuições de inovadores externos. Nas décadas subsequentes, os desenvolvimentos em biotecnologia e genômica – amplificados pela disseminação global de recursos inovadores – estimularam muitas empresas farmacêuticas a abrirem seus processos de P&D para acomodar um *mix* de contratos, alianças e aquisições. Hoje, as principais empresas do setor em todo o mundo – como Eli Lilly (Estados Unidos), Sanofi-Aventis (França), Teva (Israel) e Astellas (Japão) – geralmente buscam inovação e pesquisa tanto dentro como fora de seus próprios laboratórios.

Dessa forma, as empresas farmacêuticas estão passando do antigo modelo autossuficiente, totalmente integrado, para um modelo em rede flexível e muito mais aberto. Em resposta a essa nova abertura, uma profusão de provedores de recursos surgiu para saciar o apetite crescente do setor farmacêutico por ativos de conhecimento e ferramentas de desenvolvimento.

Essa transformação não é exclusiva do setor farmacêutico. A tecnologia da informação está alimentando um *boom* de empresas especializadas em *analytics* (descoberta e comunicação de padrões importantes nos dados) e no desenvolvimento e na agregação de conhecimento. Não importa o setor, a capacidade para obter recursos de diferentes maneiras requer que você aprenda e domine quando construir, comprar ou tomar emprestado os recursos.

Todas essas três principais abordagens ao crescimento são de vital importância. Projetos de desenvolvimento interno, contratos, alianças e M&As constituem dezenas de milhares de negócios no mundo todo a cada ano. Além disso, o crescimento em cada tipo de atividade envolve quase todos os países e setores da economia – com volumes cada vez maiores de negócios e investimentos intersetoriais e transnacionais.

Em toda essa atividade, não há nenhuma mudança global discernível de uma forma dominante de obtenção de novos recursos para outra. Em vez disso, as empresas cada vez mais exigem capacidade sofisticada em toda a organização para usar vários métodos de obtenção dos recursos pretendidos *conforme as circunstâncias se justifiquem*.

Avançando em caminhos diferentes para o mesmo lugar

A escolha de um caminho não é nem óbvia nem fácil, mas é exclusiva para determinada empresa. Portanto, duas organizações do mesmo setor, enfrentando forças concorrentes similares, podem selecionar caminhos diferentes na obtenção de novos recursos. Supondo que as escolhas sejam feitas por meio de uma cuidadosa análise das várias opções, ambos os caminhos podem ser corretos para cada uma delas. Por outro lado, se cada empresa escolher automaticamente sua preferência tradicional, a escolha seria apenas o caminho certo por acaso!

No setor de smartphone, uma grande variedade de caminhos é utilizada para comercializar esses aparelhos portadores de inúmeros recursos. Enquanto algumas empresas mostram sinais de uma análise cuidadosa – incluindo um recurso sofisticado para várias estratégias destinadas a elementos diferentes da mesma inovação –, outras parecem trabalhar na base de tentativa e erro.

Por exemplo, a Nokia inicialmente usou a estratégia de tomar emprestado ao formar uma aliança, em 1988, com a empresa britânica de software, a Psion (juntamente com a Ericsson e a Motorola), para desenvolver o sistema operacional Symbian. Para ganhar o controle total da Symbian, a Nokia acabou comprando o sistema operacional da Psion em 2004. Nesse ínterim, a Research In Motion insistiu na estratégia de construir para tornar sua linha bem-sucedida de BlackBerry mais parecida com o smartphone. Ainda assim, a empresa tem de demonstrar que possui, por si só, os recursos necessários ao desenvolvimento interno. E a HP recorreu à estratégia de comprar para entrar no mercado de smartphones. Em 2009, adquiriu a Palm – fabricante do assistente digital pessoal (PDA) Palm e desenvolvedora do sistema operacional webOS, que a HP planejava usar em aparelhos que iam do smartphone aos PCs. A Apple, por sua vez, seguiu uma sofisticada estratégia de construir-tomar emprestado-comprar para seu iPhone, assumindo a liderança na concepção do sistema operacional, enquanto buscava e gerenciava várias alianças e licenças de tecnologia para outros componentes e fazia algumas aquisições importantes. A Google, juntando-se à briga do smartphone do alto de sua posição de líder na Internet, adotou as estratégias de comprar e tomar emprestado. Em 2005, adquiriu a Android, desenvolvedora de software móvel e, em seguida, passou a oferecer suporte à plataforma através de um consórcio de empresas de hardware, software e telecomunicações, complementados por alianças com fornecedores de smartphone, como a HTC e a Samsung.

Editoras tradicionais também seguiram caminhos divergentes para preencher as lacunas de recursos digitais. Publicar e-books, revistas on-line e outros ativos digitais exige habilidades altamente diversas e distintas das comumente encontradas nas editoras tradicionais. Entre elas, estão a capacidade de criar conteúdo multiplataforma, análises de dados mestre e interação com comunidades on-line.

Para preencher as lacunas de recursos digitais, uma empresa de mídia finlandesa, a Sanoma Group, adquiriu uma editora digital holandesa, a Ilse Media, que, à época, impulsionou o crescimento digital por toda a empresa. A Axel Springer, grupo líder do setor editorial alemão, realizou investimentos internos significativos na construção de habilidades digitais de seus atuais jornalistas e profissionais de marketing enquanto criava salas de notícias integradas e um grupo de vendas de publicidade de cross-media (cruzamento de mídia).

O Springer rapidamente descobriu que não poderia gerar crescimento suficiente ao transformar a impressão tradicional em formatos digitais. Assim, mudou os caminhos e deu início a várias aquisições de empresas de Internet "nativas" (AuFeminin.com e immonet.de) que estavam apenas indiretamente relacionadas às atividades principais de impressão. O Springer conduziu as empresas adquiridas com base nas condições normais de mercado enquanto decidia qual seria a melhor maneira de integrá-las com o passar do tempo. Esse exemplo – assim como outros cujo primeiro caminho escolhido acabou sendo abandonado – mostra como uma seleção mal analisada pode produzir resultados decepcionantes.

A editora britânica Pearson Group adotou uma estratégia mista de comprar-construir, adquirindo empresas digitais enquanto procurava aprimorar as habilidades do pessoal interno e preencher o fosso cultural entre a mídia impressa e a digital. E a Associated Press firmou parcerias de longo prazo com fornecedores de tecnologia selecionados em vez de adquirir ou desenvolver internamente as habilidades técnicas necessárias para criar ofertas digitais.

Da mesma forma, na indústria automotiva, os fabricantes adotaram maneiras diferentes de obter recursos no mercado de luxo. A Toyota usou o crescimento interno para fazer incursões no mercado de luxo com sua linha Lexus. Muitas outras usaram as aquisições para rapidamente adquirir tecnologias de luxo e nomes de marca. O conglomerado indiano Tata comprou a Jaguar em 2008 da controladora americana, a Ford, e a chinesa Geely adquiriu a Volvo em 2010, também da Ford. Mesmo assim, outras automotoras voltaram-se para acordos contratuais: a montadora romena Dacia licenciou a tecnologia da Renault (e, mais tarde, tornou-se parte da empresa francesa). Existem também mais parcerias importantes, como as alianças multiprodutos entre a francesa Peugeot-Citroën e a japonesa Mitsubishi Motors (nos veículos 4 × 4 e elétricos, em 2005 e 2010, respectivamente) e o *equity joint venture* (investimento direto de capital, sujeito aos riscos do empreendimento) franco-alemão formado em 2011, BMW Peugeot Citroën Electrification, para desenvolver sistemas híbridos.

Com toda essa variedade de escolha, como as organizações selecionam o caminho certo para obter determinado recurso necessário? Elas seguem princípios orientadores específicos? Os princípios dependem da natureza da lacuna, de pressões externas, pessoal e capacidades internas, custos, necessidade de agir rapidamente, inclinações dos CEOs ou de outros fatores? Na realidade, todas essas condições são relevantes quando uma empresa procura recursos estratégicos.

Em face dos riscos, seria de se esperar que elas tivessem processos bem desenvolvidos para selecionar o melhor modo para adquirir novos recursos. Mas, surpreendentemente, a disfunção é mais a regra do que a exceção. Nossa pesquisa ao longo dos anos mostrou que os executivos geralmente ficam confusos sobre o melhor caminho para a obtenção de recursos. Eles não têm acesso a ferramentas, diretrizes, ou sequer compartilham dos conhecimentos da empresa que os ajudariam a tomar decisões sensatas. O próximo exemplo – de um estudo que realizamos na indústria de telecomunicações global – ilustra as consequências.

A armadilha da implementação

No fim dos anos 1990, um fornecedor líder europeu de tecnologia de telecomunicações, com forte posição em tecnologia de voz, iniciou um esforço para competir no ambiente de dados em rápido desenvolvimento. A empresa – muito conhecida pela qualidade superior de suas habilidades de engenharia – havia muito favorecia as atividades internas de P&D e, assim, acabou escolhendo esse caminho. Como, à época, a maior parte da inovação de redes de dados acontecia no Vale do Silício, a empresa teve dificuldade em competir por novos talentos para sustentar o esforço de desenvolvimento interno. Na falta de know-how relevante, seus esforços internos de inovação fracassaram.

Por fim, os executivos da empresa perceberam que faltavam não somente as habilidades técnicas necessárias, mas até mesmo os contatos no setor e o nível de insight necessário para identificar o que havia de melhor em tecnologias, parceiros de consultoria e grandes talentos. Assim, formaram aliança com uma promissora startup no Vale do Silício, na esperança de que a colaboração pudesse ajudá-los rapidamente a aumentar sua credibilidade no mercado e as competências em redes de dados. Mas a aliança durou poucos meses em face dos desentendimentos entre os parceiros sobre estratégia de mercado e tecnologia que causaram um gargalo prejudicial que minou a colaboração.

Depois do fracasso dessas atividades de aliança e desenvolvimento interno, decidiram finalmente adquirir três empresas americanas e combiná-las em uma nova organização, baseada nos Estados Unidos, que pudesse gerir o negócio de comunicação de dados para o grupo corporativo. As aquisições finalmente proporcionaram posição de credibilidade no segmento de redes de dados.

Um executivo dessa empresa descreveu o doloroso processo de tentativa e erro, de construir para tomar emprestado e depois comprar: "Cada fracasso revelava mais o seguinte padrão: precisávamos alcançar determinado limiar de competência para alcançar um desenvolvimento interno eficaz ou ser um parceiro efetivo em uma aliança. Tivemos, finalmente, de voltar para as aquisições a fim de acelerar nossa área de P&D."

As histórias dessa companhia e de muitas outras exemplificam a *armadilha da implementação*: uma empresa trabalha obstinadamente para aperfeiçoar o curso de ação errado. Funciona assim: diante da necessidade de novos recursos, a organização sai em busca da forma que acredita ter dado certo no passado. Por exemplo, as equipes de P&D geralmente preferem desenvolver capacidades futuras através da inovação orgânica. Como nos disse o executivo de uma empresa de telecomunicações: "Temos capacidades técnicas fantásticas no setor de engenharia. O pessoal interno tende a achar que deveria ter a chance de buscar a inovação por conta própria. Precisamos romper essa barreira de percepção... Precisamos desenvolver a capacidade de administrar alianças e aquisições. A questão é como incutir essas capacidades de processo na mentalidade de nosso pessoal."

Infelizmente, quando as empresas realmente procuram romper essa barreira tentando algo novo, a tendência é não insistir na nova estratégia por muito tempo. O executivo de uma grande companhia americana de telecomunicações compartilhou sua frustração conosco ao dizer que, em vez de explorar as origens de seus fracassos iniciais com as alianças, sua empresa rejeitou qualquer possibilidade de considerar esse método no futuro.

O resultado é que muitas empresas adotam um pequeno conjunto de métodos para gerir suas atividades de desenvolvimento corporativo. Na verdade, ao ampliar seu arsenal estratégico, a empresa típica baseia-se fortemente em apenas um caminho dominante – em geral, apostam ou no desenvolvimento interno ou nas aquisições –, talvez complementado por um método secundário.

Por exemplo, nosso estudo do setor de telecomunicações descobriu que somente um terço das empresas pesquisadas usava com sucesso mais de dois métodos para a obtenção de novos recursos. Cerca de 40% baseavam-se fortemente em uma maneira principal de crescimento. Quando, de fato, adicionavam mais uma fonte de recursos, essa normalmente era apenas um caminho adicional: por exemplo, M&As para complementar o desenvolvimento interno.

Contar com um único modo dominante leva a acreditar que o sucesso depende do trabalho árduo da implementação desse modo. Os líderes empresariais muitas vezes responsabilizam a implementação ruim quando suas empresas encontram dificuldade ao tentar adicionar novos recursos. Mais da metade das 162 empresas de telecomunicações que entrevistamos sinalizava a implementação – em especial, a falta de pessoal e a capacidade (67%) e a incapacidade para integrar recursos externos de forma eficaz (50%) – como a principal causa de seus problemas.

Mas a culpa está no lugar errado. O verdadeiro culpado é um processo ineficiente na escolha dos caminhos certos para a obtenção de recursos. Prender-se a um caminho conhecido ou consagrado pode funcionar no curto prazo. Mas no longo prazo, a armadilha da implementação torna-se um ciclo autossustentado, em que cada novo recurso representa uma oportunidade para melhorar continuamente a implementação das atividades erradas. Para se garantirem, as empresas que caem nessa armadilha acabam fazendo muito bem as coisas erradas. Depois ficam profundamente frustradas quando há percalços diante da concorrência. Partindo do princípio de que a causa é a implementação, perpetua-se o problema.

Em vez disso, os executivos devem prestar atenção especial ao trabalho importante que precede a implementação: o processo disciplinado de selecionar a melhor maneira de obter novos recursos. Empresas que escolhem o melhor caminho integram os novos recursos de forma mais rápida, barata e eficaz do que os concorrentes. Nosso estudo sobre integrantes do setor de telecomunicações revelou que as empresas que usaram vários modos para obter novos recursos tinham chances 46% maiores de sobreviver mais do que cinco anos em relação àquelas que utilizavam somente alianças, 26% a mais de probabilidade em comparação às que usavam somente M&As e 12% a mais do que as usuárias de desenvolvimento interno.

Naturalmente, algumas empresas investem tempo e esforços consideráveis em suas decisões de construir-tomar emprestado-comprar. Ao longo deste livro, descrevemos muitas empresas que estudamos, incluindo organizações bem conhecidas no mundo inteiro. Mas mesmo as líderes de mercado podem cometer erros, às vezes apressando-se em fechar acordos sem fazer uma investigação aprofundada das implicações ou sucumbindo a pressões internas ou externas para favorecer um caminho em detrimento de outro. Os resultados desanimadores desses lapsos lembram às empresas a necessidade de reafirmar a disciplina necessária. Vejamos agora o que significa essa disciplina.

Procurando o seu caminho para os recursos

A estrutura conceitual dos caminhos para obtenção de recursos permite que você compare os eventuais benefícios e riscos de todos os possíveis métodos de obtenção de recursos e, em última análise, selecione a melhor opção para os recursos necessários. Na elaboração da estrutura, assumimos que sua empresa tenha desenvolvido uma estratégia corporativa e identificado as lacunas de recursos – seja por meio de atividades estruturadas de planejamento, seja através de outros processos mais assistemáticos. No entanto, o caso "Reconhecendo as lacunas dos recursos" chama a atenção para os problemas que podem surgir se esse trabalho não for feito de maneira adequada. Como uma preliminar útil, pode ser interessante reavaliar as atividades iniciais do planejamento estratégico e confirmar se as lacunas de recursos e os recursos pretendidos identificados alinham-se bem com a estratégia mais ampla de sua empresa.

RECONHECENDO AS LACUNAS DE RECURSOS

O velho ditado sobre dados de computador errantes – "se entra lixo, sai lixo" – aplica-se ao desafio de identificar corretamente as necessidades de recursos. É improdutivo seguir o caminho certo para os recursos errados. Dessa forma, você precisa estar certo de que definiu como alvo os recursos certos.

Às vezes, as empresas tropeçam no estágio inicial de mirar nos recursos certos para as estratégias estabelecidas, especialmente quando desfrutaram de grande sucesso em uma área de atuação dominante. Quando se trata de buscar uma nova estratégia, com uma nova linha de produtos ou em um novo mercado, os antigos hábitos e expectativas da empresa podem levá-las a um julgamento equivocado dos recursos necessários. Competências enraizadas, processos entrincheirados e o poder das marcas existentes podem impedir uma avaliação lúcida das lacunas de recursos – especialmente quando resultam de mudanças bruscas no ambiente competitivo ou do surgimento de novos mercados ou áreas.

Um exemplo típico desse tipo de falha ocorreu quando os bem-sucedidos produtores das locomotivas a vapor reagiram aos modelos a diesel e elétricos produzindo as locomotivas a vapor mais avançadas e baratas jamais vistas. Apesar do trabalho árduo, essas indústrias, outrora famosas, desapareceram em meio às névoas da história dos negócios e hoje são vistas apenas nos logotipos dos trens de brinquedo.

Mais recentemente, a Nokia e a Research In Motion esforçaram-se para reagir à popularização dos smartphones. Ambas supervalorizaram a relevância de seus recursos internos existentes em resposta aos avanços da Apple, Google, HTC e Samsung. Cada qual ficou bem para trás no mercado de smarthphones.

A falta de visão impede as empresas de verem que seus atuais recursos essenciais não estão à altura das demandas da concorrência do momento – um problema causado pelo desalinhamento das estratégias de gestão de recursos. Avalie o que acontece quando a administração está adequadamente alinhada. No exemplo das locomotivas do começo do século XX, uns poucos produtores de modelos a vapor – talvez o mais notável tenha sido a Siemens – reconheceram a oportunidade de ampliar os recursos já estabelecidos alinhando-se com empresas que detinham conhecimento especializado em tecnologias de modelos a diesel e elétricos. Eles se tornaram líderes na nova área porque visaram os recursos certos – aqueles que não possuíam internamente, mas reconheceram como essenciais à sua sobrevivência futura. Da mesma forma, no mercado de smartphones a Samsung combinou desenvolvimento interno com alianças focadas para ocupar uma posição de liderança nos sistemas baseados no Android.

Em geral, novas realidades competitivas exigem recursos radicalmente diferentes. Se sua empresa não conseguir entender quais recursos são necessários para competir no futuro, não faz muita diferença qual o caminho escolhido para obtê-los. Se você tiver dúvida sobre quais recursos são imprescindíveis para se alcançarem os objetivos corporativos, o primeiro passo deverá ser usar o processo de planejamento estratégico de sua empresa para identificar as principais lacunas de recursos.

Avaliando os diferentes caminhos para a obtenção de recursos

A estrutura conceitual concentra-se nos recursos que você julga estrategicamente importantes – aqueles que, quando somados, irão ou reforçar suas vantagens já existentes ou estabelecer as bases necessárias para outras novas. Continuaremos a enfatizar a questão da importância estratégica porque vai ajudá-lo a pensar sobre quanto investir em recursos que acabam por ter menos valor estratégico do que você acreditava inicialmente.

Estrutura conceitual dos caminhos para obtenção de recursos

Quatro questões compõem a seleção de caminhos diferentes (desenvolvimento interno, contratos básicos, alianças e aquisições). Essas questões têm origem em nossas entrevistas e trabalhos de campo em vários setores e países. Validamos a relevância de quatro critérios através de uma pesquisa de larga escala que realizamos no setor global de telecomunicações e por meio de discussões subsequentes com executivos de diversos setores e países, e com nossos alunos dos programas de MBA e MBA executivo. A Figura 1.1 ilustra a estrutura conceitual dos caminhos para a obtenção de recursos como uma árvore de decisões que abrange as quatro principais questões.

Embora as questões sejam bastante gerais para comportar a maior parte dos contextos, oferecemos detalhes adicionais ao longo do livro para ajudá-lo a adaptar suas decisões às circunstâncias específicas de sua empresa. O saldo deste capítulo resume as quatro questões-chave que irão nortear sua seleção de caminho.

FIGURA 1.1

A estrutura conceitual dos caminhos para obtenção de recursos como uma árvore de decisões

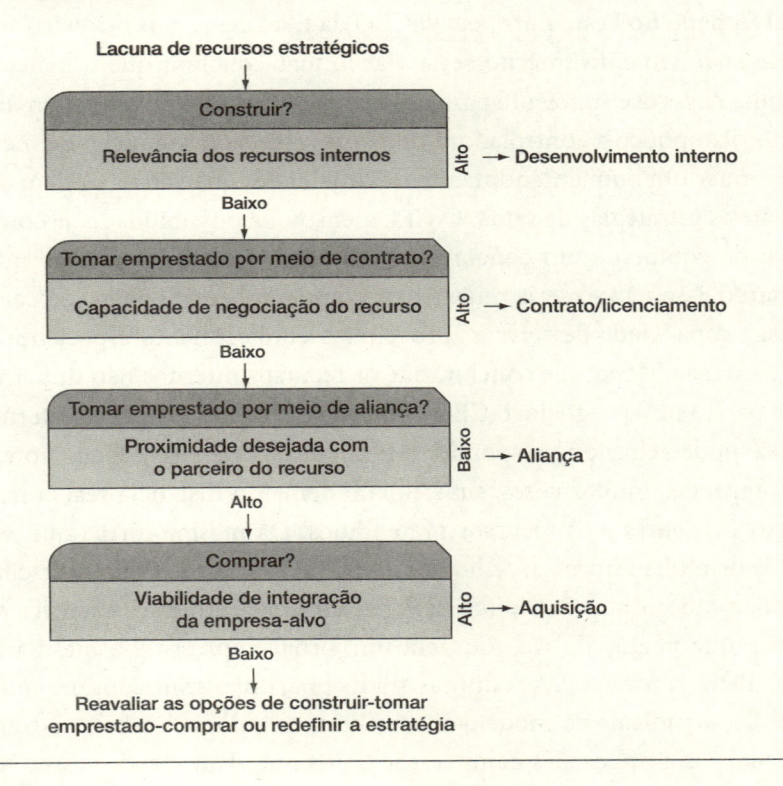

Lacuna de recursos estratégicos
↓
Construir?
Relevância dos recursos internos — Alto → Desenvolvimento interno
Baixo
↓
Tomar emprestado por meio de contrato?
Capacidade de negociação do recurso — Alto → Contrato/licenciamento
Baixo
↓
Tomar emprestado por meio de aliança?
Proximidade desejada com o parceiro do recurso — Baixo → Aliança
Alto
↓
Comprar?
Viabilidade de integração da empresa-alvo — Alto → Aquisição
Baixo
↓
Reavaliar as opções de construir-tomar emprestado-comprar ou redefinir a estratégia

Questão 1. Os recursos internos são relevantes?

Você pode aproveitar os recursos já existentes na empresa para satisfazer as novas necessidades? Desenvolver novos recursos internamente costuma ser mais rápido e mais eficaz do que obtê-los de terceiros. Mas essa estratégia é viável somente quando os recursos internos (bases de conhecimento, processos e sistemas de incentivos) são similares ao que você precisa desenvolver *e* superiores aos dos concorrentes na área-alvo. Se assim for, seus recursos internos são relevantes.

Com frequência, os recursos existentes não serão relevantes. Por exemplo, como a maior parte dos antigos recursos de mídia impressa das editoras tradicionais foi substituída pelos da mídia digital, essas organizações tiveram de obter recursos externos por meio de aquisições e parcerias – muitas vezes, depois de tentativas frustradas de fazer o pessoal interno aprender os truques do novo ofício.

Da mesma forma, recentemente, um banco de investimento global buscava desenvolver um empreendimento de participação acionária em empresas de capital fechado no Leste Europeu. O CEO da filial desse país primeiro avaliou se o desenvolvimento interno seria viável, mas concluiu que o banco local não tinha expertise suficiente para desenvolver esse tipo de oferta em âmbito interno. Tampouco a controladora tinha experiência nesse nicho de mercado – que requer um bom entendimento das atividades que vão da origem do negócio até as estratégias de saída. O CEO pensou na possibilidade de contratar alguém da equipe de um concorrente para dar suporte à inovação interna. Entretanto, isso não só seria muito caro, como também o banco colocaria em risco sua capacidade de reter e aproveitar o conhecimento especializado da equipe externa. Depois de concluir que os recursos internos não tinham relevância para o novo negócio, o CEO começou a analisar as opções externas.

Você pode achar que responder a essa pergunta é tarefa fácil. No entanto, as empresas, muitas vezes, subestimam demais a distância real entre seus recursos existentes e os recursos pretendidos. Da mesma forma que muitas editoras de mídia impressa, os líderes empresariais veem com mais facilidade as similaridades do que as diferenças profundas: "Informar, escrever e editar para uma página da web ou para um jornal impresso é a mesma coisa, certo?" Bem, sim e não. As editoras tradicionais não conseguiram entender as mudanças radicais no modelo de negócios, tecnologia, cliente e estratégias de receita, e as implicações da interação da comunidade – todos esses fatores que continuam evoluindo. Ao ver somente o que é semelhante, uma empresa pode fixar-se no desenvolvimento interno porque não tem consciência do que não sabe.

O desenvolvimento interno é repleto de obstáculos que as empresas geralmente negligenciam – até o final. Muitas escolhem o caminho de construir como sua primeira opção e somente consideram as fontes externas depois de sofrer duros golpes. Entre nossa amostragem de empresas de telecomunicações, 75% usavam o desenvolvimento interno como o meio preferido para a obtenção de novos recursos. Mas quando pedimos que avaliassem a eficácia do caminho interno, muitos executivos admitiram haver ficado desapontados. Quase metade disse que não conseguiu criar os novos recursos desejados porque não foi capaz de gerenciar, de maneira apropriada, o desenvolvimento interno e, aproximadamente, dois terços relataram atritos associados à integração e à difusão dos recursos criados internamente em toda a organização.

No Capítulo 2, vamos analisar como avaliar a relevância de seus recursos existentes para o desenvolvimento interno e como reconhecer – logo no início do processo de seleção – quando é melhor partir direto para a obtenção de recursos externos.

Questão 2. Os recursos pretendidos são negociáveis?

Uma vez determinado que será necessário obter os recursos externamente, você deverá avaliar que tipo de modelo usar – do mais simples e objetivo até o de maior custo, complexidade e comprometimento. (Por negociável, queremos dizer que é possível negociar e elaborar um contrato básico que vai tanto proteger os direitos das partes contratantes quanto especificar como os recursos serão intercambiados.)

A primeira opção é obter o que você precisa por meio de um contrato, uma forma básica de tomar emprestado recursos que outra empresa criou. Contratos em condições normais de mercado costumam ajudar as organizações a identificar, avaliar e obter um pacote de novos recursos e absorvê-los rapidamente. As indústrias farmacêuticas geralmente licenciam os direitos para registrar e comercializar medicamentos de outras empresas em determinados mercados geográficos. As indústrias químicas há muito utilizam contratos como uma forma de obter novos compostos moleculares. Por vezes, algumas concedem a licença dos direitos a compostos ou aplicações que não querem desenvolver por conta própria. Por exemplo, a W. L. Gore and Associates licencia os direitos de uso do polímero PTFE da DuPont na produção de implantes médicos e tecidos resistentes à chuva. As duas empresas sempre administraram esse relacionamento usando contratos básicos.

O fechamento de contratos quase sempre é a maneira mais simples de obter os recursos necessários. Entretanto, muitas empresas ignoram esse fato. Em vez disso, procuram primeiro uma aliança ou aquisição. Descobrimos que muitas superestimam sua necessidade de controle estratégico enquanto subestimam a probabilidade de alcançar o controle adequado através de relacionamentos com terceiros. Supervalorizar a necessidade de controle pode levá-lo a caminhos que desperdiçam recursos e, pior, negam a oportunidade de aprender com parceiros independentes. Sim, é necessário proteger os recursos essenciais de sua empresa, mas selecionar o modelo errado de obtenção de recursos pode inibir sua capacidade de repor tais recursos.

A confiança desempenha papel relevante na resposta a essa questão. Várias empresas temem que um parceiro externo possa não jogar limpo nos acordos ou que tenham de abrir mão de muita receita para um parceiro contratual se não controlarem a comercialização. Apenas um terço das empresas de telecomunicações que pesquisamos utiliza ativamente contratos para obter novos recursos. De fato, 70% disseram que escolheriam uma aliança ou aquisição em vez de um contrato, especialmente quando os recursos pretendidos afetam partes fundamentais de seus negócios. Somente 30% das empresas pesquisadas despenderam esforços sistemáticos para avaliar os recursos externos disponíveis dos fornecedores. Desse modo, a maioria decide por opções mais complicadas para a obtenção de recursos externos, sem antes analisar um expediente mais simples, como o licenciamento através de um contrato básico. Esse tipo de descuido é contraproducente.

É importante analisar atentamente as condições que podem ser favoráveis a um contrato básico *antes* de passar para alianças e aquisições – que requerem esforços de administração de tempo e atenção substancialmente maiores. Obter novos recursos por meio de contrato requer clareza na definição dos recursos pretendidos. Da mesma forma, é preciso entender como o valor de novos recursos será protegido (além de conhecer o sistema legal relevante e confiar nele).

Naturalmente, algumas vezes um contrato não é adequado. Mas a empresa não pode fazer esse julgamento sem primeiro investigar a opção. Lembre-se do banco de investimento global que queria lançar uma participação acionária em empresas de capital fechado em sua unidade no Leste Europeu. A equipe de liderança, inicialmente, analisou se contratava uma empresa local desse segmento. De acordo com esse esquema, o banco forneceria produtos, valor de marca e a coordenação global, enquanto o parceiro local providenciaria a seleção de investimento local, estruturação e monitoração do negócio e habilidades de saída. Para esse tipo de contrato, seria necessária uma sólida estrutura de incentivos a fim de garantir o alinhamento estratégico com o parceiro. Esse alinhamento se mostra de extrema importância porque o banco lidaria sozinho com os clientes no que diz respeito aos resultados dos investimentos, processos, ética e *due diligence* do parceiro. Além do mais, o esquema exigiria que a empresa de participação acionária em negócios de capital fechado contratasse novos funcionários para cuidar das tarefas que não estivessem explícitas no contrato a ser realizado. Depois de analisar essa opção, a equipe concluiu que os custos da transação entre as duas partes seriam extremamente elevados – impulsionados pelas grandes necessidades de coordenação e pelas preocupações de que os parceiros pudessem ou levar vantagem com o relacionamento ou não conseguir executar suas responsabilidades à altura.

No Capítulo 3, analisamos como avaliar a capacidade de negociação dos recursos pretendidos, ajudando-o a decidir quando obter os recursos pretendidos por meio de contratos básicos, como aquisição e concessão de licenças, e quando cogitar esquemas mais complexos, como alianças e aquisições com outras empresas.

Questão 3. Quão próximo você deve ficar de seu parceiro de recursos?

Quando os recursos pretendidos não são facilmente negociáveis, é bom cogitar uma aliança ou aquisição. Considerando-se a escolha entre essas opções, nossa mensagem é simples: como M&As são o caminho mais complexo, reserve-os apenas para quando realmente valer a pena ser profundamente colaborativo com o fornecedor do recurso.

Alianças podem assumir muitas formas, que vão desde parcerias de (P&D) e marketing até joint ventures independentes. Assim, alianças podem ser acordos relativamente simples ou relacionamentos complexos envolvendo contratos com vários estágios de investimentos cruzados e complicada estipulação de direitos. Todas as alianças, porém, dependem das interações contínuas, nas quais participantes independentes – que podem ser concorrentes, empresas complementares ou outras organizações (como universidades e instituições públicas) – comprometem os recursos para uma atividade em comum.

As empresas farmacêuticas geralmente usam as alianças para desenvolver e comercializar medicamentos específicos. Em muitos casos, adquirir a licença dos direitos ao uso de uma molécula poderia representar um risco, por causa da necessidade de participar ativamente do processo de desenvolvimento. Quando não é possível realizar o intenso controle que uma aquisição requer, as alianças possibilitam às empresas parceiras colaborar em projetos focados com objetivos explícitos.

Naturalmente, alguns projetos são tão complicados que o nível de interação do parceiro torna a colaboração impraticável. Na unidade do banco do Leste Europeu, por exemplo, a opção de aliança a princípio parecia promissora. Ela combinava os pontos fortes dos recursos globais e locais com sólidos incentivos para o parceiro local trabalhar com afinco a fim de expandir o negócio. A equipe rejeitou essa opção – depois de muita reflexão – porque o motivo dominante do banco em empreender a estratégia era construir um conjunto amplo de capacidades *para si próprio* e manter um controle rígido sobre o processo de investimento. O banco concluiu que o parceiro local de participação acionária em empresas de capital fechado se negaria a ajudar a lançar um novo concorrente. Pior ainda, o parceiro poderia usar seu alinhamento próximo para colher insights da concorrência no futuro. Havia também outra preocupação: a maior parte das empresas desse segmento não está acostumada às rigorosas exigências dos bancos mais tradicionais. A equipe temia que a estrutura da joint venture pudesse criar conflitos contínuos entre os parceiros sobre processos e governança.

A paranoia é uma condição comum nos negócios. Muitas empresas ficam desconfiadas da colaboração – quase sempre, por motivos equivocados. Como já observamos, muitos executivos supervalorizam o controle – e acreditam que a colaboração reduzirá o controle sobre os recursos.

Em nossas conversas com executivos das operadoras líderes de telecomunicações locais, muitos viam as alianças "como uma rota para diminuir nossas capacidades", como uma maneira "de comprar competências essenciais, em vez de compartilhar o conhecimento" e como uma saída que acabaria transformando parceiros em concorrentes. De forma geral, 80% dos executivos pesquisados compartilhavam as preocupações de exclusividade, controle e proteção dos recursos. Não causa admiração que 80% também tenham afirmado utilizar as M&As, em vez das alianças, para conseguir acesso exclusivo à empresa que controlava o recurso necessário. Mais de dois terços dos executivos também queriam manter o controle total sobre os próprios ativos, preferindo M&As a alianças para proteger seus diferenciais e recursos exclusivos.

Como se pode ver, com frequência é complicado administrar as alianças. Alguns analistas sugerem que não mais do que 30% delas conseguem atender às respectivas metas dos parceiros. Como as alianças são quase sempre transitórias, os executivos naturalmente temem as consequências negativas de colaborar com um parceiro que pode abusar deles antes, durante ou depois da vigência da aliança. Aqueles que conseguem superar esses medos terão de gerir ativamente as alianças durante todos os ciclos de vida e prever os *milestones* (marcos) de desenvolvimento e o término do acordo. Contudo, apesar dos riscos, você deve avaliar com cuidado o potencial de uma aliança antes de pular de cabeça no caminho da aquisição.

O Capítulo 4 vai ajudá-lo a decidir como escolher entre alianças e aquisições quando a colaboração entre empresas se fizer necessária. Como demonstraremos, as alianças são mais eficazes quando um número relativamente pequeno de pessoas e unidades organizacionais de cada parte tem de trabalhar em conjunto para coordenar as atividades coletivas. Um elenco limitado também torna mais fácil alinhar os incentivos dos parceiros. Mas se as ações conjuntas para obtenção e desenvolvimento dos recursos estratégicos exigirem um envolvimento *profundo* – para coordenar o uso de recursos ou tentar alinhar os objetivos, ou ambas as coisas –, você pode se beneficiar levando em conta uma aquisição. Terá comprado não somente os recursos-chave, mas também a certeza de reter o valor de sua exploração bem-sucedida.

Questão 4. Você pode integrar a empresa-alvo?

Antes de escolher o caminho da M&A, tenha em mente que as aquisições são quase sempre mais caras e tomam mais tempo do que, até mesmo, o cenário mais pessimista que se possa imaginar. Por uma boa razão, aquisição é o método de último recurso – reservado aos casos que não se adaptam a nenhum outro caminho. Contudo, isso não significa que você deva realizar a aquisição porque analisou e rejeitou outras saídas.

Se você valoriza o controle estratégico mais do que os recursos pretendidos e se já concluiu que modos que exigem menos em termos de integração (contratos ou alianças) não vão alcançar o que sua empresa busca de um relacionamento, então precisa avaliar se pode efetivamente integrar os recursos da empresa-alvo sem prejudicar a motivação dos funcionários em *ambas as empresas*. Em nosso exemplo do negócio de participação acionária em empresas de capital fechado, a equipe estava analisando se havia uma empresa-alvo local qualificada que estivesse disposta a fechar um acordo de venda por um preço viável. Concluíram que a aquisição parecia ser o melhor caminho e ofereceram a maneira mais rápida de desenvolver um produto. Ao contrário de um *team lift-out*, em que uma equipe é contratada de um concorrente, uma aquisição traria todo o conjunto de ativos da empresa-alvo (incluindo a reputação) para o banco. O modo de compra também oferecia maior liberdade na reestruturação das operações locais. Finalmente, a unidade do Leste Europeu se beneficiaria do apoio da matriz global, que tem capacidade forte na *due diligence* pré-aquisição e na integração dos novos ativos e funcionários pós-aquisição.

Contudo, a equipe de desenvolvimento corporativo estava totalmente ciente dos desafios da integração e da importância de reter os recursos pretendidos. Uma aquisição funcionaria somente se os recursos adquiridos pudessem ser totalmente aproveitados a fim de gerar oportunidades de investimentos com forte desempenho. Além do mais, o adquirente teria de agregar valor trazendo sua expertise jurídica, gestão de risco e *compliance* (cumprimento das normas) e garantindo uma sólida base de distribuição no país. Em resumo, a equipe teria de avaliar se a integração pós-acordo seria viável antes de decidir pela aquisição.

É muito difícil tornar as M&As bem-sucedidas. Para cada história de sucesso, há várias de fracassos: alguns estudos sugerem que – como acontece com as alianças – apenas 30% das M&As alcançam seus objetivos. A principal razão é que integrar a entidade adquirida quase sempre envolve obstáculos e gastos imprevistos. Os funcionários que você deseja reter – por terem grande capacidade – muitas vezes recebem ou buscam outras oportunidades. O grande poder e o potencial do modo de compra estão na mesma proporção que seus desafios. Por essa razão, é importante usar as aquisições de maneira seletiva.

O Capítulo 5 vai ajudá-lo a decidir em que circunstâncias é possível comprometer-se com uma aquisição em vez de outras opções que inicialmente pareciam inviáveis. Se não for provável que você consiga integrar os recursos adquiridos da empresa-alvo em sua organização, então reconsidere as seguintes alternativas: estabeleça versões mais complexas de modos diferentes de obtenção de recursos e os veja como experimentos de aprendizagem; investigue a possibilidade de direcionar recursos substitutos; ou analise seus objetivos estratégicos e depois revise ou abandone a busca de recurso atual.

Gerenciando o portfólio

A estrutura que descrevemos neste livro não só se aplica a decisões concernentes à aquisição de recursos, como também pode ajudar uma empresa a gerir, de forma dinâmica, como irá possuir e administrar os recursos adquiridos ao longo do tempo. No Capítulo 6, portanto, apresentamos um modelo para se avaliarem, de forma contínua, os recursos existentes, as lacunas de recursos e a necessidade de eliminar recursos que deixarem de ter utilidade. Por fim, no Capítulo 7, vamos ajudá-lo a gerenciar um portfólio equilibrado de construção-empréstimo-compra e a desenvolver forte capacidade de seleção em sua organização. Essas responsabilidades requerem não somente uma abordagem rigorosa para cada decisão de obtenção de recursos, mas também a capacidade de equilibrar todas essas decisões em toda a organização com o passar do tempo. Dessa forma, você conseguirá manter uma combinação viável de construir com base nas capacidades já existentes e explorar novas oportunidades. Esse equilíbrio coloca claramente os desafios significativos da liderança que vamos destacar em nossa discussão.

Vejamos agora a primeira escolha que você precisa fazer à medida que embarca na aquisição de um novo recurso.

CAPÍTULO 2

Quando construir
Desenvolvimento interno *versus* obtenção de recursos externos

Por bons motivos, a maioria das empresas, naturalmente, a princípio pensa no desenvolvimento interno quando precisa de novos recursos. Em última análise, o objetivo da busca por recursos estratégicos é ganhar vantagem competitiva. E, em geral, possuir recursos anda lado a lado com a vantagem competitiva. A capacidade de controlar a propriedade intelectual proporciona maior oportunidade para obter lucros contínuos – desde que você seja o primeiro a ter sucesso com produtos diferenciados. Quanto mais sua empresa puder realizar por si própria, mais capacidade terá para integrar, controlar e proteger os recursos essenciais. E, ainda por cima, evitará o trabalho e o custo de encontrar, definir preços, integrar e recombinar recursos de terceiros.

Em nosso estudo sobre as empresas de telecomunicações, 70% dos executivos preferiam o desenvolvimento interno à obtenção de recursos externos quando precisavam desenvolver produtos e serviços diferenciados. Mais de 75% acreditavam que o desenvolvimento interno protegeria, de forma mais eficaz, os recursos exclusivos e a diferenciação no mercado que usufruíam.

Outro benefício de usar equipes de desenvolvimento interno é mantê-las sempre atentas e propensas a manter e aprimorar suas habilidades e o espírito de grupo. Como qualquer músculo, as áreas internas de Pesquisa e Desenvolvimento (P&D) tonificam-se pelo uso. Do contrário, há o risco de acabar atrofiadas.

Na pesquisa que realizamos com os fornecedores do setor automotivo, os executivos frequentemente relatavam sofrimento por haverem confiado cegamente na obtenção de recursos externos. A montadora romena Dacia fabricou versões licenciadas dos modelos da francesa Renault por mais de 30 anos antes de sair do setor sem nunca ter desenvolvido um único modelo próprio (a Renault adquiriu a Dacia em 1999). Por outro lado, a montadora coreana Hyundai começou desenvolvendo veículos em colaboração com a Ford, mas, por fim, absorveu conhecimento interno especializado o suficiente para projetar e comercializar com sucesso seus próprios modelos.

Sem dúvida, manter sólidas capacidades de desenvolvimento interno é importante. Mas, algumas vezes, elas não são suficientes e você deve complementá-las com recursos externos. Neste capítulo, vamos mostrar como a estrutura conceitual dos caminhos para obtenção de recursos pode ajudá-lo a identificar as circunstâncias em que a utilização de soluções internas justifica-se ou não.

Sem dúvida, as companhias que constroem novos recursos internamente acreditam que têm o conhecimento necessário. Essa estratégia é mais eficaz quando os recursos existentes – entre os quais, suas bases de conhecimento, processos e sistemas de incentivo – relacionam-se intimamente com os novos recursos necessários *e* ultrapassam os de seu concorrente na área pretendida. Sua organização atual também deve ser compatível com os recursos pretendidos.

Mas até o que é demais prejudica quando usado em demasia. As empresas geralmente subestimam as possibilidades futuras de desenvolvimento interno ao fazerem uma avaliação exagerada de sua atual base de recursos. Muitas dão pouca atenção à adequação organizacional (veja o caso da "Coca-Cola FEMSA entra no mercado mexicano de máquinas de venda de café"). Não importa o quanto as empresas trabalhem com afinco na implementação, geralmente falham quando usam desenvolvimento interno no contexto errado.

COCA-COLA FEMSA ENTRA NO MERCADO MEXICANO DE MÁQUINAS DE VENDA DE CAFÉ

O desafio de reimplantar recursos internos para novos usos

A Coca-Cola FEMSA é a engarrafadora líder da América Latina de uma grande variedade de refrigerantes. A unidade mexicana tem 54% pertencentes ao Fomento Económico Mexicano S.A. de C.V. (FEMSA), 32% pertencem à The Coca-Cola Company, e 14%, aos acionistas públicos. A Coca-Cola FEMSA é reconhecida por sua rede de distribuição robusta e inovadora – um indicador de desempenho do setor, conhecido por sua capacidade de se adaptar rapidamente a mudanças na complexa formação dos mercados da América Latina.

Em 2010, a empresa procurou entrar no negócio de máquinas de venda automática de café como parte de sua via de crescimento em novas categorias de bebidas. Com o bem-sucedido lançamento de um portfólio de produtos similares da Coca-Cola em todo o mundo, a engarrafadora da América Latina achava que poderia tirar vantagem de suas melhores práticas no mundo dos refrigerantes. A Coca-Cola FEMSA estava particularmente interessada em desafiar a posição de liderança da suíça Nestlé no negócio de máquinas automáticas de venda de café no México.

O projeto da empresa, defendido com grande entusiasmo pela alta administração, recebeu forte apoio financeiro. A companhia estava determinada a lançar os produtos, de forma agressiva, e desafiar a posição dominante da Nestlé. No entanto, o empreendimento teve um começo difícil e resultados iniciais decepcionantes. Os clientes não gostaram do sabor do novo café, chamado Blak. A distribuição e a manutenção das máquinas de venda automática de café eram precárias. Além disso, tensões internas significativas cresceram entre as pessoas que administravam os recursos existentes e o pessoal que estava lançando o Blak. Como resultado, o café Blak não vendia bem.

O problema principal era que a lacuna de recursos era muito maior do que se pensava inicialmente. Para a Coca-Cola FEMSA, a venda automática de café era uma categoria inteiramente nova. Seria necessária uma base de conhecimento, de processos e de organização diferentes. As habilidades e o conhecimento do negócio de refrigerantes tinham pouca relevância para o mercado de café. O novo negócio sofreu com a gerência executiva, dona de uma mentalidade predominantemente voltada aos refrigerantes.

Adequação do conhecimento

Por toda a cadeia de valor, a Coca-Cola FEMSA aplicou conhecimento e habilidades do negócio de refrigerantes ao novo mercado de venda automática de café, mais especificamente ao desenvolvimento de produto e à administração da cadeia de suprimentos. A companhia acreditava que a iniciativa encaixava-se muito bem em sua base de recursos existentes, à qual nos referimos como alta "adequação do conhecimento" (definiremos adequação do conhecimento com mais detalhes mais adiante, neste capítulo).

Supondo que o desenvolvimento de produtos seguiria o mesmo processo que o do negócio de refrigerantes, decidiram começar fazendo um xarope de café que seria misturado dentro da máquina automática de venda de café com o leite em pó e com a mesma água usada na produção de Coca-Cola. Assim que a Coca-Cola lançou o Blak, a equipe percebeu que o leite em pó tinha vida útil curta, o que, em parte, explicava as reclamações dos clientes quanto ao sabor do produto. A equipe do produto teve de retroceder até o estágio de pesquisa de mercado e desenvolver novamente a bebida, eliminando o xarope (como a Nestlé) para melhorar o sabor.

Um segundo desafio importante estava na estratégia de distribuição e na cadeia de suprimentos. A manutenção de máquinas automáticas de venda de café, colocadas próximas às de refrigerantes em pequenas lojas, era feita como a das máquinas de refrigerantes. Mas o que funcionava bem para os refrigerantes não era o certo para o café. Por exemplo, as máquinas precisavam de constante atenção para que o leite em pó não estragasse. Pior ainda: as máquinas recém-projetadas quebravam com frequência e continuavam quebradas por muito tempo. E os motoristas dos caminhões que faziam as entregas – acostumados somente com a manutenção de máquinas de refrigerantes – não sabiam como consertar as de café e, de qualquer forma, não queriam perder tempo com isso. Finalmente, faltava um lugar adequado nos depósitos para a nova linha de produtos – os novos itens interferiam nos ciclos e processos de carregamento normal, causando tensão e confusão. Não demorou muito para que os produtos do café fossem vistos como intrusos nos depósitos.

Adequação organizacional

A iniciativa também sofreu com as tensões organizacionais, que chamamos de "inadequação organizacional" (definiremos adequação organizacional em mais detalhes mais adiante neste capítulo). Quando a Coca-Cola FEMSA lançou o Blak, a organização se encontrava otimizada para lidar com o engarrafamento de refrigerante, e não com outros produtos, como café. Os motoristas de caminhão, que controlam o espaço de seus veículos, eram pagos por caixa entregue. Desse modo, sacrificar o espaço reservado aos refrigerantes com venda garantida para carregar o fornecimento de café interferia no rendimento deles. Além disso, para transportar café, os motoristas precisavam de certas habilidades, enquanto o transporte de refrigerante tradicional exigia outras. O novo grupo precisava limpar as máquinas; reabastecê-las com café, leite em pó e açúcar; e vender o conceito de café aos gerentes das lojas de varejo. Somando tudo isso, esses deveres exigiam uma escala de pagamento diferente, o que gerava conflito com os carregadores de refrigerantes. Por fim, na esfera executiva, o lançamento do Blak não recebeu atenção focada suficiente, o que levou ao investimento de recursos insuficientes em pesquisa e planejamento estratégico.

A Coca-Cola FEMSA aprendeu com seus reveses. Em 2011, relançou um programa-piloto na cidade do México. A empresa modificou o produto, melhorou os recursos internos, escolheu minuciosamente alguns recursos externos e desenvolveu funções dedicadas – incluindo uma equipe de desenvolvimento exclusiva, uma central de atendimento especial e uma nova plataforma de logística para os negócios do café. Embora tivessem aumentado o custo da implementação, as mudanças superaram o descompasso dos recursos e incentivos e, por sua vez, geraram vendas e lucratividade muito maiores.

Por causa da sensação de conveniência do modo de construção, os executivos costumam escolhê-lo, mesmo quando essa opção não faz muito sentido. Quando seus recursos internos não conseguem atingir a meta ou seus concorrentes são muito mais fortes do que você no recurso pretendido, é mais conveniente procurar fora – ou, no mínimo, complementar os recursos internos com externos. Em uma de nossas pesquisas, 65% dos executivos relataram o surgimento de desafios sérios e insuperáveis, muitas vezes quando tentaram desenvolver novos recursos dentro da empresa. Por outro lado, metade dos executivos atribuiu as falhas à própria incapacidade de gerenciar o desenvolvimento interno – normalmente porque tardavam em descobrir que suas empresas não contavam com tecnologia e pessoal competente o suficiente para os projetos internos.

Além do mais, quando começam a considerar a possibilidade de buscar externamente os recursos, muitas vezes as empresas adotam automaticamente o modo de construção como sua principal ou única opção. Os prejuízos decorrentes – de tempo, dinheiro, energia e motivação – podem custar caro demais. As fabricantes de veículos americanas GM e Ford já caíram nessa armadilha. Determinadas a desenvolver e fabricar a maioria dos componentes em suas próprias subsidiárias, ignoraram o fato de que o conhecimento interno de algumas tecnologias ficava atrás do que havia disponível no mercado e não consideraram opções superiores de terceiros. Esse excesso de confiança no desenvolvimento interno foi uma das razões pelas quais as empresas perderam sua forte liderança na indústria automotiva global. Certamente, estariam em melhor situação se tivessem optado mais cedo pela obtenção de recursos externos.

Com o passar do tempo, quem depende excessivamente do desenvolvimento interno acaba vítima da rigidez e da inércia. A Atari perdeu terreno para a Sony e para a Sega no setor de jogos eletrônicos na metade dos anos 1990, por exemplo, quando usou o desenvolvimento interno numa tentativa de manter o Atari Jaguar à frente do mercado em termos de software, core hardware e acessórios, por exemplo, controles de jogos. A Netscape perdeu terreno para o Internet Explorer da Microsoft ao focar suas habilidades internas no desenvolvimento do Navigator 4, navegador inferior, em vez de procurar externamente por novas habilidades que a ajudariam a reagir aos avanços da Microsoft. Da mesma forma, a Compaq perdeu posição significativa no segmento de PCs durante os anos 1980. Embora tenha tentado desenvolver vários drivers e componentes patenteados, esses não conseguiram competir com os sistemas mais flexíveis dos concorrentes, que combinavam os melhores componentes do mercado em seus laptops.

Com tantos exemplos de fracasso pela rota do desenvolvimento interno, por que as empresas costumam persistir nessa estratégia e por que o fazem por tanto tempo? Executivos têm muitos pontos cegos quando avaliam a capacidade de desenvolver novos recursos dentro da empresa.

Pontos cegos: Por que as empresas escolhem automaticamente o desenvolvimento interno?

Os executivos que tomam decisões quanto aos recursos estratégicos muitas vezes escolhem automaticamente o desenvolvimento interno, sem primeiro avaliar os recursos que precisam desenvolver. Esquecem que nenhum caminho é inerentemente superior a outro – a superioridade é exclusivamente uma função do contexto. Como não conseguem analisar o novo contexto, os executivos recorrem ao histórico e aos hábitos adquiridos, mostrando uma tendência natural para os caminhos mais conhecidos. Portanto, nas empresas que internalizaram uma preferência de longa data pelo crescimento orgânico, os executivos relutam em procurar os recursos necessários externamente e, assim, caem na armadilha da implementação, acreditando que o sucesso é uma questão de investir dinheiro e esforços suficientes nos projetos internos. Para esses executivos, quase sempre a dinâmica se desencadeia de quatro formas: arrogância em relação aos pontos fortes internos, estruturas de incentivos funcionais baseadas em verbas e poder que não param de crescer, consciência limitada dos novos desenvolvimentos externos e falta de aptidão para a obtenção de recursos externos.

Arrogância

Os executivos tendem a ter opiniões muito exageradas sobre as aptidões internas da empresa em relação às dos concorrentes. É claro que pode haver fortes motivos para confiar nos recursos internos: pessoas que têm participação na companhia e entendem bastante o negócio podem ter uma vantagem natural sobre aquelas de fora no que diz respeito à obtenção de novos recursos. O problema surge quando as empresas acreditam que suas vantagens aplicam-se a todas as circunstâncias ou à maioria delas.

Um de nossos grupos de estudo conduziu um projeto de pesquisa com um fabricante de bobinas de ignição, em Indiana. Os estudantes – que tinham experiência em uma fábrica europeia de alta qualidade – esperavam ajudar a instalação de Indiana a superar os problemas de qualidade identificados por meio de uma auditoria interna. A equipe documentou que questões graves com o desenvolvimento e a produção das bobinas de ignição levaram a problemas significativos nos veículos em que essas bobinas foram instaladas. Pediu-se aos gerentes e funcionários da fábrica que fizessem uma autoavaliação de suas qualidades e eficiência usando uma escala de 1 a 5 (em que 5 correspondia a "líder global"). A média das respostas foi cerca de 4,8. Os funcionários aparentemente exageraram na autoestima, pois não tinham ideia de quanto estavam defasados.

Desalinhamento dos incentivos dos stakeholders

Frequentemente, deparamos com uma mentalidade que vê o desenvolvimento interno e a obtenção de recursos externos como fatores conflitantes. Em todas as funções, como P&D, tecnologia da informação (TI) e marketing, os líderes acreditam que seu trabalho é "continuar seguindo em frente" – manter os pesquisadores pesquisando, os desenvolvedores desenvolvendo e as pessoas de marketing fazendo marketing –, seja este ou não o melhor uso dos recursos da empresa. Essa forma de pensar leva os líderes funcionais a se inclinarem ao uso de recursos internos. Talvez eles tenham um programa de ação não declarado no sentido de aumentar o número de funcionários e os recursos funcionais – e, dessa forma, ampliar o próprio poder –, em vez de garantir que a organização fique na vanguarda da mudança competitiva. Desse modo, tais líderes desconsideram os recursos externos por temerem que uma utilização desse tipo seria uma maneira de reduzir o valor percebido das pessoas que eles lideram, dos recursos que criam e do poder que detêm. Esse entrincheiramento cobra um preço elevado e será discutido mais adiante neste capítulo.

A farmacêutica Schering-Plough acabou perdendo sua independência quando o desenvolvimento interno não conseguiu repetir o sucesso de seu medicamento campeão de vendas, o Claritin, em boa parte porque seus laboratórios próprios resistiram aos esforços de considerar alternativas externas. Quando ficou aparente que o medicamento sucessor internamente desenvolvido não preencheria o espaço do Claritin no mercado, a Schering-Plough admitiu uma nova liderança. Na tentativa de recuperar sua posição, aliou-se à concorrente Merck para codesenvolver um medicamento contra o colesterol, que gerou apenas vendas moderadas. Sem campeões de vendas no mercado ou no processo de produção, a Schering-Plough não poderia continuar como uma empresa independente e acabou sendo adquirida pela Merck em 2009.

Curiosamente, a Merck também tinha uma história de forte inclinação ao desenvolvimento interno. No início dos anos 2000, também tinha pouquíssimos produtos em desenvolvimento com potencial de se tornar medicamentos viáveis. A Merck só conseguiu reverter a situação depois que a alta administração reprimiu a resistência dos laboratórios internos à obtenção de recursos externos como um complemento às próprias lacunas. A empresa expandiu sua estratégia de obtenção de recursos para incluir mais licenciamentos, alianças e aquisições de pequena escala (veja Capítulo 3). Diferentemente da Schering-Plough – que esperou muito tempo para se salvar –, a Merck aprendeu a procurar fora de suas fronteiras.

Horizontes limitados

Sem querer, as empresas, às vezes, tornam-se muito focadas internamente. O mundo se encolhe ao redor delas. Os líderes se acostumaram a usar recursos internos tradicionais que refletem um conjunto limitado de fornecedores, concorrentes e oportunidades de mercado. Os executivos podem não reconhecer que a crescente força técnica e de mercado além de seu campo de ação tradicional tem condições de conter novas oportunidades para a obtenção de recursos externos.

Por exemplo, durante os anos 1960 e 1970, os fabricantes de veículos europeus e americanos não perceberam o surgimento da produção enxuta no Japão. Os exemplos atuais dos recursos crescentes incluem tecnologias ambientais na China e serviços financeiros na África. Muitos empreendimentos no mundo desenvolvido se limitaram em termos globais ao negligenciar os mercados emergentes como fontes de novas oportunidades externas.

Incentivos desalinhados e horizontes limitados geralmente andam juntos, como ilustra nosso estudo de caso de uma sólida empresa de telecomunicações, que enfrenta dificuldades para desenvolver um novo negócio de comunicação de dados. Um dos altos executivos destacou os conflitos entre a recente iniciativa e os engenheiros da empresa que, predominantemente, atuava com tecnologia de voz: "Por muito tempo, a maior parte dos fundos de pesquisa era dedicada à tecnologia de circuito, sua atividade principal. Mas o desenvolvimento da Internet desafiava essa lógica. A questão crucial está nos 'antolhos' intelectuais que a maior parte dos engenheiros insistia em usar à medida que entrávamos no segmento de redes inteligentes. Nossos engenheiros têm dificuldade demais em pensar além de sua formação de tecnologia de circuito para conseguir se adaptar ao novo negócio."

Muitas empresas estabelecidas enfrentam problemas semelhantes ao tentar obter recursos apropriados para as novas áreas de negócios que surgem. A IBM, repetidas vezes, perdeu novas tecnologias e oportunidades de mercado durante os anos 1980 e 1990. Um relatório interno documentando como a empresa não fora capaz de captar valor de 29 negócios e tecnologias então recentes identificou vários motivos para o fracasso: ênfase excessiva na eficácia da execução e nos resultados de curto prazo, consequente foco nos mercados atuais e nas ofertas existentes e tendência a avaliar oportunidades de crescimento usando o mesmo processo e métricas de desempenho aplicadas aos negócios maduros.

Esses fatores funcionaram bem o suficiente em mercados já estabelecidos, mas limitaram a capacidade da IBM em explorar e desenvolver novos empreendimentos. O desafio foi composto pelo *ethos* dominante da organização nas décadas em questão: como declarou um dos executivos, a ideia de que "nós fazemos melhor". Por anos a fio, a IBM apostou muito mais em seu desenvolvimento interno. Essa é umas das razões que a levaram a perder posição e cair na vala comum das empresas de informática, o que acabou provocando grandes dificuldades no início dos anos 1990. Somente quando expandiu suas opções de busca de recursos – enquanto aprendia a criar e administrar a experimentação do negócio –, a IBM acertou o passo. Continuou a desenvolver produtos internamente – e, de fato, revitalizou sua capacidade de lançar novos produtos e linhas de negócios –, mas também, de forma diligente, buscou licenciamentos domésticos, alianças e aquisições para partes importantes de sua base de recursos em evolução.

Falta de habilidades para a obtenção de recursos externos

Por fim, muitas empresas não desenvolvem as habilidades necessárias para identificar oportunidades de obtenção de recursos externos. As empresas que, tradicionalmente, se concentraram no crescimento orgânico raramente são adeptas da procura e exploração na obtenção de recursos externos.

Em um de nossos estudos, por exemplo, 48% dos executivos relataram que usavam o desenvolvimento interno em vez dos modelos externos, porque não tinham as habilidades necessárias para aprender com parceiros externos. Somente 30% dos entrevistados tentaram examinar e avaliar recursos de terceiros por meio de contratos, alianças ou aquisições. Um executivo do setor de telecomunicações observou que a falta de uma disciplina desenvolvida para procurar e obter recursos externos contribuíra para seu excesso de confiança no desenvolvimento interno.

Seus recursos internos são relevantes?

A principal arma contra os pontos cegos do desenvolvimento interno é uma avaliação honesta de quão relevantes são seus recursos internos para preencher a lacuna de recursos. As empresas que optam por construir novos recursos presumem que a sua capacidade interna pode preencher as lacunas em tempo hábil e a baixo custo. Avaliar a relevância do recurso é um desafio porque, em geral, as empresas se concentram num conjunto restrito de critérios – por exemplo, aqueles que enfatizam o know-how tecnológico. Mas a relevância, na verdade, cobre um espectro mais amplo dos recursos de uma organização: conhecimento técnico, capacidades de *go-to-market* (entrada no mercado), valores e sistemas organizacionais.

Essa noção multidimensional da relevância dos recursos gera muitos matizes. Como vários executivos responsáveis pelo desenvolvimento corporativo nos disseram, raramente um gatilho bem definido fará com que prefiram a obtenção de recursos externos ao desenvolvimento interno. No entanto, eles precisam, em última instância, tomar decisões concretas quando as coisas não estão tão claras, avaliando as vantagens e desvantagens da base de conhecimento e capacidade de organização da empresa em face dos recursos pretendidos.

Para avaliar o grau de relevância de seus recursos internos, concentre-se em duas dimensões (Figura 2.1). A adequação do conhecimento é até que ponto sua atual base de conhecimento está bem alinhada com os recursos pretendidos – ou seja, a compatibilidade explorável entre recursos novos e os que já existem –, juntamente com a força de seus recursos existentes. A adequação organizacional diz respeito à compatibilidade de seus sistemas e valores estabelecidos com os necessários ao desenvolvimento dos recursos pretendidos. Muitos executivos reconhecem a importância da adequação do conhecimento, mas pouquíssimos analisam com cuidado a adequação organizacional. A maioria das empresas de telecomunicações incluídas em nosso estudo tinha as habilidades técnicas para desenvolver novos empreendimentos de comunicação de dados, mas não reconhecia como o próprio contexto organizacional – estruturas, incentivos, valores culturais e sistemas de controles – interferiria no desenvolvimento dos novos recursos.

FIGURA 2.1

Desenvolvimento interno *versus* obtenção de recursos externos

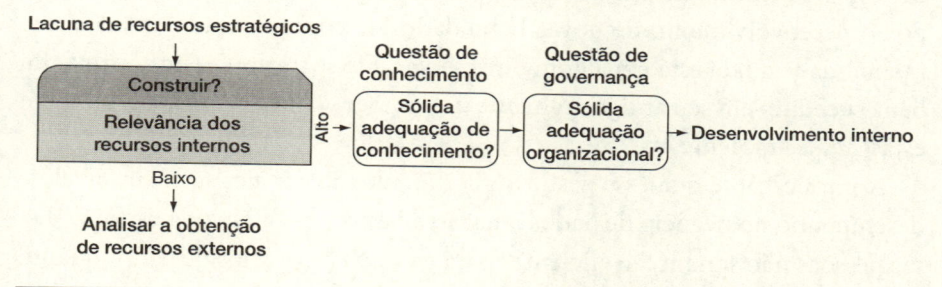

Lacuna de recursos estratégicos → Construir? → Relevância dos recursos internos (Alto) → Questão de conhecimento: Sólida adequação de conhecimento? → Questão de governança: Sólida adequação organizacional? → Desenvolvimento interno

(Baixo) → Analisar a obtenção de recursos externos

Questão de conhecimento: Os recursos pretendidos se encaixam em sua atual base de conhecimento?

Você precisa determinar se as capacidades funcionais de sua empresa – como P&D, habilidades de marketing e processos de produção – fornecem uma base relevante sobre a qual é possível criar os recursos pretendidos de forma rápida e eficaz. A adequação do conhecimento envolve tanto a proximidade dos recursos pretendidos quanto a força em relação a outras empresas.

Proximidade dos recursos

O primeiro passo consiste em avaliar a proximidade entre a base de conhecimento estabelecida e os recursos pretendidos. Quando a proximidade é muito grande, a empresa com frequência consegue desenvolver internamente os recursos. Por outro lado, quando os recursos não coincidem com a base de seu conhecimento existente, é melhor procurá-los externamente. Em virtude da pouca proximidade e do pouco apoio das competências internas, o desenvolvimento interno é muito desafiador.

A busca do crescimento orgânico muitas vezes significa treinar as pessoas que já são efetivas e integrar outras com formação relevante. O treinamento é um desafio quando os recursos pretendidos diferem dos já existentes. Os funcionários devem absorver o novo conhecimento, adaptar suas habilidades e procurar informação que desconhecem formando novas redes. Um executivo que entrevistamos enfatizou essas dificuldades – até mesmo para as pessoas altamente motivadas: "Mesmo quando o gestor de um tradicional ambiente de 'voz' do setor de telecomunicações está disposto a dedicar recursos e tempo ao desenvolvimento de novas habilidades de comunicação de dados, sua mentalidade ainda está em algum outro lugar. Ele se tornou gestor porque foi bem-sucedido em seu antigo ambiente de voz. Seus contatos pessoais também estão nesse ambiente."

A implicação é que esse gestor teria dificuldade em alcançar um nível de desempenho no negócio de dados igual ao de uma pessoa trazida de fora: "Essas pessoas não seriam tão eficientes para gerenciar negócios de dados quanto alguém que sempre esteve no mundo dos dados, criou uma startup, conheceu o mercado e os participantes."

Da mesma forma, é difícil avaliar e depois treinar um talento externo capaz de apoiar uma iniciativa interna. Um executivo nos contou o seguinte: "Descobrimos que os profissionais de marketing que contratamos de uma empresa de bens de consumo não entendiam a complexidade dos negócios de telecomunicações. Eles não estão vendendo seus costumeiros produtos de consumo e nós não sabíamos o suficiente sobre marketing para ensiná-los a trabalhar no contexto de telecomunicações."

O responsável pela transformação digital de uma empresa líder de mídia impressa nos disse que a organização preferia o crescimento orgânico quando o produto-alvo estava próximo de seus produtos essenciais e quando tinha conhecimento à altura do negócio pretendido. Mas com produtos on-line, a empresa descobriu que a diferença entre os antigos recursos e os digitais era tão grande que a lacuna somente poderia ser preenchida com parcerias e aquisições imediatas. Uma vez que os recursos externos estivessem assegurados, ela os complementaria com esforços internos para aprimorar as habilidades digitais por meio de uma combinação de treinamento interfuncional e novas contratações.

Pontos fortes do recurso

É crucial, também, pesar sua força no domínio dos recursos pretendidos. Você pode se igualar ou superar outras empresas? Pode aperfeiçoar os recursos necessários de modo mais rápido e barato, e com qualidade superior à dos demais – sejam concorrentes ou fornecedores de recursos em potencial? Mesmo que os recursos necessários estejam intimamente relacionados com sua atual base de conhecimento, você não conseguirá desenvolver recursos viáveis em termos competitivos se sua empresa estiver defasada em relação aos concorrentes e aos inovadores emergentes.

Um alto executivo de uma multinacional de bens de consumo advertiu que mesmo grandes habilidades internas nem sempre são suficientes: "A pergunta a ser feita é até que ponto é possível esticar e adaptar seus recursos ou se é o caso de reconhecer que o tempo, o esforço, a energia e o investimento para convertê-los e construir novas capacidades podem ser maiores do que apenas adquiri-los... As capacidades e os recursos relacionados na área de um produto adjacente podem não ser suficientes quando você está entrando em um segmento novo de mercado."

Se sua base de recursos internos está incompleta ou desatualizada, talvez esteja mais fraca do que as de seus iguais. A falta de investimentos contínuos, a erosão gradual do conhecimento ou uma súbita mudança no domínio do recurso pretendido podem causar insuficiências. Se assim for, você vai precisar procurar opções mais radicais para obter recursos externos. Além de recuperar o atraso com conhecimento mais avançado, também deverá reforçar os sistemas e as capacidades de apoio – por exemplo, adquirindo as habilidades de marketing necessárias para aumentar a consciência do cliente e construir a visibilidade da marca no setor pretendido.

O responsável pelo desenvolvimento corporativo de uma empresa europeia líder no setor de telecomunicações – que adquiriu três companhias americanas de rede de dados para acelerar o desenvolvimento do negócio nesse segmento – observou importantes desafios de transição: "Levou algum tempo para entendermos o ambiente de dados. Tivemos de fazer aquisições não somente para conseguir boas tecnologias, mas também [para obter] o conjunto completo de habilidades de dados. Precisávamos nos aliar a pessoas que conheciam o mercado, que sempre trabalharam no ambiente de dados, que tinham conhecimento de rede e sabiam quais pessoas deveriam procurar."

Mais uma vez, é fácil superestimar a força de seus recursos internos. Você precisa comparar, criteriosamente, seu desempenho com o de seus concorrentes e até mesmo analisar as empresas que estão além dos limites da indústria tradicional. Como possíveis candidatos atípicos, é possível considerar empresas que fizeram importantes avanços e se mostraram propensas a incomodar o setor, como fornecedores de *cloud computing* (computação na nuvem) que estão gerando avanços técnicos e inovações nos modelos de negócios – altamente relevantes para as empresas dos tradicionais setores de hardware e software da indústria de informática.

Questão de governança: Os recursos pretendidos são adequados à sua organização atual?

É comum surgirem dificuldades até mesmo quando empresas lançam projetos internos para os quais já havia habilidades comerciais e técnicas relevantes. Por gerarem conflitos substanciais dentro de suas atuais organizações, esses projetos acabam fadados ao fracasso. Novos recursos internos precisam encaixar-se muito bem nos processos organizacionais de sua empresa. Do contrário, sofrerão resistência de quase todo mundo que tenha interesse nas antigas práticas, cultura e processos. A resistência mais intensa surge quando os recursos pretendidos ameaçam seus recursos atuais com a obsolescência.

Adequação aos sistemas atuais

A maior parte dos executivos que entrevistamos calculou que o desenvolvimento interno seria mais adequado quando as capacidades necessárias trouxessem apenas mudanças pequenas para a organização. De modo inverso, uma empresa cujo modelo organizacional não se alinha bem com os recursos pretendidos deve cogitar em obter sistemas externos em vez de ficar lutando para adaptar o que tem. Desse modo, conseguirá integrar com mais facilidade os recursos externos e os sistemas associados – especialmente quando as pressões do mercado fornecem um senso de urgência, motivando a adesão de funcionários e outros stakeholders.

Por exemplo, a Infosys, consultoria indiana de TI, licenciou uma nova tecnologia de software quando começou a oferecer serviços no setor de saúde.

Embora os novos serviços exigissem habilidades técnicas similares às usadas nos negócios existentes, a Infosys escolheu uma fonte externa porque a consultoria em saúde exigia uma estrutura organizacional completamente diferente. Ao entrar em um acordo de licenciamento, a Infosys conquistou presença imediata no novo segmento de mercado. Além disso, evitou conflitos organizacionais que certamente teriam surgido se tivesse tentado adaptar suas ofertas atuais.

As empresas também podem beneficiar-se da obtenção de recursos externos quando entram em um novo segmento de mercado – com necessidades organizacionais diferentes – e não querem confundir suas marcas e canais de vendas. Por exemplo, quando decidiu criar um sistema de refrigeração mais ecológico para seu principal mercado de luxo na Europa, a Carrier, unidade do United Technologies Group, desenvolveu-o internamente. Mas buscou no mercado uma tecnologia mais convencional para usar em um sistema de refrigeração menos sofisticado para o restante do mercado. Em 2009, a Carrier comprou a fabricante sueca Green & Cool, que tinha uma tecnologia adequada e já estava atuando nesse segmento. É claro que a Carrier poderia ter usado suas habilidades internas para criar uma linha completa de produtos, mas, em vez disso, procurou evitar algum problema organizacional, como uma canibalização ou um eventual conflito de canais, preservando sua principal marca de luxo enquanto se aventurava nos novos segmentos de mercado.

No entanto, nem sempre tente *se esquivar* de conflitos. Às vezes, é melhor combater o problema de frente. De fato, o conflito interno pode gerar insights úteis que o ajudam a construir recursos mais fortes e a não ficar preso a modelos ultrapassados. Desde que você consiga controlar a dissonância, o debate interno pode produzir benefícios que as fontes externas não podem. Ainda assim, é bom escolher essas oportunidades com muito cuidado; afinal, mesmo os conflitos mais produtivos demandam muito tempo e esforço para serem administrados.

Concorrência interna

Alguns executivos – especialmente de empresas que investiram pesadamente em tecnologias e modelos de negócios de longa data e há muito estabelecidos – cometeram o engano de não desenvolver novos recursos. O motivo? Elas queriam evitar uma concorrência interna, preservar o valor dos recursos existentes e, assim, reter o poder. No setor de telecomunicações, os grupos de rede de voz relutam em ceder poder às equivalentes no segmento de redes de dados. Um de nossos entrevistados relatou que, em algumas empresas, "as distribuições de recursos e investimentos em tecnologias de dados foram adiadas ou limitadas devido a essas concorrências internas".

Da mesma forma, as empresas de mídia enfrentaram resistência ao tentar apostar nas habilidades existentes de mídia impressa para o domínio digital. Um executivo de mídia de uma empresa que combinava redação dos meios impressos e on-line nos contou que profissionais dos jornais impressos retiraram seus nomes dos artigos on-line – que consideravam como de qualidade, credibilidade e sofisticação inferiores e também como uma ameaça às suas habilidades tradicionais. A divisão cultural e competitiva entre as unidades de mídia digital e impressa dificultou a difusão das habilidades em toda a organização.

Essa oposição fica mais acalorada quando as capacidades pretendidas competem com ou substituem as já existentes na empresa. Em tese, as pretendidas poderiam parecer-se demais com as já estabelecidas na organização. Na prática, porém, as pessoas muito arraigadas podem resistir em desenvolver e usar novas capacidades a fim de reter o poder. Isso ocorre com mais frequência quando as novas capacidades ganham destaque e valor aparentemente à custa das antigas. Não importa o setor, os grupos de interesses serão lentos para liberar recursos e alocá-los a novas atividades. A coordenação interfuncional será prejudicada pela competição por tempo, atenção, recursos e controle.

Antes que seu empreendimento possa desenvolver novos recursos – especialmente aqueles que ameacem a subsistência de alguns stakeholders –, será necessário superar as mais desafiadoras e potencialmente prejudiciais barreiras internas. Sua empresa talvez tenha de mudar a cultura, os valores ou hábitos de trabalho da organização encarregada no nível mais elementar e integrar os novos estilos de trabalho dos funcionários recém-contratados.

Um executivo – que há pouco passou de uma empresa de informática para outra de modelo de negócio antigo, atuando em um setor diferente – disse-nos que sua nova empregadora não se saiu muito bem em atrair ou integrar os profissionais que vieram de fora. Ele via isso como um grande obstáculo à melhoria das habilidades da empresa: "Fui contratado para construir a organização de marketing. Levando-se em consideração o que eles gostariam que a pessoa escolhida para meu cargo fizesse, eu era a solução perfeita para a empresa. Mas acredito que nunca consegui um verdadeiro avanço. O obstáculo é muito grande!... Sempre me senti como um estranho. Quando tentava fazer alguma coisa, sempre tinha de brigar – embora contasse com o apoio total dos gestores de alto escalão."

Equipes internas entrincheiradas geralmente evitam competição a fim de se proteger. A mudança nunca obterá êxito em toda a organização se não for feita para funcionar nos baixos escalões. É evidente que você vai se beneficiar se conseguir que a cultura existente adote projetos internos competitivos. Mas se isso não for possível, perderá tempo, dinheiro e oportunidade competitiva nessa tentativa. Como discutiremos a seguir, procurar por recursos externos é, muitas vezes, uma forma de provocar um curto-circuito na oposição interna.

Desafios na implementação

Sua empresa pode ter a sorte grande de possuir recursos extras disponíveis para enfrentar novos projetos com facilidade. O mais provável, porém, é que, primeiro, você tenha de liberar os recursos humanos e financeiros que já estão designados antes de se empenhar em novos projetos internos que, de modo geral, atrapalham as atividades já em curso. Se a unidade e o pessoal mais adequado a seu projeto já estão muito sobrecarregados, será necessário encontrar um caminho que não comprometa o trabalho importante que já está em andamento.

Analise se você pode encerrar projetos de baixa prioridade para acomodar a nova tarefa. Na maioria das empresas, muitas tarefas que já foram importantes um dia continuam muito além da data de validade. Algumas áreas de negócios se tornaram obsoletas, enquanto outras – que antigamente ganharam vantagem competitiva com base na expertise interna, mas que, desde então, perderam um pouco de seu brilho estratégico – agora podem ser transferidas para provedores de serviços externos. Não fique limitado às prioridades do passado. Uma triagem cuidadosa provavelmente identificará o talento que poderia ser liberado para trabalhar de forma mais produtiva em seu novo projeto. Por exemplo, muitas indústrias farmacêuticas liquidaram antigas atividades de desenvolvimento e produção para focarem o desenvolvimento interno atual em áreas novas e valorizadas, como as de produtos terapêuticos e biológicos.

Preste atenção, também, ao desafio de identificar e interconectar as pessoas internas certas e, depois, gerenciar suas várias contribuições. Nunca suponha que quem participa de projetos que envolvem várias unidades vai colaborar sem sobressaltos. A atividade deles vai demandar coordenação e gerenciamento ativo. Por exemplo, os incentivos talvez tenham de ser ajustados para se conseguir uma colaboração efetiva. Entre os entrevistados do setor de telecomunicações, somente 40% relataram que sua companhia promoveu um ativo networking interno ao adotar incentivos para compartilhar as melhores práticas e capacidades com outras unidades. Apenas um terço das empresas contava com um rodízio de trabalho em todas as unidades e um vigoroso mercado de trabalho interno, e somente um terço estava ciente de que os recursos internos podiam ser prontamente disponibilizados a outras equipes ou unidades.

As empresas adotaram várias abordagens para lidar com esses desafios. A Johnson & Johnson buscou um fluxo mais eficiente de recursos e inovações ao criar um grupo de empreendimentos internos com o papel de facilitar a colaboração em P&D e a comercialização de projetos entre suas mais de 200 subsidiárias. E na transformação digital de uma importante editora incluída em um de nossos estudos, seu centro corporativo assumiu o papel de promover a inovação em toda a empresa com ênfase na conexão de recursos por todas as unidades de negócios.

Implicações de sua estratégia de obtenção de recursos

Se seus melhores esforços não conseguirem montar uma equipe de projeto livre dentro da empresa, então é melhor você começar a pensar nas opções de obtenção de recursos externos. A Figura 2.2 resume as conclusões que surgem ao longo do caminho para a obtenção de recursos. As respostas às questões de conhecimento e governança vão ajudá-lo a determinar se é melhor desenvolver os recursos pretendidos interna ou externamente. O desenvolvimento interno é mais adequado quando os recursos pretendidos alinham-se com sua organização e com os recursos já existentes. Chamamos isso de projetos coesos (close-knit). Em outras combinações de recurso interno e adequação organizacional, muitas vezes é interessante conduzir uma pesquisa inicial verificando os recursos externos. Se houver fontes externas disponíveis, elas poderão fornecer meios mais eficazes para a obtenção dos recursos pretendidos. Bem escolhidos e devidamente administrados, os recursos externos apresentam uma oportunidade de aprendizagem para superar as lacunas de conhecimento e os limites organizacionais.

FIGURA 2.2

Relevância dos recursos internos e opções para obtenção de recursos externos

		Questão de governança: adequação organizacional dos recursos pretendidos?	
		Alta	Baixa
Questão de conhecimento: adequação do conhecimento dos recursos pretendidos?	Alta	Relevância dos recursos internos: alta *Projetos coesos* Desenvolvimento interno	Relevância dos recursos internos: parcial *Projetos desalojados (homeless)* Considerar a obtenção de recursos externos *Alternativa:* considerar ambiente exploratório interno
	Baixa	Relevância dos recursos internos: parcial *Projetos sem recursos* Considerar obtenção de recursos externos *Alternativa:* considerar ambiente exploratório interno	Relevância dos recursos internos: baixa *Projetos não relacionados* Considerar obtenção de recursos externos

As células superior esquerda e inferior direita na Figura 2.2 representam casos simples, ao passo que as demais ilustram situações mais complexas, mas, mesmo assim, oferecem oportunidades para construir capacidades internas. Vejamos todos os quatro casos.

Projetos coesos

A relevância dos recursos dos projetos coesos é alta em ambos os eixos (base de conhecimento e adequação organizacional existentes). Por exemplo, a Eli Lilly desenvolveu o medicamento Zyprexa em seus próprios laboratórios de pesquisa, com base nas habilidades utilizadas para desenvolver o Prozac. A adequação dos recursos foi alta porque a nova droga aproveitou o conhecimento técnico que já possuíam nos tratamentos do sistema nervoso central, tanto no desenvolvimento quanto nos testes clínicos. A adequação organizacional foi elevada porque, como o novo medicamento tinha um mercado semelhante ao dos produtos anteriores, foi possível aproveitar alguns procedimentos regulatórios e de marketing, bem como técnicas de avaliação conhecidas.

Projetos não relacionados

Esses projetos são acionadores diretos para a obtenção de recursos externos. Eles surgem quando sua base de conhecimento relevante é fraca e o projeto poderia gerar uma discordância interna. Os projetos não relacionados podem exigir sempre a obtenção de recursos externos. Mas se os recursos pretendidos forem estrategicamente importantes, é possível aproveitar a experiência externa para aumentar sua base de recursos e a adequação organizacional ao longo do tempo.

Na prática, muitos projetos não relacionados tornam-se oportunidades de aprendizagem. Por exemplo, recentemente, quando decidiu expandir seus negócios farmacêuticos na Índia, o laboratório Abbott optou por não desenvolver internamente os sistemas de marketing e de regulamentação que seriam necessários. Apesar da força global da Abbott nessas áreas – construída com base na experiência do grupo na América do Norte, Europa e em outros lugares –, faltava-lhe o conhecimento de como desenvolver e comercializar os medicamentos no contexto indiano. A adequação organizacional era baixa porque o mercado exigia sistemas regulatórios, de marketing e incentivos muito diferentes dos adotados nos mercados desenvolvidos ou até mesmo em outros mercados emergentes, como a China. Como resultado, a Abbott adquiriu uma empresa indiana de "marcas genéricas". Além de alcançar penetração imediata no mercado, a Abbott esperava que a aquisição a ajudasse a aprender sobre os negócios de medicamentos genéricos, aumentando, assim, sua capacidade organizacional e sua base de conhecimento global.

Projetos desalojados

Projetos desse tipo possuem um forte conhecimento interno relevante, mas os recursos pretendidos não se encaixam bem no contexto organizacional. Nesses casos, com frequência é interessante procurar alternativas simples externamente.

Se não houver soluções externas fáceis à disposição, é melhor reconsiderar uma variação do desenvolvimento interno: a criação de um ambiente exploratório interno, que pode ser uma forma eficaz de contornar as barreiras organizacionais para o desenvolvimento interno. Com essa abordagem, as empresas experimentam novos recursos em um contexto organizacional interno que mantém os experimentos protegidos da cultura dominante da empresa e de outras pressões. No final dos anos 1990, a empresa sueca Telia criou o empreendimento Telia Light para desenvolver sua telefonia IP em paralelo com sua organização predominante. (Mais exemplos de ambientes exploratórios serão apresentados na próxima seção.)

Mesmo quando uma fonte externa satisfaz suas necessidades imediatas, é possível considerar a execução dessa abordagem em conjunto. Os relacionamentos externos podem ajudá-lo a reduzir as barreiras organizacionais para recursos internos recém-desenvolvidos quando surgir a oportunidade adequada. Por exemplo, a maior parte das operadoras de telecomunicações dominantes locais que queriam desenvolver negócios com a tecnologia VOIP (a voz sobre a Internet) voltou-se para fontes externas. As empresas não estavam dispostas a desenvolver capacidades internas que certamente desafiariam os interesses estabelecidos e semeariam conflito na base de conhecimento, na cultura e na organização. Portanto, pesquisar externamente pode ser uma forma de tomar emprestado ou comprar as capacidades pretendidas, ao mesmo tempo que gera uma massa crítica de pessoas com habilidades diferentes. Com o passar do tempo, essas habilidades e expertise infundem mudança cultural em toda a organização.

Projetos sem recursos

Esses projetos têm uma base de conhecimento fraca, mas alta adequação organizacional em termos de rotinas operacionais e valores culturais. Para os projetos sem recursos, uma pesquisa externa inicial faz sentido. Além de satisfazer suas necessidades imediatas de recursos, a obtenção externa através de empréstimo ou compra permite que você aprenda e, rapidamente, integre novas habilidades funcionais. A posse de uma organização compatível vai facilitar a importação do conhecimento para sua organização, permitindo que o futuro desenvolvimento naquela área seja interno.

Quando resolveu integrar os processadores de gráficos com seus principais processadores de computador, a empresa de semicondutores AMD primeiro levou em consideração um projeto de desenvolvimento interno, que seria totalmente compatível com seus valores e com seu contexto organizacional. Mas as habilidades de mercado e as técnicas necessárias diferiam substancialmente da base de conhecimento que a AMD já possuía. Assim, a AMD pesquisou externamente e comprou a ATI Technologies, fabricante canadense de processadores gráficos líder nesse segmento. A AMD incluiu a ATI em seu AMD Graphics Products Group. Quando a AMD construiu competências internas como o resultado da aquisição, retirou a marca ATI de seus produtos de processadores gráficos.

Além das formas tradicionais de aprimoramento de competências internas, recentemente algumas empresas aprenderam a aproveitar os insights de seus clientes atuais e futuros. A LEGO, fabricante dinamarquesa de brinquedos, envolveu-se em uma forma de inovação aberta ao incentivar seus "lead users" (consumidores que, a certa altura, apresentam necessidades bem mais exigentes que o restante do mercado) a se tornar cocriadores no design de produtos. A InnoCentive é um exemplo de inovação aberta com um conjunto ainda mais amplo de stakeholders externos.

Desde 2006 (e, em anos anteriores, como parte da Eli Lilly), a InnoCentive alistou clientes como a P&G e a NASE para patrocinar desafios de crowdsourcing para sua lista de mais de 200 mil "solucionadores de problemas". A InnoCentive paga aos solucionadores prêmios em dinheiro por soluções que atendam melhor aos critérios dos clientes. Quando não houver nenhuma correspondência externa tradicional óbvia, talvez suas necessidades de recursos possam ser atendidas com sucesso pelo método de crowdsourcing.

Ambientes exploratórios internos

Rotas importantes para novas mudanças internas

Como já discutido, quando faltam à sua empresa habilidades relevantes ou organização para desenvolver um recurso pretendido, um ambiente exploratório interno pode gerar informações que talvez ajudem a resolver as incertezas de um projeto promissor e até mesmo levar a uma descoberta importante. Nesse ambiente, as pessoas podem experimentar projetos radicalmente diferentes de suas atividades em andamento, ou uma unidade independente pode ser criada para desenvolver novos recursos fora da organização dominante. Ambientes exploratórios internos abrangem tanto Skunk Works de pequena escala quanto unidades semiautônomas de larga escala. Esses ambientes exploratórios costumam ser adequados quando não existe uma fonte externa viável para um recurso estrategicamente importante.

O gerente-geral de um empreendimento on-line de uma companhia europeia nos disse que, "quando não podemos adquirir novos recursos no mercado de trabalho ou de outras empresas, experimentamos internamente. Experimentamos, falhamos e aprendemos. Desenvolvemos a estratégia por conta própria, refinando nossas práticas dentro de *uma estrutura bem solta*".

Ambientes exploratórios internos são especialmente úteis para os projetos desalojados, em que as tensões organizacionais impedem que o uso do conhecimento interno relevante crie os recursos pretendidos. Vejamos as duas principais variantes dessa abordagem.

Skunk Works são unidades de pequena escala dentro de uma unidade operacional ativa. Esses projetos normalmente consistem em uma ou mais pessoas que trabalham juntas em experimentos para criar novos produtos, serviços, processos, modelos de negócios ou outras inovações. Os Skunk Works são realizados além das atribuições dos funcionários em período integral. Alguns projetos representam esforços informais empreendidos à noite e nos fins de semana que passam despercebidos pela empresa e, muitas vezes, desviam recursos de outros projetos, enquanto outros são partes ativas da estratégia de tecnologia formal da empresa.

Os Skunk Works conheceram vários níveis de fracasso e sucesso. No início dos anos 1960, dizem que Arch West, executivo da Frito-Lay, desviou verbas de outros projetos para uma pesquisa silenciosa sobre uma nova linha de produtos que levou à criação do salgadinho Doritos, depois da reação desanimada de seus superiores a essa variedade de salgadinho de milho. Ao reconhecer o potencial de criatividade dos Skunk Works, um número crescente de empresas encoraja bastante os funcionários a dedicar uma parte de seu tempo a experimentos próprios. Sejam sancionados ou fora do radar da corporação, os Skunk Works permitem explorações de pequena escala que podem ser facilmente abortadas em caso de fracasso; já os projetos que mostram algum potencial conseguem abrir caminho para aumentar os investimentos.

Nos anos 1980, os engenheiros da Yokogawa Medical Systems, joint venture da GE no Japão, desviaram verbas e tempo de outros projetos para criar um sistema móvel de imagens por ressonância magnética (MRI), indo totalmente contra as instruções da diretoria dos Estados Unidos. Contudo, em vez de demitir os engenheiros quando estes apresentaram o produto, a empresa aceitou o projeto como uma inovação importante. O sistema móvel tornou-se uma grande contribuição à linha de produtos da GE, basicamente empurrando seu concorrente, a Diasonics, para fora do mercado de MRI.

Há muitos exemplos de Skunk Works bem-sucedidos como parte formal da estratégia de tecnologia:

- A 3M, há muito tempo, encoraja seu pessoal a explorar inovações como parte do trabalho cotidiano; essa prática ajuda a 3M a renovar constantemente sua linha de produtos.
- A Google pede que seus colaboradores dediquem 20% do tempo à investigação de ideias independentes; a empresa estima que pelo menos metade de seus novos produtos (incluindo Gmail, Google News, Orkut e os serviços de AdSense) advém do tempo destinado aos Skunk Works.
- "Game Changer" é o nome do inovador modelo da Shell que encoraja os funcionários a reservar um tempo em sua rotina normal para trabalhar em projetos que possam levar a mudanças radicais nos negócios já estabelecidos na empresa. Os projetos incluem de novas tecnologias de extração a inovadoras técnicas de perfuração oceânica e modelos de distribuição com células a combustível de hidrogênio, capazes de mudar radicalmente o modelo de negócios com base em petróleo. Quando os projetos têm sucesso, a empresa os integra ao negócio principal. Se um projeto for suficientemente bem-sucedido e gerar um mercado grande o suficiente, a Shell tem a opção de criar uma divisão inteiramente nova para o novo empreendimento.

As unidades semiautônomas são empreendimentos de larga escala em que a companhia cria uma unidade operacional separada, independente o bastante para retirar recursos das unidades estabelecidas. Ao contrário dos Skunk Works, que podem ser formais ou informais, as unidades semiautônomas quase sempre requerem um estatuto formal. Mas elas se parecem com os Skunk Works no sentido de que permitem a experimentação longe do negócio principal. Esse grau de liberdade limita o risco que as pressões e atividades existentes poderiam causar, restringindo os esforços de inovação que dependem de métodos altamente não convencionais. Quando falham, como muitas vezes ocorre, as unidades semiautônomas podem ser facilmente fechadas ou vendidas. Quando são bem-sucedidas, podem ser tranquilamente integradas e algumas são tão importantes que mudam o direcionamento da empresa.

As unidades semiautônomas podem ser um paraíso seguro para novos empreendimentos, protegendo-os de uma série de ameaças. Observamos esse método em empresas já estabelecidas que enfrentavam conflito social interno quando desenvolviam novos recursos. Por exemplo, uma organização europeia decidiu estabelecer seu negócio de dados nos Estados Unidos, onde era mais fácil tanto atrair o tipo de pessoas que ela procurava quanto lhes oferecer um ambiente corporativo mais atraente – incluindo pacotes de remuneração mais generosos do que os oferecidos no mercado de origem. Conceder esse tipo de benefícios no mercado local, onde, por exemplo, somente os altos executivos recebiam opção sobre ações, poderia criar sérios conflitos com funcionários e sindicatos. Para isolar a nova unidade ainda mais do restante da corporação, a subsidiária não usou o nome da controladora.

Nos anos 1970, quando decidiu fazer experimentos com impressoras a jato de tinta e a laser para PC, a Hewlett-Packard cogitou a compra de várias empresas com base tecnológica para impressoras. Depois de avaliar os alvos com muita atenção, a HP decidiu que estavam pedindo um preço exagerado em relação à força de suas tecnologias. Mas a HP não queria criar uma nova unidade de impressoras internamente, pois o respectivo modelo de negócios entraria em forte conflito com os empreendimentos já estabelecidos: a criação de novos critérios e cronogramas entraria em choque com as formas habituais de avaliação e disponibilização de recursos para novos projetos, e os canais de venda de impressoras seriam substancialmente diferentes dos utilizados para os minicomputadores da HP.

O negócio de impressoras para PC poderia ter sido, pura e simplesmente, esmagado pelas divisões estabelecidas antes de ser lançado. Assim, a HP montou uma unidade semiautônoma, baseada no estado de Washington e em Idaho, bem longe de seu núcleo corporativo na Califórnia.

Mas a HP não deixou o novo negócio totalmente por conta própria e atribuiu a liderança da iniciativa a um alto executivo de grande influência que se reportava diretamente ao conselho e tinha poderes para obter quaisquer recursos de que a unidade precisasse para crescer. A empresa detinha algumas das habilidades relevantes em eletrônica e montagem para a criação de novas impressoras, mas lhe faltavam outros recursos primordiais – mais precisamente, a tecnologia de toner. Assim, a incipiente unidade de impressoras desenvolveu uma parceria focada com a Canon, líder global em tecnologia de toner. Assim que o novo negócio demonstrou ser um sucesso, a HP pouco a pouco concentrou novamente suas atividades em torno das impressoras, e acabou vendendo o que um dia fora seu negócio principal – a área de instrumentos científicos.

Da mesma forma, para se lançar no segmento de PCs, a IBM criou uma unidade de negócios semiautônomos na Flórida, bem longe de sua matriz em Nova York. A empresa era forte em recursos, com sólidas habilidades relevantes em eletrônica e montagem. Essas habilidades permitiam-lhe criar um novo tipo de computador mais eficiente do que os dos concorrentes. Mas a adequação organizacional era baixa. A IBM vendia mainframes, computadores de "grande porte", sobretudo para clientes empresariais. O PC começaria como um produto de consumo que exigia um modelo de negócio substancialmente diferente. (As empresas não compravam PCs em grande quantidade até meados dos anos l980.) Comparado com os caros mainframes da IBM, o PC era um item de baixo custo que necessitaria de novos canais de vendas. Mas assim que o negócio do PC provou-se bem-sucedido o suficiente para acabar com a resistência interna, a IBM o absorveu de volta para o núcleo da empresa.

Outro exemplo não é um novo negócio por si só, mas um mecanismo formal para desenvolver e adquirir novos empreendimentos. Recentemente, a PepsiCo criou uma unidade semiautônoma chamada PepsiCo New Ventures, com a incumbência de procurar oportunidades em áreas de alto crescimento além do núcleo tradicional da companhia – por exemplo, produtos mais saudáveis, como sucos, barras de cereais e laticínios de baixa caloria. A PepsiCo queria usar a unidade especial para criar novas linhas de negócios. Tentativas anteriores de desenvolver esses produtos dentro da organização tradicional falharam, pois faltaram recursos e largura de banda da administração dedicados a esses lançamentos. Além das habilidades de incubação, a PepsiCo New Ventures também ajudará a procurar alvos potenciais e realizar aquisições em novos segmentos de mercado promissores. Assim que alcançar determinado tamanho, qualquer um desses projetos seguirá como um negócio independente ou será integrado em uma unidade existente.

Como qualquer outra iniciativa especulativa ou de alto risco, as unidades semiautônomas podem falhar, causando prejuízos consideráveis. A General Motors criou a divisão Saturno durante os anos 1980 como uma maneira de experimentar novas formas de montar e vender veículos. Inicialmente, a divisão teve sucesso tanto na qualidade do design quanto na aceitação do mercado. Mas fortes pressões internas e externas dos tradicionais stakeholders (lideranças, representantes, concessionárias e fornecedores da empresa) prejudicaram os esforços para integrar as inovações bem-sucedidas no núcleo da controladora. As mesmas pressões organizacionais que levaram a GM a lançar o Saturno como uma unidade semiautônoma acabaram impedindo a capacidade da GM de integrar os sucessos obtidos com o experimento.

Uma estratégia poderosa, mas subutilizada

Na melhor das hipóteses, ambientes de investigação interna permitem aproveitar o conhecimento existente, criar novos recursos e controlar os já criados. Muitas vezes, é possível complementar o trabalho investigativo desses ambientes com contratos, alianças e aquisições. Usados de forma seletiva e eficaz, esse tipo de ambiente pode ajudar a superar as deficiências de conhecimento enquanto criam apoio interno para os novos recursos.

Mesmo diante do fracasso de alguns esforços nessa linha e das dificuldades de integração das unidades semiautônomas bem-sucedidas – muitas vezes consideradas os irmãos "bastardos" dentro da organização –, é surpreendente o fato de tantas empresas negligenciarem seu potencial. A investigação pode ser um meio muito eficaz para fomentar as inovações que, de outra forma, seriam esmagadas pelas pressões organizacionais tradicionais.

Em nosso estudo sobre as empresas de telecomunicações, cerca de um terço dos entrevistados apenas usava alguma forma de ambiente investigativo interno. Talvez isso pareça muito, mas as décadas de 1990 e 2000 foram anos desenfreados com as mudanças tecnológicas desafiadoras, que provocaram grandes conflitos internos, à medida que velhos e novos modelos iam entrando em confronto. Se, alguma vez, houve um tempo para inovar com sucesso – e proteger as inovações dos ventos da oposição interna –, esse foi o momento!

Na prática, muitas empresas subutilizaram a opção do ambiente investigativo interno porque seus líderes supunham que os Skunk Works e as unidades semiautônomas seriam muito difíceis de gerenciar ou porque os líderes temiam perder o controle estratégico para o pessoal operacional de nível mais baixo na organização. Evidentemente, as empresas devem gerenciar esses ambientes com todo o cuidado, estabelecendo limites de tempo e dinheiro que podem ser desviados de atividades essenciais. No entanto, os possíveis retornos de uma inovação revolucionária devem ser irresistíveis. Um sucesso na ordem dos negócios de impressoras da HP – que transformaram a empresa por décadas – provavelmente não teria sido possível sem o modelo investigativo interno. Mesmo sucessos de menor escala podem expandir os serviços e as linhas de produtos. Ambientes investigativos internos apresentam uma oportunidade tentadora para se buscar uma forma híbrida de desenvolvimento interno tanto para os projetos desalojados quanto para os sem-recursos, que, ainda assim, oferecem uma elevada promessa estratégica.

Ferramenta de avaliação e resumo

As questões da Tabela 2.1 refletem as ideias mais importantes deste capítulo e vão ajudá-lo a avaliar se sua organização e base de conhecimento atual são relevantes para preencher a lacuna de recursos. Suas respostas devem alertá-lo se a escolha de um caminho se mostrar inconsistente com a natureza desses recursos atuais.

Se a maior parte de suas respostas for afirmativa (ou seja, se os recursos pretendidos se ajustarem tanto com sua organização quanto com a base de conhecimento existente), você deve considerar o desenvolvimento interno. Contudo, se a maioria de suas respostas for negativa, é interessante considerar as opções de obtenção recursos externos antes de embarcar no que, provavelmente, será um processo de desenvolvimento interno muito desafiador.

Naturalmente, escolher entre abordagens de obtenção de recursos internos e externos não é uma decisão imutável. As empresas inteligentes reavaliam periodicamente a questão à medida que expandem um novo negócio. Quando entrou no negócio de scanners de tomografia computadorizada (TC), a General Electric licenciou a tecnologia de uma empresa que já atuava no mercado para complementar sua própria tecnologia. A GE considerou suas habilidades em radiografia insuficientes para ter sucesso no novo mercado. Depois que expandiu sua base de conhecimento, a GE continuou com o desenvolvimento interno de instrumentos de tomografia computadorizada de grande sucesso.

Muitos executivos acreditam que podem fazer qualquer projeto interno funcionar se ao menos alcançarem uma implementação espetacular. Consequentemente, obrigam os funcionários a trabalhar mais e com mais afinco. Muitas vezes nos pedem para recomendarmos técnicas mais atualizadas a fim de ajudar os líderes a administrar projetos internos complicados, cujos recursos necessários excedem em muito sua base de conhecimento ou envolvem uma desestruturação organizacional muito grande. Sem dúvida, existem muitas técnicas eficazes de coordenação, gerenciamento e, finalmente, integração de projetos internos. Mas essas técnicas não podem ajudar um caminho mal escolhido a ter sucesso. Muitos desses projetos se mostram inadequados ao modo de construção. A questão fundamental não é a implementação; é a capacidade de seleção – escolher um modo de obtenção de recursos que se adapte suficientemente bem ao projeto para que as técnicas de implementação tenham uma chance razoável de ser bem-sucedida.

TABELA 2.1

Relevância dos recursos internos

Questão de conhecimento: adequação do conhecimento dos recursos pretendidos		Não	Sim
Proximidade dos recursos	Nossa base de conhecimento e habilidades são semelhantes aos recursos pretendidos?		
	Temos ou podemos ter acesso aos recursos complementares que serão necessários para dar suporte aos recursos pretendidos?		
	Podemos treinar ou contratar as pessoas necessárias para desenvolver os recursos pretendidos?		
Pontos fortes do recurso	Podemos desenvolver os recursos pretendidos mais baratos ou com qualidade superior ao de outras empresas?		
	Podemos desenvolver os recursos pretendidos mais rapidamente do que outras empresas?		
Questão de governança: adequação organizacional dos recursos pretendidos			
Adequados aos sistemas atuais	Os recursos pretendidos se encaixam em nossa cultura e atuais sistemas de incentivos?		
	Há um risco baixo de se criar um fosso cultural entre os recursos pretendidos e nossos recursos atuais?		
Concorrência interna	Os recursos pretendidos podem coexistir com nossos recursos atuais sem maiores conflitos?		
Desafios de implementação	Temos recursos extras ou podemos liberar recursos para desenvolver os recursos pretendidos internamente?		
	Podemos conectar e coordenar nossos recursos internos para ajudar na execução de um novo projeto de desenvolvimento de recurso?		

Responda a cada questão sobre a adequação da organização e o conhecimento dos recursos pretendidos. Se a maioria de suas respostas for afirmativa, considere o desenvolvimento interno (modo de construção). Se a maioria de suas respostas for negativa, considere as opções de obtenção de recursos externos.

O desenvolvimento interno é mais adequado quando você tem uma base de conhecimento interno e adequação organizacional relevante. Esses fatores se juntam para criar um projeto coeso – desde que os esforços internos tenham o pessoal e os recursos financeiros necessários. Se você não conta com uma base do conhecimento interno ou boa adequação entre os recursos pretendidos e sua organização, então é melhor procurar fora da empresa.

Na verdade, a busca externa quase sempre faz sentido se seu projeto tornar o desenvolvimento interno desafiador. Mesmo assim, nem sempre haverá soluções externas viáveis. (É mais provável que isso aconteça quando os recursos que você pretende obter estiverem em um domínio de conhecimento ou modelo de negócio emergente.) Nesses casos, talvez você tenha de reconsiderar o desenvolvimento interno – especialmente se a oportunidade pretendida tiver um alto valor potencial para sua organização. Você deve pesar os benefícios de criar um ambiente investigativo interno como uma forma de contornar as barreiras organizacionais e de conhecimento.

Neste capítulo, focamos os primeiros passos ao longo da estrutura conceitual dos caminhos para obtenção de recursos, fazendo perguntas que vão ajudá-lo a decidir se é melhor desenvolver os recursos pretendidos internamente ou buscá-los externamente. O Capítulo 3 descreve os passos seguintes dessa estrutura e vai ajudá-lo a decidir entre opções externas de contratos básicos e relacionamentos de aliança mais complicados.

CAPÍTULO 3

Quando tomar emprestado por meio de contrato
Contrato básico *versus* aliança

Uma vez constatada a necessidade de buscar recursos externos, você deverá considerar qual modo de obtenção de recursos externos será usado: contrato básico, aliança ou aquisição. Ao depararem com essas três opções, muitas empresas vão direto à aquisição. Quando a empresa-alvo tem os recursos desejados, pressupõe que obter o controle por meio da aquisição seja um pré-requisito para uma vantagem competitiva. E que também tomar recursos emprestados por meio de um contrato básico ou de uma aliança possa ser considerado um caminho adequado – até mesmo superior.

Você ignora essas opções de empréstimo de menor intensidade por sua própria conta e risco. Quando usados de forma apropriada, os contratos básicos e as alianças proporcionam acesso a recursos de terceiros em condições mais flexíveis e com riscos e custos mais baixos do que uma aquisição. Como já observado, as M&As (fusões e aquisições) são inevitavelmente um emaranhado caro e complicado que só deve ser usado como último recurso. Enfatizar demais a necessidade de controle e saltar uma etapa sem necessidade para adquirir uma empresa pode significar perda de tempo e capital de investimento. E você perderá a oportunidade de aprender com uma série de parceiros independentes e acabará diminuindo sua capacidade de atualizar os recursos principais. Neste capítulo, exploraremos os *trade-offs* (prós e contras) entre contratos básicos e formas mais complicadas de obtenção de recursos externos.

A primeira opção externa e a mais direta é um contrato básico, celebrado em condições normais de mercado, que define os termos de troca dos recursos discretos. Os contratos básicos estabelecem os direitos especificados a um recurso por meio de um contrato de vendas, ou direitos mais limitados por meio de um contrato de licenciamento. Enquanto outras fontes mais complicadas de obtenção de recursos (alianças e aquisições, discutidas mais adiante no livro) também são regidas por contratos, este capítulo aborda as ligações contratuais com condições relativamente diretas. Para fins de simplicidade, normalmente faremos referência aos contratos básicos como *contratos*.

Por meio de uma boa estratégia de contratos, é possível adquirir livremente os recursos desejados de terceiros sem incorrer nos custos de adquirir e integrar uma organização inteira ou nas complexidades de gerenciar uma aliança contínua. A estratégia de contratos é mais eficaz quando associada às fortes capacidades internas para absorver com êxito novos conhecimentos para a empresa.

Desde o início dos anos de 1990, licenças e outros contratos básicos tornaram-se parte essencial da estratégia de crescimento no setor de biociências. Como já discutido, agora é comum que algumas empresas farmacêuticas licenciem os direitos de registro e comercialização de medicamentos de outras empresas em alguns mercados geográficos específicos. As empresas farmacêuticas também selecionam os compostos desejados de inovadores externos para complementar seus pipelines (processos de desenvolvimento) de P&D. Novartis, GlaxoSmithKline (GSK), Merck e Sanofi-Aventis, entre outras, fizeram isso de forma ativa. (Ver o caso "Estratégia externa da Merck".) Com a obtenção de recursos externos, os candidatos de médio porte no setor de medicamentos podem representar até 50% do total dos pipelines das maiores empresas farmacêuticas. No setor de telecomunicações, um consórcio de empresas (incluindo Apple, Microsoft e Research In Motion) ocupou as manchetes em 2011 ao adquirir 6 mil patentes controladas pela Nortel Networks, empresa canadense em falência. Negócios desse tipo podem ser verdadeiras pechinchas quando comparados a uma aliança bem mais complicada – e certamente a uma aquisição total.

ESTRATÉGIA EXTERNA DA MERCK

Usando a obtenção de recursos externos para revitalizar o pipeline de medicamentos

A empresa farmacêutica Merck aumentou o uso de obtenção de recursos externos para o desenvolvimento de novos medicamentos no período de 2000, em uma tentativa de fortalecer o pipeline interno. O sucesso ressalta o valor do foco no licenciamento.

Reconhecida há muito tempo por sua capacidade interna excepcional no desenvolvimento de medicamentos, a Merck havia desenvolvido muitos produtos revolucionários em seus próprios laboratórios: os medicamentos para uso cardíaco Mevacor e Zocor, o medicamento contra HIV/AIDS Efavirenz, o Fosamax para osteoporose e vacinas como Gardasil. Mas, em 2002, a Merck analisou seu pipeline clínico e descobriu um motivo importante de preocupação. Apenas um novo medicamento fora aprovado nos Estados Unidos naquele ano, enquanto outro estava em análise. Além disso, havia sete medicamentos na fase 3 dos ensaios clínicos, cinco na fase 2 e apenas um na fase 1 (o estágio inicial dos ensaios clínicos que envolvem seres humanos). Embora a lista de medicamentos em ensaios clínicos fosse uma base sólida para uma empresa de pequeno porte, não poderia sustentar uma empresa de bilhões de dólares, líder mundial como a Merck – especialmente porque, certamente, alguns medicamentos não seriam aprovados nos ensaios.

A análise levou a empresa a rever a ênfase dominante no desenvolvimento interno. Apenas dois dos candidatos no pipeline de 2002 haviam surgido nos laboratórios internos da Merck. Hesitante em cortar seus investimentos em desenvolvimento interno, a Merck, contudo, decidiu incrementar a obtenção de recursos externos a fim de aumentar o número de candidatos. Até 2006, o pipeline já estava bem mais completo, com 28 candidatos (5 externos) na fase 1; 18 (6 externos) na fase 2; 4 (1 externo) na fase 3; e 5 (1 externo) em análise na FDA (agência de controle de medicamentos e alimentos dos Estados Unidos). Para se garantir, a Merck também havia aumentado o ritmo de desenvolvimento interno. Mas, acima de tudo, identificara mais de uma dúzia de licenças e de outras oportunidades de investimento para complementar seu desenvolvimento interno.

O uso de licenças da Merck apresentava duas características predominantes: primeiro, cada licença visava alcançar produtos além da base técnica existente na empresa e, ao mesmo tempo, complementar as linhas de produtos existentes, como medicamentos específicos para câncer, distúrbios psiquiátricos e cardiovasculares. Segundo, as licenças com aqueles que originavam os medicamentos eram todas negociadas como contratos voltados para o codesenvolvimento. Esses relacionamentos normalmente fortaleciam os projetos internos, e algumas dessas licenças posteriormente se tornavam aquisições.

A estratégia bem-sucedida da Merck foi usar o licenciamento não para substituir, mas para complementar, de forma poderosa, o desenvolvimento interno e outras formas de obtenção de recursos. A Merck continua investindo massivamente em seus laboratórios internos, com gastos muito mais significativos em P&D em 2011 do que fazia em 2006. Mas poucas empresas de qualquer setor podem se dar o luxo de enfrentar os desafios competitivos apenas com projetos internos. Em vez disso, elas precisam desenvolver a capacidade tanto de complementar quanto de enriquecer as habilidades e capacidades internas captando recursos externos.

A transação da Nortel é uma exceção, e não a regra. Nossa abordagem de escolher um modo de obtenção de recursos externos é simples: *reserve os modos de obtenção de recursos externos mais caros e integradores para casos em que nada mais funcionará.* Não há motivo para empregar modos mais complexos se um contrato mais simples atende às condições, como um contrato de licenciamento de tecnologia. Como nos disse um executivo de telecomunicações: "Sempre que possível, siga a maneira mais barata: o contrato básico ou uma transação única."

O custo de um relacionamento com seu parceiro de recursos aumenta à medida que o vínculo se fortalece. Esses custos vão muito além das simples despesas financeiras. Conforme seu relacionamento com um parceiro for se tornando mais profundo, você normalmente precisará dedicar muito mais tempo e atenção ao relacionamento, o que pode tirar o foco do gerenciamento das atividades atuais. Além disso, uma aliança pode significar maior risco de perda de propriedade intelectual (por meio de um vazamento e cópia de recursos) do que significaria um contrato básico.

Os contratos básicos e as alianças são duas formas distintas de tomar recursos emprestados. Exemplos de contratos básicos incluem o licenciamento de tecnologia ou de produtos de outras empresas, acordos sobre royalties para usar ativos exclusivos de outros e o licenciamento a outros dos direitos de vender seus produtos, algumas vezes com direito total a usar os recursos (basicamente, compras em escala integral) e, outras vezes, com contingências relativamente diretas (como limitar o uso a produtos ou mercados específicos).

Em sua forma mais simples, um contrato básico é um relacionamento passivo. O contratante, que dá permissão ao contratado para explorar sua propriedade intelectual, não precisa fazer mais nada; apenas recebe os pagamentos iniciais, os royalties e outros valores especificados. O contratado tem acesso apenas à tecnologia existente no momento em que o contrato é assinado.

Alianças estratégicas, por outro lado, são uma forma muito mais ativa de tomar recursos emprestados; normalmente, envolvem licenças e outros contratos, mas também se estendem para muito além desses acordos. Com alianças para codesenvolvimento, por exemplo, os parceiros concordam em desenvolver, de forma conjunta, a propriedade intelectual, que é o objeto da aliança. Portanto, o licenciador tem direito a maior participação nas parcelas de pagamentos e royalties do que seria o caso contrário.

As empresas em busca de recursos precisam reconhecer as condições que favorecem os contratos básicos. Contratos podem ser difíceis; muitos executivos os comparam a um encontro às escuras. As empresas talvez saibam muito pouco sobre os recursos externos disponíveis, seu verdadeiro valor de mercado ou as perspectivas para obter recursos comparáveis de fornecedores alternativos e, portanto, devem aplicar a *due diligence* ao usar contratos para obter novos recursos. No entanto, os problemas normalmente são gerenciáveis, e os benefícios, enormes.

Mesmo nos mercados emergentes – onde as empresas de países desenvolvidos historicamente têm evitado os contratos básicos de licenciamento –, as leis sobre propriedade intelectual que regem patentes, direitos autorais e contratos de exclusividade de marketing estão cada vez mais sendo aplicadas, embora ainda restem alguns problemas importantes. Isso é válido especialmente porque cada vez mais empresas locais desenvolvem técnicas exclusivas e negociam o conhecimento especializado que se beneficia dessas proteções. Conforme essas mudanças têm ocorrido, os contratos de recursos estão sendo negociados com mais confiança em muitos mercados emergentes.

Neste capítulo, descreveremos os critérios que favorecem ou desfavorecem o uso de contratos para adquirir recursos. Mas, primeiro, vamos dar uma olhada em algumas das tendências cognitivas e de comportamento que desestimulam os gerentes a usar os contratos com mais frequência.

Pontos cegos: Por que as empresas ignoram os contratos básicos?

Por que muitas empresas se apressam em formar alianças ou fazer aquisições sem sequer pensar nos contratos? Nossas pesquisas e experiência sugerem vários pontos cegos: os executivos estão obcecados por controle, fazem mau uso das M&As como um atalho estratégico, exageram nos atritos que podem surgir nos acordos contratuais e tiram conclusões equivocadas de fracassos anteriores com os contratos.

Obsessão pelo controle

Em geral, uma empresa recorre diretamente a modos mais complexos de obtenção de recursos porque enfatiza demais a necessidade de controlar seus parceiros de recursos e excluir os concorrentes. Acredita que uma transação de licenciamento a obrigaria a abrir mão de grande parte da receita e da propriedade intelectual. Muitas empresas – em especial, aquelas que, historicamente, enfatizam o desenvolvimento interno e, dessa forma, veem o controle como um presente – superestimam a quantidade de controle estratégico de que realmente necessitam. Como consequência, perdem oportunidades de relacionamentos mais lucrativas com terceiros.

As empresas tendem a acreditar, normalmente de forma equivocada, que compartilhar uma parte da receita, como através de uma licença para um produto específico, é mais caro do que pagar os vários custos de uma fusão e aquisição, incluindo aqueles relacionados a avaliar e integrar as aquisições. As empresas que aprenderam a usar a ampla gama de acordos externos têm vantagem em relação àquelas que ignoram o licenciamento e buscam instintivamente as aquisições.

A Bombardier lutou algumas vezes para concorrer com a Embraer na precificação de seus jatos regionais porque, historicamente, sempre esteve menos disposta do que a concorrente brasileira a formalizar contratos até mesmo para componentes gerais. A Bombardier subestimou algumas vezes os custos de desenvolver e produzir componentes internamente ou de adquirir de fornecedores. Os custos ignorados das alternativas de contratos – como o custo de reequipar as instalações e gerenciar projetos internos complicados e programas de aquisição e integração – podem superar de longe os benefícios previstos. Como observado no Capítulo 2, várias montadoras americanas caíram em armadilhas semelhantes de desenvolver e produzir componentes que poderiam ter adquirido de fornecedores externos a um custo significativamente mais baixo e com melhor qualidade.

Buscando um atalho

Com sua obsessão por controle, os executivos normalmente recorrem às M&As como um atalho sedutor. Para ter certeza, uma aquisição bem-concebida e bem-executada pode oferecer munição a uma empresa durante vários anos em relação a seus concorrentes. Melhor de tudo, ela obtém o controle do fornecedor de recursos.

Mas as aquisições normalmente fracassam. Nos ambientes em constante mudança, em que a agilidade é preponderante, M&As podem ser uma forma lenta de resposta. As aquisições podem deixar uma empresa com falta de flexibilidade, restringindo, por fim, sua capacidade de atender às necessidades crescentes de recursos e de buscar de forma gradual o crescimento.

Alguns bancos tentaram aumentar a receita vendendo produtos de seguros. Os bancos aproveitam o contato regular com os clientes; cada interação física ou on-line oferece uma oportunidade potencial de venda cruzada de serviços e produtos baseados em seguros. Muitos bancos utilizaram as M&As para adquirir rapidamente a escala de produtos de que precisavam no mercado de seguros. No entanto, poucos tiveram sucesso. Na verdade, Citigroup, ING e outros se livraram ultimamente de suas áreas de seguros.

Esses fracassos despertaram o interesse em relacionamentos contratuais e joint venture, que reconhecem o seguro como uma especialidade complicada. Por meio desses acordos, os bancos vendem produtos de seguro de terceiros ou de uma empresa cujo controle normalmente é detido meio a meio pelo banco e o parceiro de seguros escolhido. Em geral, a seguradora é responsável pelo gerenciamento do risco, enquanto o banco é responsável pela distribuição do produto aos clientes. Os parceiros podem colaborar nas atividades de branding (construção de marca) e de venda cruzada, e ambos dividem uma parte da receita e do lucro ou prejuízo.

Uma aliança entre a Amazon.com e a Toys "R" Us é outro exemplo de uma empresa que prefere um atalho atraente. Ambas as empresas uniram suas forças em 2000 para codesenvolver um negócio de varejo de brinquedos on-line. A Amazon.com via o relacionamento como uma oportunidade de aprender algo sobre o ramo de brinquedos e adaptá-lo a uma estrutura on-line. A Toys "R" Us, por outro lado, enxergava as coisas de maneira mais simples: buscava um novo canal para seu negócio atual de brinquedos e produtos infantis e um atalho rápido para derrotar os concorrentes no setor de e-commerce.

Na prática, a Amazon.com saiu lucrando muito mais com a aliança do que a Toys "R" Us. O relacionamento proporcionou uma plataforma para expandir os negócios on-line da Amazon, mas sem querer havia criado um concorrente para a Toys "R" Us. Na verdade, a loja de brinquedos processou a Amazon em 2004, alegando que o varejista on-line se aproveitara do que aprendera com o relacionamento para adquirir suas próprias linhas de produtos concorrentes e permitir que outros comerciantes vendessem os brinquedos e produtos para bebês no site Amazon.com. O processo foi finalmente encerrado em 2009, com o pagamento de US$51 milhões à Toys "R" Us – muito menos do que o custo de oportunidade por haver ajudado um concorrente a conquistar uma importante posição no mercado.

Em retrospecto, a Toys "R" Us estava tão ávida por buscar um atalho que ignorou a ameaça aos seus próprios recursos vitais. A empresa teria se saído melhor buscando um contrato mais básico, e não a forte aliança que levou a um vazamento indesejado do conhecimento para a Amazon.com. Um contrato mais simples teria ajudado a "R" Us a focar suas atividades no canal de vendas e, ao mesmo tempo, limitar a transferência de conhecimento sobre a obtenção de recursos e o gerenciamento de produtos para a Amazon.com. Se a Toys "R" Us finalmente acreditasse que o relacionamento estava se tornando mais estratégico, poderia então ter passado a uma aliança na qual ocupasse uma posição mais forte para entrar no mundo dos negócios on-line. Os acordos contratuais básicos podem ajudar a evitar a perda de conhecimento e o trauma organizacional quando os relacionamentos exigem apenas interações básicas.

Superestimando os atritos

Muitos executivos, preocupados com atritos importantes quando tentam obter recursos discretos de terceiros, são cautelosos em se aventurar, sem estar informados e protegidos, em um mercado contratual. (Uma estratégia isolada para evitar atritos e custos – pelo menos no curto prazo – consiste em buscar recursos *legalmente não protegidos* dos quais se possa apropriar livremente. Veja o caso "Recursos livres".)

Claro que os atritos costumam ser reais. Os mercados de recursos podem não existir ou existir apenas de forma embrionária. Os parceiros contratuais podem agir de maneira oportunista em prol de seus próprios interesses – especialmente se for muito complicado abranger todas as contingências de forma eficaz com um contrato básico – e, portanto, as empresas normalmente se sentem relutantes em confiar nas partes externas. Na verdade, talvez um contratado não tenha o conhecimento claro do que o contratante está vendendo ou que valor um recurso licenciado pode ter em outro mercado geográfico ou de produtos. O custo de se buscarem parceiros pode ser alto se as informações forem escassas ou se for difícil encontrar vendedores.

Uma vez que uma empresa tenha identificado um parceiro viável, o parceiro pode não querer vender ou licenciar seus recursos; em vez disso, talvez ele queira captar para si próprio os retornos desses recursos. Por outro lado, o parceiro pode não estar disposto a vender por meio de um contrato se acreditar que outras opções de transações proporcionarão mais benefícios aos stakeholders. Talvez o vendedor esteja disposto a vender seus recursos junto com toda a empresa – mesmo quando o recurso desejado poderia facilmente ser separado. No segundo trimestre de 2011, a oferta da Google para licenciar o portfólio de patentes de *handset* da Motorola evoluiu para uma aquisição de controle total da unidade de negócios Motorola's Mobility. Isso se deu parcialmente por causa da pressão dos acionistas ativos da Motorola, que esperavam retornos imediatos maiores com a aquisição do que ganhariam com as licenças.

RECURSOS LIVRES

Os custos e os benefícios de copiar

Uma espécie sombria de terra de ninguém dos recursos consiste em propriedades que não são patenteadas, comercialmente registradas ou legalmente protegidas de alguma forma. Esses recursos estão, portanto, disponíveis para serem copiados, modificados e usados – seja com a permissão explícita de seus criadores ou proprietários, seja por padrão, devido ao seu status não protegido. Se você encontrar recursos desejáveis que se enquadrem fora das proteções legais, talvez queira copiá-los e adaptá-los para atender às suas necessidades e estratégias.

No entanto, mantenha suas atividades de imitação sem subterfúgios. Há boas razões para ser cauteloso. Você – assim como seus parceiros e concorrentes – estará tentado a tirar proveito de ambientes legais fracos. Mas as vantagens de curto prazo que as empresas obtêm por meio desse oportunismo podem trazer desvantagem no longo prazo – por exemplo, quando aqueles que seriam parceiros desejáveis se recusam a colaborar ou fechar um contrato. Por isso faz sentido gerenciar suas atividades mais além do que diz a lei para estabelecer a reputação de um parceiro forte.

Apesar dos atritos reais possíveis no licenciamento, as empresas normalmente superestimam a resistência que poderá surgir, e, em consequência, perdem a oportunidade de usar as licenças de forma eficaz. Algumas empresas superam os atritos do mercado fazendo uma triagem e avaliando, de forma sistemática, seus parceiros e recursos externos, criando vínculos com fornecedores potenciais ao longo do tempo, à medida que os recursos se desenvolvem. Nas empresas estabelecidas como Intel, Cisco e AstraZeneca, um braço da corporação faz essa análise. Quando uma empresa analisa sistematicamente os ambientes de recursos externos, ajuda a aumentar o grupo de parceiros viáveis, expandindo, assim, os horizontes. Também compreende melhor quanto apoio seria necessário para realizar as transferências de recursos. Esses insights podem, então, ser transformados em acordos contratuais. (Em conjunto com a análise de recursos, recomendamos que as empresas em busca de recursos aprimorem suas competências internas nas áreas dos recursos pretendidos. Mais confiança no conhecimento básico pode ajudar a superar – ou evitar – atritos contratuais.)

Além disso, até mesmo os contratos básicos podem ser ajustados quando surgirem problemas inesperados. Por exemplo, a Canadair licenciou o F-86 Sabre da North American Aviation e o P-80/T-33 da Lockheed durante os anos de 1950. Embora tenha sofrido no início para usar a tecnologia, a Canadair valeu-se do conhecimento especializado do licenciador e de suas próprias habilidades internas e, finalmente, desenvolveu projetos comerciais muito bem-sucedidos.

Interpretando mal os fracassos anteriores

Os executivos às vezes desenvolvem pontos cegos em relação aos contratos quando as empresas usam esse modo em circunstâncias inadequadas. Uma vez que ocorre um fracasso, elas aprendem a lição errada. Em vez de reconhecerem que o fracasso resultou de um caminho não apropriado, tornam-se completamente relutantes em usar os contratos básicos. Naturalmente, uma solução racional é aprender quando usar os contratos e quando evitá-los, e não excluir de forma categórica um modo de obtenção de recursos potencialmente valioso.

Certamente, problemas críticos poderão surgir quando as empresas tentarem usar os contratos básicos em condições mais apropriadas a uma aliança.

Um de nossos projetos de pesquisa descobriu que empresas aeroespaciais que dependem de licenciamento para novos projetos complicados normalmente sofrerão no futuro, quando tentarem desenvolver internamente projetos de acompanhamento. Isso ocorre porque elas não têm conhecimento total da tecnologia subjacente, a qual não estava sujeita ao contrato de licenciamento. Da mesma forma, as empresas farmacêuticas têm dificuldade em criar os produtos licenciados – que poderiam servir de plataformas para um desenvolvimento contínuo mais amplo – quando as empresas não têm suficiente conhecimento interno especializado para avaliar a estrutura molecular subjacente dos produtos. Em outro exemplo, a Ford Motor Company sofreu com a falta de compatibilidade entre o design de seus primeiros veículos utilitários esportivos e os pneus da Firestone que ela havia licenciado para esses SUVs durante os anos de 1990. A falta de compatibilidade afetou a estabilidade do veículo, contribuindo para vários acidentes que envolviam atropelamentos. Uma aliança mais forte entre as empresas teria tornado os pneus mais compatíveis com os SUVs.

No entanto, é fácil exagerar sobre os problemas potenciais dos contratos e subestimar os custos de relacionamentos externos mais complicados. Não descarte às cegas uma opção perfeitamente viável. Pondere com cuidado se os recursos de que você necessita podem ser negociados por meio de acordos contratuais ou se exigem modos mais complexos. A Figura 3.1 destaca as etapas essenciais para essa tomada de decisão.

FIGURA 3.1

Contrato básico *versus* aliança

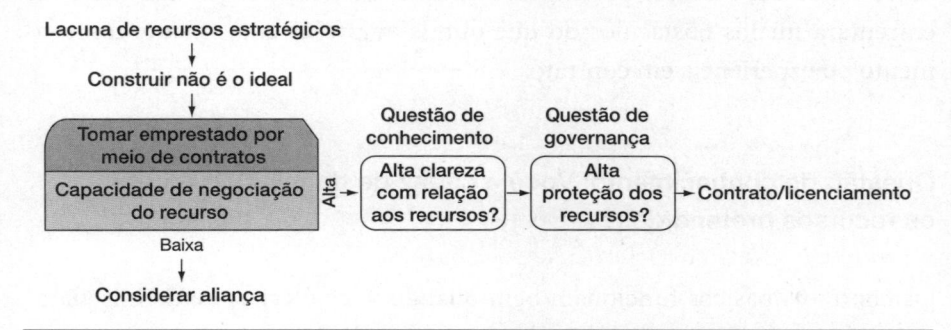

Lacuna de recursos estratégicos
↓
Construir não é o ideal
↓
Tomar emprestado por meio de contratos
Capacidade de negociação do recurso — Alta → Questão de conhecimento: Alta clareza com relação aos recursos? → Questão de governança: Alta proteção dos recursos? → Contrato/licenciamento
Baixa
↓
Considerar aliança

Os recursos pretendidos são negociáveis?

As empresas que obtêm recursos por meio de acordos contratuais acreditam que podem negociar os recursos pretendidos de forma eficaz. A tarefa crítica consiste em avaliar quanto esses recursos são negociáveis. Capacidade de negociação significa que você é capaz de definir com clareza aquilo de que precisa e concluir que um contrato protegerá o valor dos recursos de cada parceiro. Por exemplo, as empresas farmacêuticas estabelecidas normalmente negociam licenças geográficas para medicamentos que já tiveram seus ensaios clínicos concluídos, permitindo a outras empresas vender os medicamentos em países nos quais o desenvolvedor do medicamento não tem operações. Os recursos são negociáveis nesses casos porque as características técnicas são bem compreendidas, as fronteiras dos mercados são bem definidas, as condições de venda e uso dos medicamentos são claras e os tamanhos dos mercados potenciais e taxas de royalties relevantes podem ser projetados com precisão. Se as partes tiverem certeza de que compreendem o valor atual e futuro dos medicamentos, então terão alcançado a alta clareza dos recursos e terão uma chance razoável de proteger o respectivo valor. Se ambas as condições forem atendidas, os recursos serão negociáveis.

Definir a capacidade de negociação não é uma ciência exata. As empresas normalmente direcionam seu foco apenas para os recursos, e não prestam muita atenção aos relacionamentos com o fornecedor necessário para efetuar a transferência dos recursos. Um acordo contratual, como uma licença, é quase sempre um problema estritamente passivo; em geral, exige compreensão mútua e adaptação ao longo do tempo à medida que as condições vão mudando. Empresas diferentes podem enfrentar problemas diferentes ao negociar o uso de recursos praticamente semelhantes. Uma empresa com conhecimento sobre a área dos recursos pretendidos ou com forte experiência em contratos enfrentará menos obstáculos do que outras empresas com menor conhecimento ou experiência em contratos.

Questão de conhecimento: Você é capaz de definir claramente os recursos pretendidos?

Os contratos básicos funcionam bem quando você é capaz de definir claramente os recursos pretendidos. As partes envolvidas devem ter chegado a um entendimento sobre três elementos: a natureza atual dos recursos, o valor futuro dos recursos e o tipo de relacionamento necessário para efetuar a troca de recursos. Essa clareza sobre os recursos permite aos parceiros estabelecer um contrato transparente e gerenciá-lo de forma eficaz.

A natureza atual dos recursos pretendidos

Os contratos funcionam bem para patentes e outros direitos de propriedade quando há clareza dos recursos. Por exemplo, as empresas farmacêuticas normalmente licenciam no país ou no exterior o direito de vender medicamentos para determinados fins terapêuticos e em regiões geográficas definidas. Quando a Bristol-Myers Squibb quis entrar no mercado de estatinas, licenciou da empresa japonesa Sankyo o direito de vender o Pravachol nos Estados Unidos. O produto obtivera êxito clínico, o mercado estava bem-definido tanto em relação ao escopo quanto ao tamanho, e havia direitos de propriedade claros para a entidade química. Juntas, essas condições tornavam os recursos negociáveis. Era uma questão direta para as empresas negociar um contrato de vendas por vários anos.

Nem todas as patentes podem ser formalizadas de modo tão claro. Em telecomunicações, uma patente não é necessariamente um direito de propriedade bem-definido. Um smartphone, por exemplo, é uma combinação de hardware e software de TI para enviar ou receber dados, vídeo e voz. Essa complexidade exige uma coordenação ativa das atividades de desenvolvimento e é suscetível a milhares de pedidos de patentes potenciais.

Barreiras à clareza dos recursos podem surgir quando uma parte conhece melhor do que a outra o valor de determinado recurso. Por exemplo, um medicamento específico pode apresentar idiossincrasias que afetem o desenho e o custo dos ensaios clínicos. Uma empresa que desenvolveu a tecnologia de base sob uma patente tem muito mais conhecimento da tecnologia do que os potenciais parceiros, que estão em relativa desvantagem e, assim, podem ficar relutantes em negociar um contrato. A Bosch, empresa alemã de tecnologia industrial e automotiva, considerou o uso de um contrato básico para obter tecnologia de ar-condicionado da empresa japonesa Denso, mas decidiu não usá-lo devido ao conhecimento muito mais profundo da Denso do valor dos recursos pretendidos. Grandes lacunas no conhecimento são encontradas principalmente no caso de recursos especializados e são menos comuns naqueles mais populares – ou naqueles em que ambas as partes têm experiência semelhante.

O valor futuro dos recursos pretendidos

O valor dos recursos nunca é estático; ele sobe e desce de acordo com a influência de uma série de fatores. Os contratos funcionam melhor quando há entendimento compartilhado sobre o *valor futuro* dos recursos. Um contrato precisa oferecer condições para os fluxos de pagamento, direitos de rescisão e outras eventualidades. Quando o valor futuro dos novos recursos é elusivo, normalmente porque a evolução técnica ou do mercado é muito incerta, as partes sofrerão – primeiro, para chegar a um acordo sobre as condições e, depois, para aplicá-las de forma satisfatória a ambas as partes. Sob um clima de grande incerteza como esse, as condições contratuais podem ser ambíguas.

Incertezas desse tipo surgem em vários contextos. A ex-fabricante de medicamentos sueca Astra & Merck explorou uma licença simples para lançar o medicamento antiúlcera Prilosec nos Estados Unidos. Ambas as partes logo se deram conta de como o acordo seria complicado, com a necessidade de se realizarem vários testes clínicos e de haver um novo modelo de marketing farmacêutico para os Estados Unidos. Reconhecendo a dificuldade em reduzir as incertezas de valor para uma licença, as empresas criaram uma aliança. Da mesma forma, a evolução contínua do seguro-saúde nos mercados emergentes é altamente incerta. As seguradoras dos países desenvolvidos e dos mercados emergentes também consideraram difícil, se não impossível, prever as condições de um contrato simples para integrar todos os seus mercados. Até o momento, conseguiram apenas negociar contratos de curtíssimo prazo. E no início dos anos 2000, a Whirlpool e a empresa chinesa Haier fracassaram na negociação de licenças para se expandir nos mercados uma da outra porque era difícil prever o curso da evolução dos mercados. A Whirlpool acabou se expandindo na China por meio de uma aliança com a empresa chinesa Hisense-Kelon.

O relacionamento de trabalho com o parceiro de recursos

As dificuldades em relação às condições podem surgir quando a troca e a integração dos recursos pretendidos demandam extensa coordenação entre as partes. Muitos executivos de telecomunicações que entrevistamos ressaltaram que evitam os contratos básicos quando o comprador tem *uma necessidade contínua de trabalhar de perto com o parceiro*. Nessas circunstâncias, dois terços dos executivos optaram por uma aliança ou aquisição, dependendo do nível de colaboração necessária. A aprendizagem complexa surge sempre que a transferência de conhecimento entre as partes exige um trabalho lado a lado entre o pessoal, o compartilhamento contínuo de informações e a coordenação de múltiplas funções nas empresas, tais como desenvolvimento de produtos e marketing.

Portanto, é importante identificar o tipo de relacionamento de trabalho que você necessita com seu parceiro de recursos e também fazer a si mesmo várias perguntas:

- O contrato deve especificar apenas a transferência de recursos ou de tecnologia, ou precisaremos de assistência complementar de apoio ou de marketing?
- Depois de negociar um contrato, você é capaz de se manter atualizado por conta própria ou precisará da ajuda contínua do fornecedor?
- Internamente você conta com pessoas relevantes para interagir com o parceiro e garantir transferência eficaz do conhecimento? Ou – se o recurso estiver fora de sua base de conhecimento – você precisará de especialistas externos para auxiliar na transferência do recurso?
- Você tem largura de banda disponível (tempo e pessoas) para compilar as informações que ajudarão o parceiro de recursos a realizar uma transferência eficaz?
- Você será capaz de lidar com os custos adicionais e com os atritos que possam surgir quando os principais stakeholders estiverem geograficamente dispersos?

Quanto mais perto os recursos pretendidos estiverem de sua base de conhecimento existente, mais fácil será definir os recursos, seu valor futuro e o tipo de relacionamento de trabalho necessário para auxiliar na transferência. Essa compreensão aumentará sua legitimidade como parceiro contratual. Como explicou um executivo sênior de telecomunicações, "para obter tecnologia com sucesso no mercado aberto, é preciso alcançar um limite mínimo de competências internas para ser um comprador atraente e eficaz".

Uma vez que os recursos pretendidos tenham sido identificados, examinados e avaliados – e o contrato seja assinado –, você também deverá recorrer ao conhecimento interno para garantir que as futuras transações de sua empresa com o fornecedor de recursos se adaptem bem à sua organização atual.

Questão de governança: Você é capaz de proteger o valor dos recursos?

A clareza dos recursos não é, por si só, suficiente para oferecer suporte a um contrato básico. Você também deve proteger o valor dos recursos envolvidos na interação – o seu próprio e aqueles que você contrata para obter. Um contrato define as condições das patentes e dos direitos autorais em relação a quaisquer recursos atuais e futuros que tenham origem no contrato atual; determina as participações nos fluxos de receita atual e futuro; identifica as condições para rescisão; e aborda muitos outros fatores relacionados ao uso dos recursos pretendidos. No entanto, na prática, esses mecanismos jurídicos normalmente se mostram ineficazes. Oportunismo do parceiro, vazamento de recursos e fracas habilidades para execução dos contratos podem prejudicar ambos os lados envolvidos no contrato.

Oportunismo do parceiro

Os contratos funcionam bem apenas quando as partes fazem valer seus direitos contratuais. Uma proteção de valor significativa exige três condições: clareza, confiança e lei – para ter conhecimento de uma definição clara dos recursos; parceiros dignos de confiança, que negociarão de boa-fé e não se aproveitarão de forma injusta quando houver oportunidades inesperadas; e proteções jurídicas que permitam uma arbitragem eficaz quando ocorrerem controvérsias em relação às condições do contrato.

Não importa quanto você se esforce para elaborar as condições, nenhum contrato é capaz de especificar por completo todas as contingências futuras. Como nos contou uma pessoa que negocia e gerencia contratos regularmente, "todos os contratos são incompletos". E quando as empresas se expandem nos mercados emergentes, onde – apesar da crescente transparência – as instituições jurídicas têm forças diferentes, o recurso jurídico para os problemas contratuais normalmente não é possível. Por exemplo, o sistema jurídico na Índia é lento, e quase sempre decorrem vários anos até se julgarem as disputas contratuais. Isso desestimula a negociação de contratos nesse país.

Tanto o vendedor quanto o comprador exigem proteção. O vendedor quer proteger o valor dos recursos ou do conhecimento que transferirá ao comprador. Sem essa proteção, o vendedor pode se recusar a fechar um contrato ou exigir um preço tão alto que o negócio não fará sentido. E para o comprador, o valor se estende além da transferência dos recursos contratados, a fim de incluir uma equipe de apoio do vendedor para auxiliar na transferência dos recursos. Esse procedimento normalmente requer que o comprador revele partes estratégicas importantes de seu negócio. Sem uma proteção forte do valor dos recursos, os compradores ficarão relutantes em fechar o contrato.

Essas preocupações surgem em vários setores. Alguns executivos dizem que, em geral, enfrentam problemas com direitos de propriedade intelectual e patentes quando tentam adquirir tecnologia pronta para uso. Muitos temem não ser capazes de controlar os aspectos intangíveis envolvidos numa troca de tecnologia; a falta de controle poderá, dessa forma, torná-los dependentes do fornecedor de tecnologia. Um executivo do setor de telecomunicações nos disse que, "quando adquirimos uma tecnologia pronta para uso, trabalhamos com afinco nas questões de patentes. Precisamos ter controle da tecnologia. Precisamos ter direitos sobre a propriedade intelectual". Essa exigência para os direitos detalhados sobre propriedade pode levar a preços contratuais mais elevados, mas também pode proporcionar maior controle sobre o fluxo futuro de receita.

Além dos direitos básicos sobre propriedade intelectual, o licenciamento internacional de uma tecnologia – especialmente aquela em fase inicial de desenvolvimento – pode deixar o fornecedor exposto se um licenciado não conseguir criar novos produtos.

O sucesso final do licenciador – suas perspectivas de negócios, valor futuro e reputação – poderia depender fortemente do fato de o comprador desenvolver com êxito a tecnologia licenciada. Um licenciador, portanto, quer ter certeza de que o licenciado está fazendo os investimentos necessários e agindo com energia para explorar o recurso. As empresas de biotecnologia normalmente vendem seus medicamentos em uma fase muito inicial. Ao agirem assim, colocam suas esperanças nos poderosos recursos e habilidades das grandes empresas farmacêuticas para levar adiante a aprovação regulatória dos medicamentos. Mas se uma empresa farmacêutica perder o interesse e investir pouco no projeto de desenvolvimento de um medicamento, provavelmente esse medicamento licenciado fracassará – com consequências negativas para o licenciador. Há ainda mais prejuízos quando o medicamento em questão representa uma fatia significativa dos projetos do licenciador.

Vazamento de recursos

Além de saberem do risco envolvido em serem esfolados por um parceiro durante uma troca contratual, muitos executivos que entrevistamos se mostraram preocupados com a possibilidade de um parceiro captar algumas de suas propriedades intelectuais valiosas se a troca ocorrer sem controle suficiente. Um executivo aludiu ao grande receio de sua empresa de que, uma vez encerrado o contrato, um fornecedor de recursos roubasse os clientes da empresa e se tornasse um concorrente.

Os parceiros de venda têm preocupações semelhantes. Cada vez mais compradores com conhecimento são capazes de absorver as capacidades necessárias, reduzindo, assim, o valor do vendedor nas trocas futuras. Um vendedor de tecnologia nos disse que está relutante em fornecer manuais detalhados, porque quer que os compradores dependam de suas habilidades e conhecimento. E na indústria aeroespacial, alguns fornecedores do licenciador original recusaram-se a revelar os detalhes de sua tecnologia a um licenciado. Essa hesitação desestimula possíveis licenciados e estreita o mercado de contratos de recursos.

Da mesma forma, vendedores independentes podem recusar-se a personalizar seus produtos. Por exemplo, alguns potenciais fornecedores de serviços de telecomunicações na África do Sul não queriam criar um software voltado para empresas de telecomunicações como a MTN porque temiam não conseguir recuperar os custos no longo prazo com a criação e o refinamento do produto.

Habilidades na execução de contratos

Por fim, você precisa avaliar sua capacidade de executar processos para contratar os recursos pretendidos. Uma das considerações é a disponibilidade de habilidades jurídicas. Para as empresas menores, isso normalmente significa contratar advogados externos. As empresas maiores costumam ter grandes departamentos jurídicos com as habilidades necessárias na área pretendida. Porém, mesmo as grandes empresas precisam às vezes contratar um advogado externo quando um contrato está fora de seu conhecimento especializado tradicional. Da mesma forma, as empresas talvez precisem contratar consultores – primeiro, para ajudar a criar relacionamentos confiáveis com os parceiros nos diferentes ambientes institucionais e, posteriormente, para ajudar a gerenciar o fluxo de conhecimentos que envolvam assistência técnica, necessidades de gerenciamento e compreensão das culturas na vigência de um contrato.

Habilidades fracas na execução de contratos podem ser fatais, causando prejuízo aos relacionamentos durante as negociações e levando a condições fracas, cujo efeito negativo será sentido na execução do contrato ao longo do tempo. Você não pode supor que o fluxo de conhecimento será eficaz na vigência do contrato. Não ser capaz de estabelecer procedimentos de gestão do conhecimento *adaptados ao relacionamento específico* poderia truncar facilmente a transferência de conhecimentos. Sua equipe jurídica deve, portanto, ter um insight adequado sobre o domínio dos recursos; somente então, ela poderá elaborar um contrato que preveja problemas potenciais de relacionamento ou transferência. Isso é ainda mais crucial ao se lidar com um parceiro de recursos com quem você nunca manteve um relacionamento de trabalho.

Quanto mais a empresa precisar aprender com seu parceiro, mais forte deverá ser o relacionamento, não só entre seu pessoal e o do parceiro, mas também entre sua própria equipe. Em nosso estudo de telecomunicações, 55% dos respondentes afirmaram que suas empresas tiveram grandes atritos internos ao integrar as capacidades existentes com as externas: o staff oferecia resistência aos novos recursos porque não "haviam sido inventados lá".

Outra barreira ao sucesso pode surgir se seu parceiro tiver pouco ou nenhum histórico de licenciamento ou não contar com pessoas relevantes para auxiliar na transferência dos recursos. Você precisa se assegurar, ao entrar, de que será capaz de conseguir a atenção necessária do *pessoal adequadamente habilitado* do fornecedor. Se você precisar de muito apoio – e não tiver experiência anterior com um parceiro cujo histórico de licenciamentos é pequeno –, deverá reconsiderar se a licença é realmente o melhor caminho. Se você ou seu parceiro não tiverem habilidades relevantes na execução de contratos, normalmente faz sentido buscar oportunidades externas que dependam menos das condições de um contrato básico.

Implicações em sua estratégia de obtenção de recursos

A Figura 3.2 resume a ramificação do contrato no contexto dos caminhos dos recursos. Responder às perguntas sobre governança e conhecimento vai ajudá-lo a determinar se deve considerar um contrato ou opções mais complexas de alianças e aquisições para obter os recursos pretendidos.

A figura apresenta quatro combinações de clareza e proteção dos recursos, que constituem, de forma eficaz, a capacidade de negociação dos recursos. Esses quatro níveis de capacidade de negociação sugerem as quatro opções para a obtenção de recursos, descritas a seguir. Como o caminho para o desenvolvimento interno no Capítulo 2, as opções na parte superior à esquerda e inferior à direita são mais diretas do que aquelas na parte inferior à esquerda e superior à direita.

FIGURA 3.2

Capacidade de negociação dos recursos e opções para a obtenção de recursos

	Questão de governança: proteção dos recursos?	
	Alta	Baixa
Questão de conhecimento: clareza dos recursos? Alta	Capacidade de negociação dos recursos: alta Acordos modulares Contrato	Capacidade de negociação dos recursos: parcial Acordos não protegidos Considerar aliança *Alternativa*: considerar contrato complexo
Baixa	Capacidade de negociação dos recursos: parcial Acordos entrelaçados Considerar aliança *Alternativa*: considerar contrato complexo	Capacidade de negociação dos recursos: baixa Acordos que demandam combinação Considerar aliança

Acordos modulares

Recorrer a um contrato é mais apropriado quando o valor dos recursos e os relacionamentos de apoio necessários estão bem claros, e quando nenhum dos parceiros entra em acordos contratuais desprotegidos. Chamamos de *acordos modulares* os casos em que tanto a clareza dos recursos como a proteção do valor são altas. Na prática, os acordos modulares são comuns. Por exemplo, nas duas últimas décadas, a Eli Lilly protegeu mais de duas centenas de acordos de licenciamento abrangendo contratos que conferiam direitos a compostos, produtos, tecnologias de entrega e dispositivos, processos de desenvolvimento e produção, software e mercados geográficos.

Acordos que demandam combinação

Redigir contratos importantes para reger as trocas em condições normais de mercado pode ser algo impossível quando é difícil descrever ou proteger os recursos atuais ou futuros. Nesses casos, as alianças ou outros relacionamentos organizacionais mais complicados frequentemente são a melhor opção para a obtenção dos recursos pretendidos. Caso contrário, siga em frente por sua própria conta e risco! Por exemplo, em 2007, um escritório de advocacia da Raytheon formou uma parceria baseada em um contrato com cinco outras empresas para desenvolver um sistema de TI envolvendo inspeções na fronteira no Reino Unido. O projeto Trusted Borders de 650 milhões de libras envolvia uma grande incerteza técnica, assim como compromissos intermináveis entre os parceiros. Nos três anos seguintes, o projeto enfrentou diversos problemas de coordenação e não conseguiu criar um produto viável. O governo britânico finalmente suspendeu o projeto em 2010.

Acordos não protegidos

Quando – apesar da alta clareza dos recursos – há somente maneiras limitadas de se proteger o valor dos recursos, os contratos básicos normalmente não funcionam. Mesmo os parceiros aparentemente confiáveis podem, na vigência de um contrato, enfrentar novas demandas e oportunidades que os levarão a rever as condições. Isso representa risco especialmente quando é difícil aplicar as condições de uma transação ou quando o novo pessoal não compreende as condições de forma clara. Por exemplo, várias empresas de serviços on-line nos Estados Unidos desistiram das transações em que seus fornecedores de software acreditavam que eram compromissos de longo prazo apenas para descobrir, infelizmente, que uma linguagem ambígua deixou espaço suficiente para uma nova interpretação.

Historicamente, muitas multinacionais do Ocidente que operam na China, na Índia e em outros mercados emergentes assinaram contrato com empresas locais e enfrentaram problemas com a proteção de recursos. Embora os recursos envolvidos estivessem claramente definidos e tivessem um valor especificamente protegido nos contratos, alguns recursos foram parar, de forma inesperada, nas coligadas dos parceiros locais – e, portanto, estavam fora do escopo de aplicabilidade do contrato e do controle do licenciador.

Quando existem essas brechas, os esforços de arbitragem nos tribunais locais normalmente fracassam ou então demoram tanto que se tornam inúteis. Conforme observado, enquanto essas preocupações forem reais, a crescente força comercial de muitos mercados emergentes leva ao maior interesse na proteção jurídica de propriedades. Assim, os contratos com as empresas locais nos mercados emergentes demandam uma avaliação caso a caso sobre a proteção dos recursos.

Quando a proteção dos recursos tiver alta prioridade e um contrato básico puder deixá-lo desprotegido, considere uma aliança ou aquisição. No entanto, antes de fazer isso, talvez você queira dar uma olhada nos *contratos complexos*, uma opção mais rigorosa de contrato.

Os contratos complexos definem as eventuais contingências na vigência de um contrato. Esses contratos normalmente incluem *condições de garantia*, provisões em que os parceiros arcam com as consequências e os prejuízos se trapacearem intencionalmente ou tiverem um baixo desempenho não intencional. As condições de garantia variam de investimentos em cross-equity (participação acionária cruzada) que exigem que as partes envolvidas invistam uma na outra. Os dois últimos mecanismos representam um incentivo de boa-fé, já que o que prejudica uma das partes também prejudica a outra. Os investimentos em participações acionárias – formas comuns de condições de garantia porque a ação cria um direito à receita residual de um negócio – podem ser adequados às partes quando é difícil aferir suas contribuições.

O CME Group (que detém o controle da Chicago Mercantile Exchange) e a Bolsa Brasileira de Mercadorias & Futuros são um exemplo de contrato de garantia. As empresas investiram cerca de 10% uma na outra (cross-equity) quando iniciaram a comercialização conjunta de seus produtos na bolsa de mercadorias em 2007. Embora a atividade de relacionamento estivesse relativamente clara, ambas as partes estavam preocupadas em relação à incapacidade de especificar com precisão os direitos de propriedade dos produtos que estavam desenvolvendo. De forma semelhante, a Cisco normalmente assume participação minoritária em várias de suas alianças para se proteger contra o comportamento oportunista dos parceiros e obter direitos para ajudar a coordenar as atividades contínuas de desenvolvimento e transferência de recursos.

Acordos entrelaçados

Quando os direitos de propriedade estão claros, mas os recursos dos parceiros se unem de maneira complexa, normalmente surgem os acordos entrelaçados. Apesar de sua capacidade de proteger os recursos, os contratos básicos fornecem apenas orientação limitada para a troca de recursos. Situações mais complexas normalmente surgem com as atividades de codesenvolvimento em que duas ou mais empresas contribuem com recursos claramente definidos que podem ser associados na criação de um novo produto – por exemplo, um novo medicamento ou software. As características do novo produto (e as tecnologias subjacentes) não são óbvias no início, mas finalmente aparecem durante o codesenvolvimento. Portanto, é difícil redigir um contrato básico que irá reger uma troca em condições normais de mercado quando as partes não podem prever como será a evolução dos recursos.

Os projetos entrelaçados normalmente geram alianças ou aquisições em vez de contratos básicos, em geral proporcionando meios mais eficazes para a obtenção dos recursos subjacentes e gerenciar seu uso contínuo nos novos produtos. Por exemplo, a Siemens considerou a possibilidade de licenciar os direitos da tecnologia digital de que precisava para se expandir no setor de telecomunicações. Logo chegou à conclusão de que não entendia a tecnologia suficientemente bem, assim como não compreendia a oportunidade de mercado para negociar um contrato claro com as empresas pequenas que dispunham dos recursos necessários. Embora a Siemens soubesse que poderia ter se protegido por meio de um contrato – só porque era muito maior do que seus futuros parceiros –, tinha dúvida em relação à própria capacidade de gerenciar, de forma eficaz, o fluxo de tecnologia usando os contratos básicos. Em vez disso, a Siemens adquiriu várias empresas pequenas de tecnologia digital para participar livremente dos experimentos de codesenvolvimento de mercado e avanços futuros na nova tecnologia que surgiria ao longo do tempo.

No entanto, antes de considerar de imediato alianças e aquisições em casos entrelaçados, avalie se os contratos mais complexos podem especificar as principais contingências como uma maneira de corrigir a falta de clareza dos recursos. Os contratos complexos, às vezes, podem identificar contingências relacionadas a problemas imprevisíveis no desenvolvimento de recursos. As condições do contrato podem, assim, vincular as condições futuras que afetarão o valor dos recursos ou a viabilidade do mercado. O contrato pode, por exemplo, oferecer vários pagamentos parcelados à medida que valores futuros incertos forem se tornando mais claros. Essas condições são comuns no licenciamento farmacêutico, nos acordos de desenvolvimento de circuitos integrados de aplicação específica (ASICs) e nos projetos de desenvolvimento do setor de entretenimento. Por exemplo, há a opção de transformar um romance em filme – a transação normalmente é estruturada para oferecer pagamentos escalonados ao autor, já que uma série de marcos definidos deixa o projeto mais próximo da produção. No entanto, na vida real é difícil prever o curso desses projetos – na verdade, poucos livros escolhidos alcançam a fase de produção.

Os contratos complexos – seja especificando as condições de garantia para acordos não protegidos ou as principais contingências para os relacionamentos entrelaçados – não oferecem a proteção perfeita nem a clareza total do conhecimento, mesmo nos melhores casos. Mesmo quando os parceiros têm a base para estabelecer relacionamentos inteligentes e de confiança, esses contratos às vezes podem trazer paralisação.

Ao mesmo tempo, os contratos complexos demandam grande habilidade em sua elaboração, adaptada ao contexto específico do recurso. Você precisa ser capaz de identificar e negociar condições adequadas a um relacionamento específico. É ainda mais importante que você monitore o relacionamento após a assinatura do contrato, tanto para garantir que você e seu parceiro estejam cumprindo as condições, como também, se aplicável, modificar as condições à medida que forem ocorrendo eventos inesperados.

Ferramenta de avaliação e resumo

As perguntas contidas na Tabela 3-1 vão ajudá-lo a decidir quando usar ou não usar os contratos básicos para obter os recursos pretendidos. Se a maior parte de suas respostas for afirmativa, os recursos pretendidos podem ser claramente definidos e protegidos com sucesso por meio de acordos contratuais. Se, no entanto, a maioria de suas respostas for negativa, você deve considerar outras opções para a obtenção de recursos externos, como alianças ou aquisições. Claro que também é possível decidir complementar os acordos contratuais por meio de parcerias ou adquirir a participação em uma oferta para alinhar com mais segurança os interesses dos parceiros.

TABELA 3-1
Capacidade de negociação dos recursos

Questão de conhecimento: clareza dos recursos		Não	Sim
Natureza dos recursos	Podemos definir com clareza as características dos recursos necessários?		
	Podemos separar os recursos pretendidos de seu contexto organizacional?		
Valor futuro dos recursos	Podemos definir com precisão o valor futuro dos recursos?		
Relacionamento de apoio	Precisamos apenas de assistência limitada e aprendizagem com nosso parceiro?		
Distância do conhecimento	Temos conhecimento e habilidades internas na área dos recursos pretendidos?		
Questão de governança: proteção dos recursos			
Oportunismo do parceiro	Podemos confiar em que um parceiro potencial vá agir de forma justa quando ocorrerem eventos inesperados?		
	O sistema jurídico relevante protegerá nossos interesses em caso de um conflito com nosso parceiro?		
Vazamento de recursos	Podemos evitar que um parceiro obtenha o conhecimento de propriedade sobre o qual queremos evitar um vazamento durante o contrato?		
	Um parceiro potencial é capaz de proteger o conhecimento sobre o qual deseja evitar o vazamento para nós durante o contrato?		
Habilidades na execução de contratos	Nós e nosso parceiro temos fortes habilidades e pessoas internas relevantes para gerenciar o relacionamento contratual?		

Responda a cada questão sobre clareza e proteção potencial dos recursos pretendidos. Se a maioria de suas respostas for afirmativa, considere os acordos contratuais (modo de empréstimo). Se a maior parte de suas respostas for negativa, considere outras opções para a obtenção de recursos externos, como alianças ou aquisições.

Os contratos básicos são um complemento valioso ao desenvolvimento interno e outros modos de obtenção de recursos. No entanto, as empresas que procuram usar os contratos como uma forma de integrar com rapidez tecnologias e mercados desconhecidos normalmente se sairão muito melhor ao combinar modos de obtenção de recursos. Por exemplo, a Owens Corning, fabricante de fibra de vidro, usou um mix de tecnologia interna e habilidades licenciadas como a base para os materiais inovadores que vende aos fabricantes de lâminas para moinhos de vento. Em nosso estudo de telecomunicações, 62% das empresas que adquiriram novos recursos por meio de contratos básicos também contrataram pessoas com experiência relevante em recursos. As empresas usaram assim os contratos para aumentar as habilidades internas.

Embora os contratos envolvam riscos significativos quando usados em situações erradas, são ferramentas poderosas quando você consegue alcançar a clareza dos recursos e da proteção. Os recursos tomados – sejam obtidos por meio de empregados contratados, licenças, recursos alugados de fornecedores externos ou outros tipos de contratos básicos – oferecem rápido acesso a novos mercados e tecnologia. Sua eficácia aumenta ao se reduzirem os custos associados a ativos e funcionários de baixa produtividade. Em ambientes voláteis, os acordos entre partes independentes normalmente oferecem às empresas flexibilidade para expandir e contratar rapidamente quando as exigências de recursos e circunstâncias mudam.

CAPÍTULO 4

Quando tomar emprestado por meio de aliança
Aliança *versus* aquisição

Quando um contrato em condições normais de mercado não atender às suas necessidades de recursos, você deverá considerar a possibilidade de um relacionamento externo mais complexo. Este capítulo aborda a decisão entre uma aliança e uma aquisição em escala total. As alianças podem ser feitas de diversas maneiras, e variam desde parcerias de marketing e P&D relativamente diretas até joint ventures independentes, potencialmente mais complexas. Como consequência, os acordos que regem as alianças apresentam um espectro semelhante de complexidade, que acabam envolvendo contratos com várias etapas, investimentos cruzados e complexos acordos sobre direitos. No entanto, todas as alianças envolvem interações contínuas em que as partes independentes comprometem os recursos com uma atividade conjunta por determinado período.

Os contratos, em sua forma mais simples, transferem os recursos para uma direção: de um fornecedor para o recebedor. Por outro lado, as alianças permitem, em geral, combinações extremamente colaborativas dos recursos e das atividades entre várias partes. Costumam gerar benefícios para todos os participantes. Por exemplo, quase 25 anos atrás, um consórcio de empresas de Wall Street – concorrentes ferozes na maioria dos casos – concordou em desenvolver de forma conjunta o que se tornaria a primeira rede compartilhada do setor para pregão eletrônico. Essa aliança prometia criar um recurso de valor tão extraordinário a todos os participantes que eles deixaram de lado sua rivalidade para alcançá-lo. Um contrato básico entre as empresas não teria permitido coordenação suficiente para criar a inovadora rede de transações.

Portanto, as alianças podem ser negociadas entre concorrentes diretos, empresas complementares e outras organizações – como agências governamentais, instituições acadêmicas, desenvolvedores de tecnologia e prestadores de serviço. Por meio de alianças, as empresas podem compartilhar os riscos em mercados de incertezas; ajudar a proteger os direitos de propriedade dos respectivos participantes; e facilitar as interações contínuas e normalmente complexas dentro de um quadro ordenado. Embora uma aliança envolva o risco de expor sua base de conhecimento a um parceiro, a colaboração ativa normalmente traz maior segurança do que um acordo em condições normais de mercado, oferecendo uma gama mais abrangente de proteções explícitas e mecanismos de alinhamento e incentivos (conforme descrito para os contratos no Capítulo 3). As alianças são mais eficazes quando poucas pessoas e unidades organizacionais de cada parte precisam trabalhar juntas nas atividades conjuntas – o que também pode facilitar o alinhamento dos incentivos dos parceiros.

Em contraste, se, para obter e desenvolver recursos estratégicos, forem necessárias interações conjuntas intensas, você normalmente se beneficiará considerando a aquisição, a qual lhe permite obter os recursos e reter o valor de seu sucesso na exploração desses recursos. Uma vez mais, nossa mensagem sobre as aquisições é simples: como fusão e aquisição é a opção mais complexa na obtenção de recursos, reserve-a para os casos em que deter o controle total do fornecedor de recursos realmente compensa.

As alianças criam um paradoxo. Por um lado, são atraentes porque são baratas e mais flexíveis do que as aquisições. Na verdade, as alianças normalmente são apresentadas como uma opção de baixo risco para preencher uma lacuna de recursos emergencial ou para acessar capacidades em mercados geográficos remotos com os quais uma empresa não está familiarizada. Por outro lado, em geral os executivos se preocupam muito em alimentar qualquer sobreposição competitiva atual entre as partes como uma enorme rivalidade futura. Por essa razão, muitos executivos evitam as alianças. E, como já observado, a relutância em usá-las (ou qualquer outro modo específico) pode tornar-se arraigada e reflexiva quando uma empresa passou por uma experiência fracassada com uma aliança anterior à qual atribuiu, de forma equivocada, suas próprias limitações.

Juntando-se ao paradoxo das alianças, a usual transigência dos relacionamentos é tanto uma vantagem como uma desvantagem. Pela duração de uma aliança, as empresas participantes aproveitam (ainda que de forma limitada) os benefícios na melhora dos recursos da aquisição, mas sem as complicações, obrigações e compromissos de longo prazo da responsabilidade direta. No entanto, os relacionamentos transigentes também podem gerar vários tipos de abuso e má-fé, cujos danos não podem necessariamente ser controlados por meio das condições estabelecidas em um contrato. Talvez uma parte só perceba a existência de dano muito tempo depois de a aliança já ter terminado.

Dessa forma, uma aliança exige necessariamente um grau de confiança entre os participantes. Mas somente a confiança não é suficiente para garantir o comprometimento total. Como Ronald Reagan disse sobre um tratado de mísseis com os soviéticos: "Confie, mas verifique." Embora as alianças de negócios raramente envolvam mísseis, requerem certa vigilância. Uma aliança demanda um gerenciamento ativo durante todo seu ciclo de vida, apoiado por estruturas previdentes que estabeleçam acordos sobre incentivos, marcos e término.

Não é de surpreender que as alianças normalmente acabem sendo mais complexas do que os participantes esperavam. A complexidade emergente torna complicado gerenciá-las de forma bem-sucedida ao longo do tempo. Alguns analistas sugerem que, para alcançar as metas dos parceiros, a taxa de sucesso das alianças representa menos da metade. Um total de 80% dos executivos que pesquisamos mostrou preocupação sobre exclusividade, controle e proteção dos recursos nas alianças. Mais de dois terços relataram escolher uma fusão e aquisição, em vez de uma aliança, quando queriam proteger seus recursos exclusivos e diferenciação. Muitos executivos de empresas de telecomunicações têm uma visão extremamente negativa das alianças. Um líder chamou-as de uma abordagem falha que levaria a "competências essenciais de compra (*shopping core competences*) em vez do compartilhamento de conhecimento". O gerente de uma grande empresa europeia de telecomunicações nos disse: "As pessoas normalmente acham que 'esses caras estão agindo pelas nossas costas'. 'Estamos deixando um concorrente entrar na nossa empresa.'"

Pontos cegos: Por que os executivos suspeitam das alianças?

As alianças nem sempre são apropriadas, mas muitas empresas suspeitam das alianças por motivos equivocados. A raiz do problema está na recusa dogmática em compartilhar pay-offs (prós e contras) e o controle.

Relutância em compartilhar os pay-offs

As empresas às vezes evitam as alianças porque não querem compartilhar os frutos de suas atividades de negócios. Uma vez, o executivo de uma editora nos revelou por que tinha sentimentos confusos em relação às alianças: "Joint ventures reduzem o risco [de desenvolver recursos necessários para novos serviços], mas também o retorno financeiro." Há dois problemas com essa visão. Primeiro, as alianças não são inerentemente menos arriscadas do que outros modos de obtenção de recursos. Segundo, o retorno financeiro compartilhado de um grande sucesso, que surge dos esforços conjuntos das empresas aliadas, é muito melhor do que uma fatia inteira dos menores frutos de um fracasso causado pela escolha equivocada do modo de obtenção de recursos. Em outras palavras, antes pouco do que nada.

Para ter certeza, às vezes o custo de uma aliança excede o valor da oportunidade para a qual foi criada – nesse caso, ela deve ser renegociada ou descartada. Outras vezes, a oportunidade é tão valiosa do ponto de vista estratégico para uma parte que os recursos necessários devem ser controlados e protegidos por meio de uma aquisição.

Relutância em compartilhar o controle

Muitas pessoas em uma empresa – incluindo os executivos seniores, o staff de desenvolvimento corporativo e os líderes operacionais – apresentarão forte resistência a uma aliança porque temem perder tanto o controle estratégico corporativo quanto seu próprio poder pessoal. Outras se mostrarão relutantes em "abrir mão" dos recursos para pessoas de fora, fracassando, portanto, em admitir que suas empresas normalmente precisam trabalhar com terceiros que apresentem alta qualidade para criar recursos de ponta em primeiro lugar.

Durante a colaboração de perto entre os parceiros da aliança, as preocupações em relação à sobreposição competitiva podem intensificar-se. Muitos executivos consideram anti-intuitivo expor espontaneamente suas capacidades essenciais para uma pessoa de fora, arriscando, assim, uma "corrida pelo aprendizado" entre os parceiros. Os executivos que entrevistamos – especialmente aqueles com uma experiência limitada em alianças – normalmente se mostram relutantes em abrir suas portas. Apenas 30% das empresas de telecomunicações pesquisadas acreditavam ter absorvido novas capacidades de seus parceiros de aliança, e somente 18% estimulavam o rodízio de trabalho e o compartilhamento de informações com seus parceiros de aliança.

Os executivos que temem perder o controle com alianças ficam especialmente relutantes quando os relacionamentos envolvem seus domínios principais. Como a transigência das alianças pode causar vazamento de recursos, é possível concluir que elas são apropriadas somente à obtenção de recursos que não se mostrem essenciais. No entanto, considere uma visão mais ampla, com mais nuance das oportunidades das alianças. Elas podem ser um meio eficaz para o desenvolvimento de recursos altamente estratégicos, especialmente quando você se alia a parceiros de nível mundial cujos recursos você não conseguiria desenvolver sozinho ou obter em nenhum outro lugar. Além disso, o valor estratégico dos recursos pode mudar de forma repentina em um ambiente em constante mudança – e, certamente, não é uma estratégia viável para controlar todas as entidades capazes de desenvolver recursos que talvez algum dia se tornem estratégicos para você.

Claro que, em algum momento, a liderança de uma empresa deve asseverar com firmeza a importância de sua estratégia. Se uma aliança é o caminho certo para seguir em frente, a administração terá de usar todos os meios de persuasão possíveis para reduzir o medo e o preconceito das pessoas. Se você alinhou sua busca por recursos necessários a uma estratégia geral da empresa, será mais fácil conseguir o apoio da liderança.

Não importa se essas empresas se considerem ameaçadas devido a um histórico de alianças fracassadas ou a um desejo forte e intrínseco de manter o controle, essas atitudes podem levá-las a evitar alianças potencialmente valiosas. Muitas empresas do sul e sudeste da Ásia e da África subsaariana, por exemplo, resistem às parcerias porque têm medo de perder o controle de seus recursos limitados – incluindo pessoal qualificado, clientes, relacionamentos políticos, redes de fornecedores e outros ativos essenciais e normalmente escassos.

De forma paradoxal, os medos em relação à perda de controle nas alianças são muito fortes nos ambientes com recursos limitados como os mercados emergentes, em que as parcerias seriam especialmente valiosas na criação de novos recursos. Onde já ocorreram, as alianças com um alvo cuidadoso criaram valor considerável. Por exemplo, uma empresa de telecomunicações sul-africana e um banco – a MTN Cellular e o Standard Bank – superaram sua relutância e estabeleceram uma parceria poderosa que desenvolveu o serviço MTN Money, que permite aos clientes transferir fundos usando o celular. A parceria estabeleceu uma vitória estratégica para ambos os aliados, expandindo o escopo de seus mercados e serviços.

O restante deste capítulo o ajudará a utilizar a estrutura conceitual dos caminhos para a obtenção de recursos, a fim de decidir se é melhor obter determinado recurso por meio de uma aliança ou aquisição. Como ilustrado na Figura 4.1, a pergunta-chave para decidir quando se deve usar uma aliança não é se o recurso pretendido é estratégico ou geral; é se as atividades que você realizará com o parceiro terão foco e compatibilidade suficiente com as metas de cada parceiro. Se for assim, você criará e reterá o valor de um sucesso maior do que o faria por conta própria – exceto por meio de uma aquisição direta.

FIGURA 4.1

Aliança *versus* aquisição

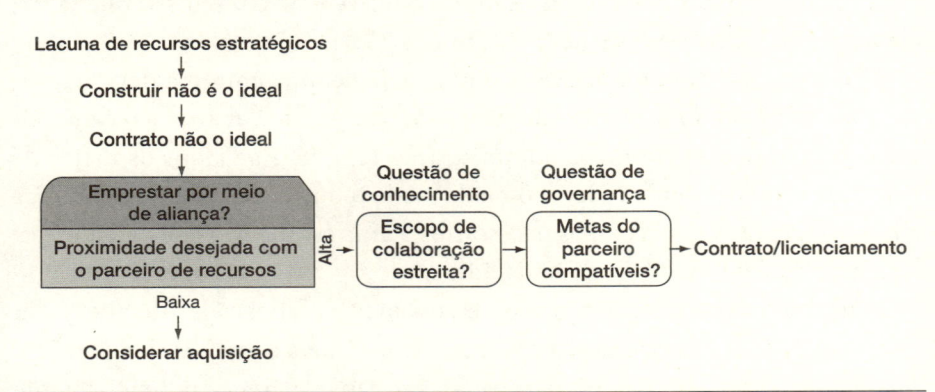

```
Lacuna de recursos estratégicos
            ↓
   Construir não é o ideal
            ↓
   Contrato não o ideal
            ↓
 ┌─────────────────────┐
 │ Emprestar por meio  │      Questão de         Questão de
 │    de aliança?      │     conhecimento        governança
 │                     │   ┌──────────┐        ┌──────────┐
 │                     │Alta│ Escopo de │        │ Metas do │
 │ Proximidade desejada├───→│colaboração├───→   │ parceiro ├──→ Contrato/licenciamento
 │ com o parceiro de   │   │ estreita? │        │compatíveis?│
 │     recursos        │   └──────────┘        └──────────┘
 └─────────────────────┘
            Baixa
            ↓
   Considerar aquisição
```

Qual a proximidade que você deve ter com o seu parceiro de recursos?

Ao escolher entre uma aliança e uma aquisição, é preciso avaliar a extensão do envolvimento necessário de seu parceiro na colaboração. Se seu parceiro estiver profundamente envolvido, então é provável que você precise de controle significativo – algo que possivelmente só será alcançado por meio de uma aquisição. Se, contudo, você esperar uma colaboração mais limitada e bem-focada, considere uma aliança. A colaboração está diretamente focada quando envolve uma gama limitada de atividades e padrões simples de coordenação.

A necessidade de envolvimento profundo do parceiro é menor quando o escopo da colaboração está focado e quando as metas do seu parceiro são compatíveis com as suas. No entanto, quando o escopo da colaboração for amplo ou quando suas metas e as de seu parceiro não estiverem alinhadas, será necessário um grau muito maior de envolvimento de seu parceiro. A necessidade de um envolvimento profundo do parceiro também acentua a necessidade de integração; nesses casos, você realmente deverá considerar uma fusão e aquisição em vez de uma aliança.

Questão de conhecimento: Quão focado está o escopo de colaboração?

Uma aliança tem maior chance de dar certo quando o foco está direcionado. À medida que o escopo se torna mais amplo, provavelmente você aproveitará menos os benefícios de uma aliança. Os custos de coordenação de uma aliança aumentam com o escopo da colaboração e tendem a ser significativos. Em nosso estudo de telecomunicações, por exemplo, 65% dos executivos envolvidos em alianças apontaram altos custos e grande tensão na coordenação com seus parceiros. As empresas estavam mais inclinadas a ser bem-sucedidas em suas estratégias de colaboração quando reduziam o potencial das tensões de coordenação usando as alianças somente em uma colaboração focada.

Gama limitada de atividades

Uma aliança será gerenciável se abranger um número limitado de funções e atividades das partes (por exemplo, somente uma parte de P&D, produção, marketing e staff regulatório) e envolver apenas algumas pessoas dentro de cada função determinada. Limitar os pontos de contato ajuda a controlar os custos diretos e indiretos das alianças, evitando investimentos duplicados em P&D, fábricas, staff e atividades de coordenação. Embora não se possa prever, de forma confiável, o resultado de uma aliança, vale a pena considerar a colaboração se você for capaz de definir com precisão as áreas de cooperação. Muitas empresas farmacêuticas terceirizam os aspectos focados de seus ensaios clínicos e produção em relacionamentos colaborativos com pesquisas de terceiros e organizações de fabricação.

Mas se uma aliança envolver muitos componentes das organizações parceiras, os custos de colaboração podem elevar-se, tornando a aquisição a melhor alternativa – apesar de seus custos –, por causa do controle e da proteção dos recursos que você obtém sobre projetos de desenvolvimento de recursos complexos e estrategicamente importantes. Por exemplo, pode ser muito complicado produzir os medicamentos que envolvem múltiplas indicações e tratamentos. Isso torna mais arriscado terceirizá-los devido aos altos custos de colaboração (sem falar na exposição do conhecimento de propriedade). Portanto, uma empresa farmacêutica que não tem a capacidade interna de produzir determinados medicamentos pode beneficiar-se adquirindo um produtor especializado.

Padrões simples de coordenação

As alianças simples de coordenar são mais fáceis de gerenciar. Algumas alianças são estruturadas como acordos de fornecimento vertical, com um parceiro encarregado, digamos, do P&D e o outro encarregado da comercialização. Segundo esse modelo, os recursos são coordenados de forma sequencial; um *output* (produto) do parceiro é o *input* (insumo) para a atividade do outro parceiro. Assim, os parceiros se especializam em suas respectivas tarefas, o que torna a coordenação simples e, às vezes, exige apenas um preço de transferência. Nesse tipo de aliança, cada parceiro tem acesso aos recursos do outro, mas sem a transferência completa do conhecimento de um parceiro para o outro. Por exemplo, a GE e a empresa francesa Snecma mantêm uma joint venture de motores de avião há muito tempo, chamada CFM, desde 1974. A aliança da CFM se baseou, em grande parte, nas atividades independentes das duas empresas parceiras.

Como ambas estão engajadas em ações muito diferentes e altamente especializadas, a joint venture exige apenas um contato limitado para coordenar as atividades técnicas e de marketing nas diferentes áreas geográficas.

Questão de governança: Suas metas são compatíveis com as metas de seu parceiro?

A segunda questão a se levar em conta é se você e um parceiro em potencial têm metas compatíveis. Quando se trata de administrar uma aliança, a cooperação, a concorrência e uma rescisão eventual são desafios críticos. É bem provável que uma aliança seja arruinada se os parceiros não conseguirem alinhar suas metas estratégicas – cada qual buscando obter o máximo valor possível no curto prazo à custa do parceiro. As metas tendem a estar alinhadas quando há sobreposição competitiva limitada e quando os parceiros contribuem com recursos significativos, aproveitam as oportunidades simétricas de aprendizado e têm as habilidades necessárias para gerenciar uma aliança durante todo o seu ciclo de vida.

Sobreposição competitiva baixa

É mais fácil alinhar os objetivos dos parceiros quando há baixa sobreposição competitiva, sob as condições atuais e previsíveis do mercado. Com uma concorrência mais forte, os parceiros são obrigados a gerenciar um relacionamento mais complexo e não totalmente confiável, que tenta equilibrar um oximoro: concorrência colaborativa.

O problema de muita sobreposição é que cada aliado tende a ver os benefícios obtidos por seu parceiro como uma usurpação. A joint venture farmacêutica da Astra-Merck que descrevemos anteriormente apresentava pouca sobreposição competitiva. A Astra não pretendia se expandir nos Estados Unidos; queria apenas combinar a própria inovação de produtos com as habilidades regulatórias e de marketing da Merck. E embora o consórcio de transações eletrônicas de Wall Street mencionado anteriormente fosse uma parceria entre concorrentes ferozes, as metas compartilhadas do projeto apresentavam pouco ou nenhum risco ao valor de propriedade. Era uma maré alta para levantar todos os barcos.

Mas esse normalmente não é o caso. As tensões entre a Ford e a Volkswagen (VW) na joint venture com sede em Portugal, a Autoeuropa, demonstram o que pode ocorrer quando a sobreposição competitiva é elevada. Em 1992, as montadoras estabeleceram uma aliança para produzir, juntas, uma minivan – um segmento emergente naquela época na Europa – para ser distribuída sob suas respectivas marcas e redes. Ambos os parceiros dividiriam os investimentos iniciais no desenvolvimento e na fabricação do produto. Mas vender basicamente o mesmo veículo, nos mesmos mercados geográficos, sob três marcas concorrentes (duas delas de propriedade da VW), gerou atritos significativos entre os parceiros, principalmente em relação às estratégias de marketing e da rede de fornecimento.

Devido à forte presença de sua marca na Europa, a Volkswagen obteve uma fatia dominante do mercado. À medida que cresciam as tensões entre os parceiros, a VW assumiu o controle da joint venture em 1999, tornando-se efetivamente uma fornecedora europeia de minivans para a Ford. Sob essa dinâmica alterada, a Ford acusou a VW de usar sua responsabilidade no empreendimento para prejudicar os interesses competitivos da Ford. Na verdade, a VW havia aumentado sua força no mercado por meio da aliança.

Se a sobreposição competitiva tivesse sido limitada, as tensões provavelmente teriam sido menores. Por outro lado, a sobreposição competitiva limitada entre a Renault e a Nissan – que estavam focadas em áreas geográficas diferentes – ajudou as empresas a desenvolver uma aliança bem-sucedida.

O exemplo da Volkswagen e da Ford é muito mais comum. A maioria das alianças termina, e muitas de uma maneira bem ruim. Até mesmo os empreendimentos muito bem-sucedidos acabam com um parceiro comprando a participação do outro. Os esforços de alinhamento devem, portanto, prever o término – acabando com a aliança – e as opções para adquirir os outros parceiros. Em muitos casos, como ocorre com a VW e a Ford, o término não obedece a um roteiro programado, quando um relacionamento colaborativo acaba azedando.

Contribuições de recursos equilibradas

As alianças tendem a ser mais eficazes quando todos os parceiros fornecem os recursos essenciais. Algumas parcerias combinam recursos semelhantes, produzindo economia de escala. Esse foi o modelo do empreendimento da Subaru-Isuzu Automotive (SIA), formado em 1988 entre a Fuji Heavy Industries e a Isuzu Motors, para fabricar SUVs nos Estados Unidos. Mas o equilíbrio de recursos normalmente envolve parceiros que fornecem recursos extremamente diferenciados e complementares. O empreendimento duradouro da Samsung-Corning, por exemplo, teve início com a combinação da tecnologia de tubos de raios catódicos da Corning e o conhecimento na produção de televisores da Samsung. Esse empreendimento evoluiu através de diversas recombinações do conhecimento especializado de fabricação da Samsung e o conhecimento da Corning dos materiais avançados em muitas linhas de produtos.

Da mesma forma, uma aliança se beneficiará do sentido compartilhado pelo parceiro de que essa é uma atividade importante. Se um parceiro não levar a aliança tão a sério como o outro, este talvez não se esforce o suficiente nas atividades necessárias. Certo desequilíbrio no tamanho da organização pode afetar essa dinâmica. Uma empresa maior poderá realizar bem as atividades que concorrem com uma aliança da qual a empresa menor depende. Em 2011, por exemplo, a Amylin Pharmaceuticals processou sua parceira, a Eli Lilly, depois de esta última ter se aliado a outro fabricante de medicamentos para desenvolver em conjunto um medicamento que concorreria com outro comercializado pela Amylin e pela Eli Lilly.

Oportunidades simétricas de aprendizado

Conforme observado, os executivos normalmente têm medo de que uma aliança leve a uma corrida pelo aprendizado que favoreça um parceiro à custa do outro. É necessário avaliar esse risco. O aprendizado em geral é um resultado previsível da aliança. Mas quando o aprendizado está entre os processos previstos, essas oportunidades devem ser equilibradas.

Por exemplo, por causa de um desequilíbrio endêmico na capacidade das empresas jovens de aprender com seus parceiros maiores, os empreendedores se sentem explorados. As empresas menores fornecem ao parceiro estabelecido tecnologia de ponta, mas acabam em uma situação difícil quando não podem acessar e integrar as habilidades comerciais, de marketing e outras habilidades organizacionais do parceiro – que são exatamente aquelas de que um empreendedor mais precisa para crescer. De seu lado, a empresa de grande porte enfrenta uma situação bem mais fácil se absorver novas habilidades tecnológicas desde o início.

É uma espécie de pacto com o diabo que parece bom no início, mas depois se torna ruim. Um de nossos projetos de pesquisa descobriu que os iniciantes no setor normalmente dão um pulo rápido no mercado aliando-se com empresas já estabelecidas, mas logo encontram barreiras a um crescimento futuro.

O ritmo em que os parceiros de recursos aprendem e captam os recursos também é um problema nas alianças entre as empresas de grande porte, principalmente no contexto de alianças para entrar no mercado entre empresas multinacionais e parceiros locais. O caso apresentado a seguir destaca esse exemplo.

QUANDO A HARMONIA SE TRANSFORMA EM DISCORDÂNCIA

A joint venture da Hero Honda

A maioria das alianças se baseia na premissa da contribuição de um recurso complementar. Em geral, uma empresa com forte tecnologia buscará um parceiro que ofereça acesso a um conhecimento de mercado, recursos comerciais e segmentos de clientes que não poderiam ser obtidos de outra forma. Às vezes, no entanto, como a japonesa Honda e a indiana Hero, uma empresa estrangeira (nesse caso, a Honda) fará parceria com uma empresa local para ter acesso ao conhecimento do mercado e encontrar um modo de se desviar das regulamentações que excluem as empresas estrangeiras.

Assim, uma aliança pode às vezes começar como um casamento por conveniência, em que a empresa estrangeira entrou principalmente para garantir o direito de concorrer em nível local. Claro que a empresa estrangeira também pode ter outros propósitos e oferecer valor significativo para as duas partes ao longo do tempo. Mas, nos bastidores, os alinhamentos errados também podem apodrecer e piorar.

Em 1984, a Honda e a Hero estabeleceram uma joint venture conhecida como Hero Honda Motors Limited para fabricar motocicletas de duas rodas (a forma predominante de transporte motorizado dos consumidores na Índia). Nos anos que antecederam a abertura comercial na Índia, que deu boas-vindas ao investimento estrangeiro, a Honda precisava de um parceiro local para fazer negócios no país. A empresa japonesa também queria ter acesso a conhecimento do mercado local, uma marca local reconhecida, ativos de produção e uma ampla rede de distribuição. Por outro lado, a Hero queria ter acesso à tecnologia da Honda – principalmente aos motores de alto desempenho para motocicletas –, razão pela qual ambas as empresas negociaram um acordo de licenciamento técnico. A aliança da Hero Honda cresceu de forma bem-sucedida e se tornou a maior fabricante do mundo de veículos de duas rodas.

No entanto, ao longo da aliança, surgiram tensões entre os parceiros. A Hero ficou cada vez mais frustrada com a relutância da Honda em compartilhar sua tecnologia de motores. Embora a Honda fornecesse os motores para a joint venture, a Hero esperava que, durante a aliança, o parceiro indiano fosse aprender a projetar e fabricar sozinho esses motores. Mas com o passar do tempo, a Hero percebeu que os benefícios tão esperados de um aprendizado colaborativo estavam surtindo resultado principalmente para a Honda – na forma de capacidades comerciais e de distribuição e de conhecimento do mercado indiano. Os dois parceiros discordavam, explícita ou implicitamente, acerca do teor do acordo, em termos de transferência de tecnologia para a Índia. Eles lutaram para chegar a um consenso à medida que a parceria evoluía. A Hero sentiu-se em enorme desvantagem.

Quando chegou o momento de renovar a aliança, em meados dos anos de 1990, a Hero negociou condições financeiras mais rígidas sobre os royalties que pagava pelos motores da Honda. Mas a melhora nas condições não significou grande coisa para acalmar a tensão que pairava em relação à transferência de tecnologia e às metas conflitantes. Quase uma década depois, em 2004, a Honda anunciou os planos de estabelecer sua própria controlada, a qual, logicamente, concorreria com os produtos da Hero Honda. Nos anos seguintes, as reformas econômicas na Índia tornaram mais fácil para as empresas estrangeiras fazer negócios no país. A Honda desacelerou seu relacionamento com a Hero para se tornar mais operacional do que estratégico. Por fim, os parceiros concluíram que o empreendimento se tornara complicado demais para uma aliança. A Honda começou a se livrar de sua participação em 2011.

Na retrospectiva, a Honda entrou na aliança com o objetivo explícito de aprender e com a intenção de seguir adiante sozinha na Índia assim que as reformas regulatórias assim o permitissem. A Hero também tinha o objetivo de aprender, mas não conseguiu criar mecanismos para garantir a obtenção e a internalização do conhecimento desejado de seu parceiro. A Honda protegeu sua tecnologia principal, mas foi ativa em aprender sobre distribuição local, redes de fornecimento, gestão de mão de obra e outros processos empresariais. Ao contrário da Honda, a Hero não protegeu seu conhecimento patenteado nem conseguiu tirar o melhor proveito de sua posição inicial na negociação para garantir sua capacidade de absorver o conhecimento especializado da Honda em engenharia e criar aptidões internas paralelas de P&D.

No início, a aliança se mostrou valiosa para os dois parceiros. Mas as condições iniciais deixaram espaço para que as metas ficassem cada vez mais desalinhadas ao longo dos anos. E as reformas de liberação dos negócios na Índia proporcionaram à Honda uma oportunidade irresistível de ir atrás daquelas que foram suas metas desde o início: tornar-se um concorrente autônomo e com conhecimento no próspero mercado de bicicletas na Índia.

Habilidades na execução de alianças

Finalmente, as alianças bem-sucedidas exigem habilidades eficazes na execução de alianças. Os aliados viáveis têm recursos de credibilidade, podem ser confiáveis para negociar de forma honesta e provavelmente manterão relacionamentos eficazes durante o ciclo de vida da aliança. Para avaliar se os aliados têm essas qualidades, é necessário ganhar confiança genuína com o comprometimento colaborativo e a química de seu próprio staff e também de seu aliado. Talvez você não espere que uma aliança dure eternamente, mas ela deve durar até o atingimento de suas metas – às vezes, como já vimos, durante décadas.

Em um mundo perfeito, você teria muitas alianças possíveis com que negociar, embora, na prática, existam apenas alguns parceiros adequados – talvez até só um – que possuam os recursos de que você precisa. Mas isso faz sentido. Afinal de contas, quantas empresas seriam capazes de, neste momento, lhe oferecer acesso rápido aos segmentos do mercado, às tecnologias ou aos relacionamentos regulatórios de que você precisa para expandir seus negócios? Um grupo bem pequeno, com toda certeza.

Mesmo com poucas opções viáveis, você normalmente pode negociar e estabelecer uma parceria de sucesso. Isso é especialmente verdadeiro quando os possíveis aliados podem ver que, se você utilizar os recursos deles, isso também poderá levá-los a novos segmentos do mercado e grupos de clientes ou poderá desenvolver posteriormente um ativo de sinalização. A sinergia potencial é um atrativo. Nesses casos, seus incentivos e os de seu parceiro se alinharão com mais facilidade.

Se não existir nenhum aliado viável, a tentativa de forçar uma aliança com um parceiro que não seja apropriado provavelmente representará um fracasso, independentemente de suas habilidades na execução de alianças serem fortes. Você naturalmente terá candidatos em mente quando iniciar sua corrida pela aliança. Em cada caso, você deve fazer perguntas sobre conhecimento e governança. As respostas o ajudarão a identificar as características mais desejadas nos aliados viáveis e a tomar uma boa decisão.

Ao mensurar a gerenciabilidade de uma aliança, considere os históricos e as tendências dos possíveis parceiros. As empresas sem experiência anterior com alianças poderão, por exemplo, ficar hiperatentas aos sinais de uma possível má-fé ou perder a paciência com uma tomada de decisão baseada no consenso. Os parceiros de aliança inexperientes tendem a superestimar o controle que exercerão sobre as atividades de um parceiro; eles poderão, portanto, perder de vista o valor no longo prazo do verdadeiro dar e receber. Da mesma forma, as empresas com um longo histórico de depender de estratégias para criar ou comprar provavelmente se empenharão mais para obter controle no gerenciamento das alianças – mesmo quando o consenso provavelmente trouxer melhores resultados.

As habilidades na execução de alianças abrangem uma série de atividades e fases da aliança. Você precisa ser capaz de realizar um planejamento eficaz pré-aliança. Isso inclui buscar os parceiros apropriados, avaliar com precisão o valor potencial dos recursos, negociar acordos claros e criar planos de negócios sólidos. Uma vez que a aliança já esteja em prática, será necessário definir claramente as diversas funções das partes; proporcionar uma supervisão eficaz; estabelecer relacionamentos contínuos e fortes, tanto dentro quanto através dos parceiros; gerenciar os conflitos (inevitáveis); e manter clareza em relação à meta principal do relacionamento, mesmo quando este evoluir ao longo do tempo.

Um dos principais erros no gerenciamento de uma aliança é tratá-la como uma unidade interna da empresa – uma abordagem que, em geral, surge com a melhor das intenções. Temos a lembrança vívida de uma conversa com um executivo de serviços financeiros que declarou: "Esta aliança é tão importante para nós que a trataremos como se fosse nossa controlada!" Um ano depois, o mesmo líder estava profundamente frustrado porque seus parceiros não seguiam em sua direção. Mas os parceiros de aliança têm autonomia estratégica. Têm fortes tradições, tendências e motivações que podem levar seus executivos a ignorar diretivas que não se alinham com a dinâmica interna da empresa. Assim, os executivos da empresa parceira serão radicalmente diferentes dos gerentes das controladas, que devem seguir ordens se quiserem subir na carreira.

As empresas que se envolveram em muitas alianças correm o risco do falso *déjà vu*, aplicando, de forma equivocada, sua experiência passada ao contexto de uma nova aliança. A melhor abordagem é um novo quadro: identificar os problemas centrais e exclusivos que poderiam surgir na aliança que você está considerando. Estes podem ser desafios jurídicos sobre a negociação das condições da aliança; os desafios na gestão de um staff e transferência de conhecimento, ou o monitoramento e ajuste das atividades; os desafios de se lidar com o conflito; ou a necessidade de se realizarem análises contínuas das lacunas à medida que as circunstâncias mudam e a aliança evolui. Se, após considerar esses fatores, você achar que, no momento, não reúne as habilidades necessárias à execução do projeto, então deverá decidir se a oportunidade justifica o investimento de tempo e dinheiro para criar essa base de habilidades. Em caso negativo, buscar uma fusão e aquisição – contanto que você tenha as habilidades necessárias para essa opção – fará mais sentido.

Avalie também se você tem força financeira suficiente para sustentar uma aliança no contexto do recurso pretendido. Considere os custos de oportunidade para alcançar as metas da aliança. Comprometer o dinheiro em uma aliança limita necessariamente sua capacidade de se envolver em outros empreendimentos. Embora normalmente sejam mais baratas que as aquisições, as alianças às vezes exigem investimentos iniciais de dezenas ou até mesmo centenas de milhões de dólares, além de dispêndios adicionais (talvez crescentes) ao longo do tempo. Você não pode ter certeza se uma aliança será mais barata que uma aquisição direcionada.

Implicações na sua estratégia de obtenção de recursos

A Figura 4.2 resume os problemas que surgem ao longo da linha de colaboração da estrutura conceitual dos caminhos para a obtenção de recursos. Responder às questões de conhecimento e governança o ajudará a decidir se será melhor obter os recursos por meio de uma aliança ou aquisição.

A figura destaca quatro combinações de compatibilidade de metas e escopo de colaboração, que determina quão próximo você se alinha a seu potencial parceiro em recursos. Como nos capítulos anteriores, as opções contidas nas partes superior esquerda e inferior direita são mais diretas do que aquelas apresentadas nas partes superior direita e inferior esquerda.

FIGURA 4.2

Proximidade desejada com o parceiro de recursos e opções de obtenção de recursos

		Questão de governança: Compatibilidade com a meta do parceiro?	
		Alta	Baixa
Questão de conhecimento: escopo da colaboração?	Estreito	Proximidade desejada com o parceiro de recursos: baixa *Alianças compatíveis e focadas* Aliança	Proximidade desejada com o parceiro de recursos: média *Alianças focadas mas incompatíveis* Considerar aquisição *Alternativa*: considerar aliança complexa
	Amplo	Proximidade desejada com o parceiro de recursos: média *Alianças amplas mas compatíveis* Considerar aquisição Alternativa: considerar aliança complexa	Proximidade desejada com o parceiro de recursos: alta *Alianças que exigem integração* Considerar aquisição

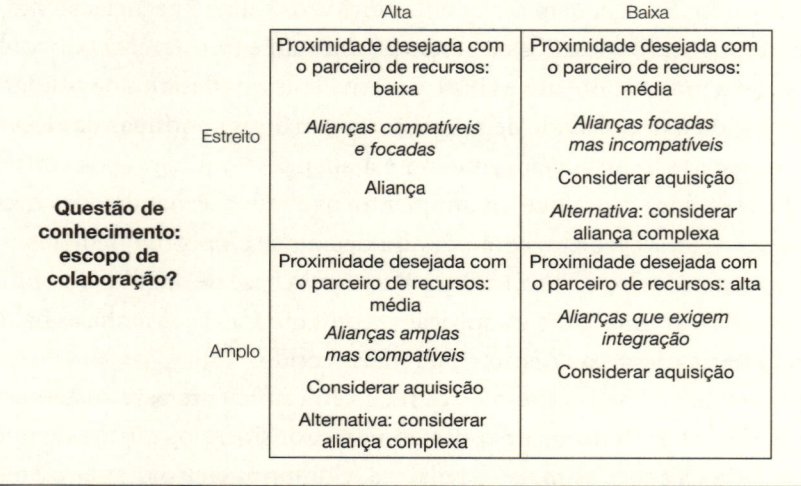

Alianças compatíveis e focadas

Bem semelhantes a um quarteto de cordas, as alianças compatíveis e focadas envolvem um número limitado de atores que conhecem seus papéis e requerem contato limitado à medida que entrelaçam suas partes. Os indivíduos colaboram com sucesso sem um maestro. As alianças desse tipo – em que as atividades de combinação de recursos estão focadas e as metas dos parceiros são compatíveis – fazem enorme sentido e costumam ser bem-sucedidas.

Considere a aliança descrita anteriormente, entre a MTN e o Standard Bank, para desenvolver um aplicativo para transferências de dinheiro pelo celular na Nigéria, em Uganda e em outros lugares da África. A aliança exigia o envolvimento de apenas algumas pessoas de cada uma das empresas para gerar compensação estratégica significativa. Da mesma forma, a Kingfisher Airlines e a Jet Airways na Índia criaram uma aliança para combinar as rotas em seus mercados secundários. A parceria – que envolve a coordenação dos horários e reservas – exige apenas algumas pessoas para seu gerenciamento. A Air Asia na Malásia e a Virgin Airlines no Reino Unido criaram uma aliança focada semelhante para unir as rotas do Sudeste Asiático da Air Ásia com as rotas de longa distância da Virgin para Austrália, Europa e Oriente Médio.

Até mesmo as alianças entre as principais linhas aéreas internacionais (Star Alliance, OneWorld e SkyTeam) são mantidas por meio de interações extremamente focadas entre os parceiros, executadas principalmente através do alinhamento de seus respectivos sistemas de informação, que coordenam as reservas e os programas de milhagem. Esses benefícios são alcançados sem outras formas de integração extensa entre os membros da aliança. Observe que, antes, as iniciativas baseadas em contratos entre as linhas aéreas internacionais eram bem menos eficazes. Como o modelo de contrato não conseguia atender adequadamente à necessidade de envolvimento constante dos membros, as empresas não prestavam muita atenção aos problemas de compatibilidade dos sistemas de informação – o que levava a uma onda de reservas e conexões erradas e muitos passageiros furiosos. Para efeito de comparação, o modelo atual de aliança oferece uma compensação estratégica significativa para as linhas aéreas participantes.

Às vezes, as alianças focadas podem transformar-se em aquisições se, subitamente, o relacionamento com o parceiro se tornar mais complexo. A Eli Lilly iniciou uma aliança com a ICOS, empresa com sede em Seattle, para desenvolver o medicamento Cialis. Após o Cialis fazer sucesso no mercado de disfunção erétil, os parceiros viram oportunidades de usar a formulação química básica do medicamento para desenvolver tratamentos contra o câncer e outras condições médicas. A Eli Lilly viu esses mercados adicionais com uma parte inter-relacionada ao crescimento de seu portfólio e decidiu adquirir a ICOS, em vez de continuar com a aliança. Isso deixou a Eli Lilly em uma situação muito mais sólida para gerenciar as complexas atividades que envolviam o desenvolvimento e os ensaios dos produtos relacionados.

Alianças que exigem integração

Essas alianças se parecem muito com tentativas de criar uma música quando há vários músicos, cada qual tocando uma melodia diferente em um ritmo diferente. É quase impossível criar e gerenciar uma aliança com sucesso se for necessário um amplo envolvimento, entre várias funções, com um aliado cujos incentivos sejam extremamente diferentes dos seus. Nesse caso, a aquisição provavelmente será o melhor caminho para a obtenção do recurso pretendido. A aliança entre a Ford e a VW exemplifica um relacionamento que demandava integração e que fracassou. Da mesma forma, o Merrill Lynch e o HSBC criaram uma joint venture em 2000, com a meta de oferecer banking on-line e serviços de investimento para clientes no Reino Unido, na Austrália, no Canadá, na Alemanha, no Japão e em Hong Kong. Cada empresa escolheu um executivo para ser o CEO (Chief Executive Officer) e COO (Chief Operations Officer) do empreendimento. No entanto, quando as exigências para gerenciar o relacionamento ultrapassaram o escopo da governança da aliança, o HSBC assumiu o controle do empreendimento, em 2002. Seria fácil culpar as pessoas que foram designadas para as funções de liderança pelos problemas iniciais, mas, na verdade, os problemas nasceram da escolha do caminho para a obtenção dos recursos desejados.

As empresas que entram em alianças que demandam integração normalmente alcançam mais sucesso depois de passar para uma aquisição. Durante os anos 2000, o banco espanhol Santander Bank teve uma grande expansão na América do Sul, visando aos segmentos de clientes adicionais com uma gama de novos produtos e serviços. No início, o Santander considerou fazer alianças com bancos no Brasil, na Argentina e em outros países no continente. Mas logo percebeu que o relacionamento seria complexo demais para o gerenciamento do tipo "parcerias de entidades independentes". (Somente o desafio de alinhar e orquestrar os incentivos necessários para cada aliança teria sido uma tarefa e tanto.) Em vez disso, o Santander adquiriu vários bancos sul-americanos e os utilizou como os pontos focais para projetar e lançar os novos serviços.

Alianças focadas mas incompatíveis

Essas colaborações correm o risco de ir por água abaixo porque um ou mais parceiros dão uma ênfase desproporcional a seus próprios incentivos. Continuando com a analogia à música, muitas bandas famosas e talentosas não foram bem-sucedidas porque o vocalista, ou o guitarrista, acreditava que suas próprias metas eram mais importantes do que o sucesso da banda como um todo. Nos relacionamentos de negócios, é difícil gerenciar as alianças quando algum parceiro sobrevaloriza sua própria pauta.

A tentativa de 2011 de negociar uma aliança para a exploração de petróleo entre a British Petroleum (BP) e a empresa russa Rosneft era uma aliança relativamente focada que fracassou por causa dos incentivos mal alinhados. Nesse caso, o parceiro da BP à época para as atividades no setor de energia na Rússia, a TNK, recusou-se a negociar com a Rosneft e usou as condições de sua transação anterior com a BP para bloquear o novo empreendimento. A BP não conseguiu encontrar uma forma de alinhar os interesses da TNK com o novo relacionamento. Nessas situações, em geral você precisará considerar alguma forma de aquisição para ajudá-lo a exercer seus direitos.

Mas a aquisição não é necessariamente uma conclusão precipitada nos casos de incentivos mal alinhados. Talvez você queira considerar uma aliança mais complexa. Enquanto elas realmente atendem a níveis mais elevados de envolvimento dos parceiros do que os contratos, as alianças tendem a ser mais bem-sucedidas quando são menos complexas e, portanto, mais fáceis de gerenciar. Os incentivos mal alinhados normalmente são uma bandeira vermelha que aponta em direção à aquisição. Mas quando as características dessa aliança focam nos recursos, uma aliança complexa pode abordar com sucesso a falta de alinhamento entre os incentivos dos parceiros.

As alianças complexas fazem praticamente a mesma coisa que os contratos complexos (ver o Capítulo 3), com a resolução dos conflitos em relação às metas através das condições de garantia e de outras medidas para ajudar a alinhar os incentivos e impedir a conduta de má-fé. Além das condições de garantia, como participação compartilhada e transações de licenciamento cruzado, uma aliança complexa também pode proporcionar mecanismos de supervisão. Esses poderiam incluir grupos de trabalho multifacetados, cada qual formado por pessoas ocupando funções diferentes de ambos os parceiros. Seu trabalho seria gerenciado por acordos detalhados – determinando, por exemplo, as condições para se obter acesso a uma série claramente definida da tecnologia e do mercado de cada parceiro. As alianças complexas não oferecem proteção perfeita, mesmo no melhor dos casos. No entanto, da mesma forma que os contratos complexos, podem ajudar a dar vida a projetos considerados inviáveis. As alianças cada vez mais apresentam cross-equity holdings (holdings com acionária cruzada) e direitos sobre o controle como garantias que ajudam a alinhar os incentivos e, assim, proteger os interesses estratégicos dos parceiros. Essas condições garantem que o sucesso ou o fracasso das atividades da aliança terão impacto significativo no desempenho em curto e longo prazo de cada parceiro.

A GE negociou uma aliança complexa quando entrou no mercado japonês de equipamentos médicos de imagem nos anos 1970. Naquela época, a empresa tinha habilidades funcionais fortes, mas precisava de uma organização muito diferente para desenvolver e vender os dispositivos de imagem adaptados para o mercado japonês.

Acreditando que não poderia criar uma unidade interna viável – mesmo algo que fosse semi-independente –, a GE aliou-se à Yokogawa Hokushin Electric Corp., uma empresa japonesa bem-adaptada ao mercado. As duas partes negociaram extensos mecanismos de transferência de tecnologia e sistemas de controle, para permitir um fluxo da inovação em ambas as direções quando a parceria evoluísse. A GE internalizou, de forma gradual, o que aprendera por meio da parceria. Tornou-se líder do mercado japonês, dominando habilidades organizacionais localmente relevantes e usou os avanços dos produtos do Japão para concorrer em nível global.

No entanto, mesmo as alianças complexas bem-sucedidas podem tornar-se difíceis de gerenciar ao longo do tempo. Consideremos o relacionamento tenso da BP com a TNK. Embora o empreendimento tenha explorado com êxito as reservas de petróleo, houve discussões extensas e contínuas entre os parceiros sobre governança e estratégia – incluindo a objeção da TNK em relação à tentativa da BP de formar uma aliança com a Rosneft para desenvolver os campos de petróleo no Ártico. Essas tensões criaram brechas para concorrentes como a ExxonMobil, que finalmente se aliou à Rosneft.

A força de suas habilidades na execução de alianças é muito importante nas alianças complexas. Você precisa da capacidade de negociar, monitorar e coordenar condições complexas em um ambiente dinâmico. As alianças complexas representam uma estratégia viável para as empresas com grande experiência em alianças, mas se mostram potencialmente fatais para um principiante. Portanto, seja escrupulosamente honesto ao avaliar suas habilidades de execução. Se elas não forem suficientes, mas uma aliança complexa for de importância vital, é preciso investir para desenvolver essas habilidades.

Alianças compatíveis mas amplas

Essas alianças ocorrem quando os incentivos dos parceiros estão bem-alinhados, mas a colaboração exige muitos pontos de contato. De acordo com esse modelo, os parceiros são semelhantes a uma orquestra sinfônica, com muitos músicos e vários instrumentos diferentes, todos tendo de juntar suas respectivas partes em uma só, em total harmonia. Sob o escopo amplo da colaboração em uma aliança compatível porém ampla, os aliados de negócios deverão lutar por autonomia estratégica. Se esse desligamento não puder ser resolvido, considere uma aquisição. Mas antes de dar esse pulo, observe que essa situação também poderá beneficiar-se de uma aliança mais complexa que poderia mitigar os desafios da orquestração.

À medida que aumenta a complexidade da colaboração, as alianças exigem mais estrutura e controle. As empresas normalmente usam vínculos adicionais, como acordos de capital, para complementar as alianças complexas. A aliança internacional entre as montadoras Renault e Nissan é complexa e bem-sucedida, mantendo-as juntas com uma estrutura formal importante. As empresas francesa e japonesa têm agora uma colaboração operacional considerável em áreas como desenvolvimento de mercado e gerenciamento da rede de fornecimento. Cross-equity holdings – com a Renault detendo 37% da Nissan, e a Nissan detendo 15% da Renault – ajudam a manter os incentivos alinhados quando cada empresa realiza atividades que podem afetar seu aliado. A quase falta de sobreposição nos respectivos mercados geográficos das empresas aumenta ainda mais o alinhamento, permitindo às empresas focar na coordenação das atividades de produção sem se distrair com as preocupações competitivas.

As alianças complexas que tentam resolver os desafios do mau alinhamento dos incentivos ou de uma colaboração mais ampla entre as partes demandam um projeto cuidadoso e devem garantir forte comprometimento de todos os parceiros. Às vezes, as empresas tentam estruturar as alianças como redes de equipes interempresariais. Essas equipes normalmente apresentam funções e níveis diferentes nas organizações parceiras, buscam diferentes tipos de mandatos e se reportam a uma liderança amplamente distribuída. As alianças que envolvem grandes metas cruzadas de aprendizado ou atividades de desenvolvimento conjunto em geral exigem redes de equipes espalhadas nas empresas. A colaboração bem-sucedida requer uma estrutura que facilite o agrupamento dos recursos e talentos dos parceiros. Embora pouco unida, uma força-tarefa informal pode ser adequada ao desenvolvimento de atividades relativamente focadas, e essas situações mais complexas podem exigir entidades de joint venture mais formais para reunir e coordenar os recursos.

Um exemplo clássico de coaprendizado é o da New United Motor Manufacturing Inc. (NUMMI), uma aliança entre a General Motors e a Toyota. Ambas as empresas estabeleceram a NUMMI em 1984, no local de uma antiga fábrica de montagem da GM em Fremont, na Califórnia. O propósito da aliança era fabricar carros para serem vendidos pelas montadoras sob suas próprias marcas. A GM esperava usar a joint venture para aprender sobre a produção enxuta com os japoneses, enquanto a Toyota tinha a chance de colocar seu primeiro pé na produção na América do Norte e a oportunidade de implementar seu sistema de produção no ambiente de trabalho dos Estados Unidos. O empreendimento produziu, com êxito, veículos até 2010, embora a maior parte dos observadores tenha acreditado que a Toyota obteve mais conhecimento com a aliança do que sua parceira americana. Na verdade, a Toyota usou seu amplo conhecimento do ambiente nos Estados Unidos para colaborar no desenvolvimento de veículos elétricos com a Tesla Motors, que adquiriu parte da fábrica da NUMMI em 2010.

A complexidade das alianças frequentemente cria tensões. Mesmo que os parceiros cheguem a um acordo sobre as responsabilidades e outras condições de governança (sobre as quais as discordâncias iniciais em geral são suficientes para afundar uma aliança complexa), os problemas subsequentes normalmente fazem descarrilar as parcerias que exigem uma coordenação intensa. A experiência da BP na Rússia é um caso. Se você não consegue definir com clareza as atividades de coordenação, ou se você estiver preocupado em relação à sua capacidade de alinhar os incentivos, então mesmo uma aliança complexa talvez não funcione.

Quando a abrangência das atividades for ampla e a necessidade de coordenação for intensa, mesmo uma aliança complexa finalmente se romperá e poderá levar, de alguma forma, a uma aquisição. Com a Airbus, o consórcio europeu de aeronaves, cada um dos quatro parceiros nacionais tentou, no início, manter a autonomia estratégica. Os parceiros alocavam suas tarefas, apoiando necessariamente a duplicação significativa de atividades em cada rodada do projeto, porque o principal objetivo de cada parceiro era permanecer capaz de fabricar uma aeronave completa, e não um empreendimento colaborativo ideal. A determinação de preservar a autonomia do parceiro acabou fracassando. Ao enfrentar uma forte concorrência da Boeing, a Airbus não podia se dar o luxo de arcar com os elevados custos de coordenação da insistência de seus membros em relação à autonomia. Finalmente, em 2001, os parceiros combinaram suas atividades em uma sociedade anônima formal, a EADS, criando uma organização completamente nova e independente para a qual os parceiros transferiram seus principais ativos.

Da mesma forma, em 1990, a Volvo e a Renault estabeleceram uma parceria complexa, em que as duas empresas esperavam obter maior escala na indústria automotiva global. No entanto, as atividades dentro do escopo da aliança eram complicadas demais para serem orientadas por colaboradores independentes. A parceria logo se tornou muito complicada, com esforços ineficazes de cada empresa para moldar o relacionamento a seu próprio modo. A aliança fracassou em 1994, um evento visto como motivo para a aquisição da Volvo pela Ford em 1999. A Renault, por outro lado, obteve algum insight com o fracasso, que ajudou a fabricante a estruturar com mais sucesso sua aliança subsequente com a Nissan.

Esses exemplos reforçam nosso ponto principal sobre as alianças: elas funcionam melhor quando a troca de conhecimento e de outros recursos exige envolvimento focado dos parceiros que compartilham metas compatíveis. As alianças complexas podem, às vezes, abranger os desafios de uma coordenação *extensa* e metas *mal alinhadas* – mas apenas se as partes detiverem forte habilidade na execução de alianças. Se as necessidades de coordenação forem maiores porque várias partes das organizações dos parceiros estão envolvidas ou os parceiros claramente têm necessidades estratégicas diferentes, então os custos da colaboração e as dificuldades normalmente se tornam muito grandes e a aquisição faz muito mais sentido.

Ferramenta de avaliação e resumo

A Tabela 4.1 destaca as perguntas que podem ajudá-lo a decidir se deve buscar uma aliança com seu parceiro de recursos para obter os recursos necessários. Se a maioria de suas respostas for afirmativa, considere uma aliança; o relacionamento do qual você precisará com seu parceiro está focado e as metas de seu parceiro são compatíveis com as suas. No entanto, se a maioria de suas respostas for negativa, você deve considerar obter o controle total de seu parceiro por meio de uma aquisição.

TABELA 4.1

Proximidade desejada com seu parceiro de recursos

Questão de conhecimento: escopo da colaboração		Não	Sim
Abrangência das atividades	A colaboração envolveria poucas funções e pessoas de sua empresa?		
	A colaboração envolveria poucas funções e pessoas da empresa de seu parceiro?		
Complexidade da coordenação	A colaboração envolveria poucos pontos de contato entre seu pessoal e o de seu parceiro?		
	As contribuições de cada parceiro seriam especializadas e exigiriam apenas coordenação limitada para sustentar a parceria?		
	A necessidade de coaprendizagem seria limitada?		
Questão de governança: compatibilidade com a meta do parceiro			
Sobreposição competitiva	Há pouca sobreposição competitiva entre sua empresa e a de seu parceiro?		
Contribuição dos recursos	Nossa empresa e nosso parceiro contribuirão com uma fatia equilibrada dos recursos principais?		
Importância da aliança	Uma aliança terá uma importância estratégica semelhante para nossa empresa e a de nosso parceiro?		
Oportunidades de aprendizado	Uma aliança ofereceria à nossa empresa e ao nosso parceiro oportunidades valiosas e semelhantes de aprendizado?		
Habilidades na execução de alianças	Nossa empresa e nosso parceiro têm habilidades e pessoas relevantes para gerenciar uma aliança ao longo do tempo?		

Responda a cada pergunta sobre adequação do conhecimento e adequação organizacional dos recursos pretendidos. Se a maioria de suas respostas for afirmativa, considere uma aliança (modo de empréstimo). Se a maioria de suas respostas for negativa, considere uma aquisição.

As alianças, ferramentas muito eficazes para obter os recursos pretendidos com alto valor estratégico, são especialmente valiosas quando os parceiros têm uma colaboração estreitamente focada e com metas compatíveis. Quando um contrato em condições normais de mercado for insuficiente para gerenciar o relacionamento necessário, uma aliança pode atender ao envolvimento focado, permitindo que você e seu parceiro criem um novo valor, indo a fundo em um pequeno conjunto de recursos compartilhados. Em circunstâncias em que, aparentemente, valha a pena realizar uma aquisição – aquelas que demandam intensa coordenação ou um remédio forte para garantir o alinhamento dos incentivos –, as alianças complexas talvez possam oferecer uma proteção que torne viável fazer uma aliança. No entanto, as alianças não são apropriadas quando a coordenação ou os desafios dos incentivos não puderem ser resolvidos de forma satisfatória. Nesses casos, você deverá considerar uma aquisição.

CAPÍTULO 5

Quando comprar
Aquisição *versus* alternativas

Até este ponto, alertamos para os custos, riscos e complexidade das aquisições. A compra será uma estratégia apropriada apenas quando alternativas mais simples e transitórias ficarem aquém de seus objetivos. Este capítulo presume que você se encontra no limiar do último recurso: precisa de acesso mais abrangente aos recursos estratégicos do que o definido em contratos em condições normais de mercado e maior controle sobre os recursos do que uma aliança permitiria. Como proceder então?

Comece definindo o que você precisa para realizar uma aquisição. As Fusões e Aquisições (M&A) podem servir a muitos propósitos. Qual combinação de benefícios é necessária? No lado positivo, a M&A é uma poderosa ferramenta de liderança. O novo líder de uma empresa com amplos recursos pode usar uma aquisição para estabelecer presença rapidamente, fincando um marco ousado na empresa. Um CEO estabelecido, na esperança de acelerar a mudança dentro da empresa e alcançar um líder de mercado, pode usar o modo de compra para vencer a inércia e alcançar rápidos ganhos de participação de mercado. A liderança de uma unidade de negócios forte dentro de uma empresa pode usar a M&A para manter sua vantagem competitiva no mercado.

Uma M&A estratégica pode reformular um negócio em pouco tempo. Por exemplo, a Tata Motors, maior empresa indiana do setor automotivo, ampliou sua capacidade de desenvolvimento de produtos e ingressou em segmentos mais sofisticados por meio de três aquisições astutamente calculadas: a coreana Daewoo Motors em 2004, a britânica Jaguar Land Rover em 2008 e a Trilix, empresa italiana de design e engenharia, em 2010. Entre 2009 e 2011, a

Oracle, fornecedora de software empresarial, realizou uma série de aquisições – incluindo Sun Microsystems e RightNow Technologies – para ampliar sua linha de produtos e capacidade de serviço.

Com recursos específicos em mente, as aquisições podem ajudá-lo a superar a escassez de profissionais com os talentos desejados e, desse modo, promover crescimento orgânico. Por exemplo, o setor de energia global sofre com a falta crônica de engenheiros e gerentes de projetos altamente qualificados. Resultado: recentemente, a AMEC, empresa britânica de serviços de engenharia, fez 30 aquisições a fim de obter as habilidades de engenharia necessárias para expandir sua presença geográfica.

No lado negativo, as falhas da estratégia de M&A podem custar caro. Em 2010, a Novartis, indústria farmacêutica suíça, decidiu fechar a Neutec Pharma, empresa britânica de biotecnologia, adquirida em 2007 por um valor mais de 100% acima da avaliação da Neutec. Na época, a Neutec desenvolvia medicamentos para combater infecções hospitalares. Infelizmente, nove meses após a compra, o principal produto Neutec não conseguiu receber a aprovação regulamentar europeia. Em face das incertezas normativas e do produto – além das dificuldades de integração da empresa adquirida, com 20 funcionários, em um grupo muito maior –, será que não faria mais sentido para a Novartis primeiro entrar em uma aliança para codesenvolver drogas com a Neutec? Mesmo quando uma aliança não é viável nesse tipo de situação, ainda é necessário considerar as incertezas e outros desafios (por exemplo, usando marcos de pagamento) ao estruturar um acordo de aquisição.

Os executivos devem usar as aquisições de forma seletiva e aprender como evitar negócios sem lógica. Durante os anos em que nos envolvemos com empresas de diversos setores, temos observado um padrão impressionante. As empresas sem atividades de desenvolvimento corporativo bem-estabelecidas frequentemente tentam compensar essa falha fazendo seus executivos correrem atrás de M&As para expandir a empresa. Às vezes, claro, não é possível atingir o tipo certo de crescimento de outra forma, mas, se a aquisição se tornar a solução-padrão para a insuficiência de capacidade interna, você acabará com um problema de governança estratégica em mãos. Às vezes também essas iniciativas podem resultar em uma grande bagunça.

Um de nossos alunos enfrentou um desafio de M&A em um fornecedor de primeira linha na indústria automobilística. O recém-nomeado CEO participara de um seminário no qual disseram que ele precisava ter objetivos audaciosos para transformar a empresa e que as M&As consistiam em uma ferramenta de transformação rápida e eficaz. Como a empresa contava com ótimos recursos financeiros, o CEO deu início a uma onda de aquisições. Nosso aluno, encarregado de integrar a miscelânea que seu chefe havia comprado, queria nossa orientação sobre como evitar erros de integração. Conseguimos ajudá-lo – até certo ponto. Mas, na verdade, o grande erro já fora cometido. A maioria das aquisições fazia pouco sentido e não se encaixava bem na organização já estabelecida. Um ano depois, a controladora se via numa grande confusão, estava à venda, o CEO fora demitido e nosso aluno procurava outro emprego.

Como discutido, o limite entre alianças e M&As pode não ser muito claro. Com o tempo, algumas alianças tornam-se M&As. Aquisições também podem tornar-se alianças, como quando uma empresa criada através da aquisição mais tarde se divide em unidades separadas e cooperantes. Algumas empresas-alvo preservam a autonomia dentro da controladora e funcionam como unidades independentes dentro de sua nova corporação. Conforme descrito no Capítulo 4, algumas empresas dominantes equivocadamente tratam seus parceiros de aliança como subsidiárias internas. Por fim, algumas alianças acabam fornecendo mais recursos substanciais do que as M&As.

Sem sombra de dúvida, as aquisições diferem fundamentalmente das alianças no que diz respeito à propriedade e ao controle: uma aquisição alcança participação majoritária, mas uma aliança não. Por isso, o modo de compra será mais adequado quando uma propriedade unificada e um controle centralizado puderem ajudá-lo a explorar mais recursos combinados do que com um aliado independente. Muitas vezes, a empresa precisa de mais controle quando quer aumentar o compromisso na área dos recursos adquiridos e demanda profundo envolvimento de seus parceiros de recursos. Embora não permitam uma exploração tão intensiva dos ativos conjuntos, as alianças, em geral, são mais baratas e flexíveis do que as aquisições, o que as torna especialmente atraentes em áreas de elevada incerteza tecnológica ou de mercado.

Em termos de processo, aquisições também diferem de alianças. Uma aliança é geralmente negociada entre dois parceiros com objetivos complementares. Muitas vezes, M&As envolvem vários licitantes e podem servir a um conjunto mais complexo de finalidades, incluindo redução de custos, maior poder de mercado e entrada em determinada região. Para recursos focados e objetivos claramente definidos, as alianças são sua melhor aposta.

Portanto, quando apenas uma aquisição for capaz de atender com êxito às suas necessidades, escolha esse método. A aquisição e a integração de uma empresa-alvo exigem muitos recursos financeiros e gerenciais; desse modo, isso representa um caminho árduo para a obtenção de recursos específicos. A empresa adquirida vem com muitos recursos duplicados ou não estratégicos que você terá de reestruturar ou até eliminar. Essas são atividades caras e que atrapalham as operações. Consequentemente, a confiança excessiva na aquisição contribui para o risco geral, esticando demais a capacidade de integração, podendo até mesmo arrebentá-la. Na verdade, uma aliança difícil é preferível a uma aquisição além da conta.

A aquisição consiste em várias etapas, cada qual com o potencial de facilitar ou atrapalhar o sucesso de sua organização. Contudo, o assassino real é a integração pós-fusão: a criação de valor a partir dos recursos combinados de uma aquisição. Mesmo empresas com experiência em M&A enfrentam dificuldade ao tentar encaixar essa peça do quebra-cabeça em cada negócio. Todas as novas aquisições são dotadas de um conjunto único de recursos, pessoas e valores. Desse modo, não existe um modelo que possa ser usado várias vezes. A saída é estudar, aprender e estar preparado para os aspectos que diferenciam o atual desafio de integração dos anteriores. Nesse sentido, a integração pós-fusão tem mais a ver com a descoberta de como lidar com a situação que se apresenta do que com uma linha de montagem automatizada. Contudo, você acabará desenvolvendo uma série de boas práticas que poderão ser repetidas.

Uma parte fundamental da integração pós-fusão reside em como você decide quais recursos adquiridos serão mantidos e quais serão vendidos. A falta de disciplina quanto à venda dos recursos que não têm lugar útil na nova organização leva ao risco de carregar excesso de bagagem, em especial quando a empresa faz uma aquisição para controlar alguns recursos de alto valor, claramente identificados. Nesses casos, a controladora pode se concentrar em explorar rapidamente os recursos relevantes enquanto adia os desinvestimentos, evitando a destruição da organização existente e a desestabilização das pessoas que criaram o valor dos recursos necessários. Em consequência, os compradores acabam pagando mais caro pela aquisição de recursos que não serão usados.

Por outro lado, as empresas também podem reestruturar e integrar os recursos da empresa-alvo muito rapidamente, acreditando que conseguirão colocar o negócio adquirido em forma ao se livrar do excesso de gordura. Enquanto aproveitam os recursos essenciais da empresa-alvo, simultaneamente descontinuam determinadas linhas de produtos e se desfazem de parte dos ativos, reduzindo o número de funcionários e vendendo determinadas partes do negócio. Isso pode tornar-se um problema quando o que, a princípio, parecia ser gordura acaba se revelando como músculo e osso. Em um programa de pesquisa em larga escala que conduzimos envolvendo 250 aquisições nos setores de fabricação na Europa e nos Estados Unidos durante a década de 1990, descobrimos que os recursos de P&D, produção, marketing e vendas da empresa-alvo tinham de três a cinco vezes mais chances de redução do que aqueles da controladora. No longo prazo, tamanha agressividade pode levar à perda de capacidades valiosas.

Você só conseguirá evitar esses erros se mapear claramente o processo de integração e sustentar a motivação de pessoas-chave em ambas as empresas. O controle excessivamente centralizado pode prejudicar a cooperação entre empresa-alvo e controladora, e destruir o valor dos recursos combinados. Por outro lado, um controle frouxo demais levará à perda de oportunidades de criação de valor. Se você acredita que não será possível fazer a integração corretamente, analise mais uma vez as opções que demandem menor esforço de integração, como alianças ou aquisições parciais. Vamos investigar por que é tão comum ver gestores pulando de cabeça em negócios sem empreender o tipo de análise de que estamos falando.

Pontos cegos: Por que os executivos pulam de cabeça nas M&As?

Um axioma do mundo dos negócios diz que as fusões e aquisições costumam criar mais manchetes do que valor. Alguns estudos revelam que 70% dos acordos não conseguem atingir seus objetivos. Embora esses estudos talvez incluam negociações desproporcionalmente grandes – particularmente difíceis de negociar e implementar –, é elevada a porcentagem de fracasso nas aquisições. Como ocorreu com muitos outros pesquisadores, descobrimos que, em média, as aquisições destroem valor para os acionistas da adquirente. Apenas 27% dos executivos de telecomunicações de nossas pesquisas conseguiram extrair o valor almejado dos recursos da empresa-alvo. Muitas empresas esperam que as aquisições acelerem o crescimento, mas os executivos frequentemente recorrem às M&As por questões equivocadas, dentre elas interesse próprio, comprometimento excessivo com o método de compra, fascínio por determinado alvo e o uso de M&As como estratégia de bloqueio ou atalho estratégico.

Interesse próprio dos executivos

O interesse próprio traz sérios problemas às decisões sobre M&As. Muitos estudos atestam que as aquisições alimentam o ego, a reputação e o sonho de construir impérios dos gestores, aumentam sua remuneração e suas regalias, mascaram o mau desempenho de suas atribuições atuais, mantêm a atratividade para futuras posições de CEO, ou protegem seus empregos atuais. No nível básico da ambição pura, os problemas surgem quando os executivos usam as aquisições sem pensar como um atalho para alcançar as metas de crescimento e gerar publicidade para si mesmos. Em um nível mais profundo, os gestores abusam das M&As por causa dos sistemas de incentivos, que os induzem a fazer as perguntas erradas, enfatizando o tamanho em detrimento da real sinergia, a velocidade em vez da *due diligence*, e o lucro por ação no curto prazo, em vez da geração de valor no longo prazo.

Os gestores devem concentrar-se em como uma possível aquisição pode melhorar a vantagem de recursos da empresa, de forma que os concorrentes não possam alcançar com facilidade. Para tanto, devem (e, em grande parte, o fazem) pesar os benefícios das empresas combinadas, projetando futuros fluxos de caixa. O objetivo é assegurar o alinhamento do preço de compra com o valor futuro projetado. Infelizmente, ao realizar essa análise, muitos gestores não consideram o potencial de criação de valor de longo prazo dos recursos que serão adquiridos. Em vez disso, concentram-se no curto prazo: "Como essa aquisição afetará nossos lucros por ação e nossa taxa de crescimento? Como nos ajudará a atingir as metas de participação de mercado? Como afetará o preço de nossas ações (e, claro, o valor de minha opção de compra de ações)?"

Embora essas questões sejam relevantes, muitas vezes geram respostas tendenciosas, pois as empresas podem alcançar os objetivos definidos pela criação ou pela destruição de valor. Para ter certeza de que os objetivos serão alcançados através da criação, e não da destruição de valor, os gestores devem analisar como os recursos centrais da aquisição – que influenciam preço das ações, o lucro por ação, a participação de mercado, o crescimento e a satisfação do cliente – contribuirão para o valor duradouro. Quando suas decisões visam apenas ao curto prazo, os executivos podem destruir valor na ânsia por promoções, bônus e outros incentivos pessoais. Um risco especial decorre da tendência de se definir um benchmark para a remuneração dos CEOs entre empresas de tamanho similar, ou seja, quanto maior a organização, maior o salário do CEO. Consequentemente, algumas empresas pagam caro demais pelas aquisições porque são incitadas por consultores mais interessados em ver a concretização da transação do que em garantir a criação de valor no processo.

Comprometimento excessivo

Até mesmo líderes que não sofrem de excesso de interesse próprio podem administrar mal uma aquisição, apostando demais na iniciativa, enxergando a compra tanto como um modo de crescimento quanto como um alvo específico que lhes chamou a atenção. É fácil deixar-se levar pela dinâmica por trás de uma aquisição. Por exemplo, muitos stakeholders pressionarão para fechar um negócio. Internamente, as equipes de M&A e de desenvolvimento de negócios, trabalham no acordo por semanas ou meses e envolvem-se profundamente com ele. Externamente, as forças poderosas das consultorias de investimentos e parceiros bancários têm incentivos financeiros e forte interesse relacionado à reputação para forçar o fechamento do negócio. Assim, muitas vezes o processo em si leva a uma escalada de compromissos que dificulta a desistência da empresa que está analisando uma M&A.

Parece que o Boston Scientific caiu nessa armadilha quando adquiriu a Guidant, empresa de aparelhos cardiovasculares, em 2006. Em 2004, a Johnson & Johnson (J&J) quase comprou a Guidant. Durante vários meses, a J&J analisou a oportunidade e negociou o preço de US$24 bilhões – determinado após uma avaliação do valor que a J&J acreditava que poderia criar ao integrar os recursos e as capacidades da Guidant. No entanto, depois que surgiram preocupações sobre os desfibriladores cardíacos da Guidant, a J&J reduziu sua oferta para US$22 bilhões. Assim que isso aconteceu, a Boston Scientific, rival da J&J, entrou na disputa com uma oferta de US$25 bilhões, aumentada posteriormente para US$27 bilhões. Dadas as preocupações com os desfibriladores, a Johnson & Johnson desistiu do negócio, acreditando que o novo preço exagerava o valor presumido da Guidant. Apesar de o Boston Scientific vencer o leilão, hoje a maioria dos analistas acredita que o preço da aquisição foi alto demais. Além disso, a controladora enfrenta dificuldade para integrar os ativos da Guidant, o que reduziu o ritmo de seu próprio negócio principal no processo.

Muitas vezes, há verdadeiras ondas de acordos de M&A. A década de 1990 caracterizou acordos de consolidação. Em meados dos anos 2000, as compras de participação foram impulsionadas pela desregulamentação, a globalização e o boom dos mercados de ações em todo o mundo. Quando os concorrentes entram em uma onda de compras, é difícil cruzar os braços e assistir. Os executivos podem ter suas ressalvas, mas quase sempre acabam concluindo que tal cautela poderá prejudicar sua reputação de profissionais que tomam decisões ousadas. Em um estudo sobre a indústria de produtos de química na Europa, no início da década de 2000, encontramos fortes indícios de um comportamento imitador. Os gestores imitavam as iniciativas de M&As dos concorrentes, exagerando nas aquisições, sem recuar, mesmo diante da recepção negativa do mercado a acordos comparáveis do passado recente.

Estratégia de bloqueio

Às vezes, as aquisições são usadas para impedir os concorrentes de comprar uma empresa-alvo (parte desse motivo estava em jogo quando a Boston Scientific adquiriu a Guidant). Embora possam produzir vantagens de curto prazo, esses esforços raramente criam valor duradouro. O comprador tem de arcar com os custos de integração ou dissolver a empresa adquirida. Além disso, os concorrentes quase sempre encontram alternativas – não raro, superiores – para obter os recursos "bloqueados". No entanto, 50% dos executivos de telecomunicações envolvidos em M&As nos disseram que compraram um fornecedor de recursos para impedir um concorrente de adquiri-lo.

A pressão do tempo sentida na pele

Mesmo executivos movidos por uma ponderada visão estratégica podem lançar mão de aquisições quando outros métodos funcionariam melhor. Sob a pressão do tempo, da concorrência e da consolidação do setor, as empresas podem ver as aquisições como uma forma rápida de obter os recursos almejados e alcançar vantagem diante dos rivais. Em nosso estudo do setor de telecomunicações, 63% das empresas entrevistadas afirmaram que as pressões de tempo levaram-nas a escolher aquisições em vez de alianças. Muitas empresas optam pelas aquisições rápido demais, subestimando o esforço necessário para integrar as organizações adquiridas a fim de alcançar os benefícios ideais.

Mas aquisições raramente fornecem uma solução rápida. Sessenta e cinco por cento dos executivos de telecomunicações que escolheram aquisições contam que houve certo atrito durante a integração. O processo geralmente traz despesas e obstáculos imprevistos. E como observamos, sempre é um desafio reter os melhores talentos que normalmente têm fácil acesso a melhores alternativas de emprego – talvez com um dos concorrentes. A integração caótica pode custar muitos dos talentos mais desejáveis.

Então, fica claro que os acordos de M&A são uma estratégia de aquisição de recursos altamente arriscada. Este capítulo o ajuda a evitar armadilhas na escolha ou na rejeição de M&As e mostra como a estrutura conceitual dos caminhos para obtenção de recursos pode orientar sua decisão.

Você conseguirá integrar a empresa-alvo?

Apesar dos inúmeros problemas que as aquisições podem criar, as empresas que fazem essa opção nas circunstâncias ideais ganham vantagem competitiva crucial. Como a Figura 5.1 ilustra, a questão-chave para decidir se as circunstâncias são propícias é saber se você conseguirá integrar os recursos da empresa-alvo.

FIGURA 5.1

Aquisição *versus* alternativas

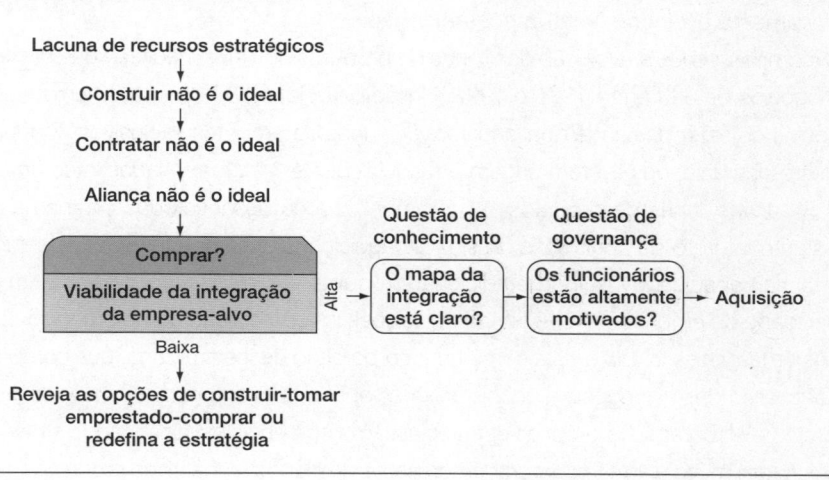

Lacuna de recursos estratégicos
↓
Construir não é o ideal
↓
Contratar não é o ideal
↓
Aliança não é o ideal
↓
Comprar?
Viabilidade da integração da empresa-alvo
— Alta → O mapa da integração está claro? → Os funcionários estão altamente motivados? → Aquisição

Questão de conhecimento
Questão de governança

Baixa
↓
Reveja as opções de construir-tomar emprestado-comprar ou redefina a estratégia

A integração pode ocorrer dentro da empresa adquirida, nas organizações existentes da controladora ou em uma unidade de negócios recém-formada, podendo acontecer logo após a aquisição ou gradualmente, em etapas. Por fim, integrações bem-sucedidas criam novos recursos que aproveitam as habilidades da empresa combinada. Sem a criação de novos recursos, a controladora quase sempre paga a mais pela empresa-alvo. Se a adquirida apenas continuar operando como antes, a compra de suas ações será pouco mais que um investimento passivo no mercado de ações. (Veja o caso "O mix de estratégias de construção e compra da Johnson & Johnson".)

O MIX DE ESTRATÉGIAS DE CONSTRUÇÃO E COMPRA DA JOHNSON & JOHNSON

Acrescentando a força da inovação por meio da recombinação criativa

A Johnson & Johnson goza de forte reputação como uma das empresas mais inovadoras e de sólido sucesso do mundo. Ela gera altos lucros ano após ano, oferecendo um misto dinâmico de produtos de consumo, para as áreas médica e farmacêutica. Com uma sofisticada disciplina de obtenção de recursos, a J&J se adapta continuamente às mudanças em todos os seus segmentos de produtos e locais em que opera. Essa disciplina combina habilmente desenvolvimento interno e aquisições, com realinhamento e integração ativa pós-aquisição.

Acompanhamos a evolução das linhas de produtos do setor médico e das unidades de negócios da J&J entre 1975 e 1997. Nesse período, a J&J operou 88 unidades de negócios do setor de saúde que lançaram 87 linhas de produtos exclusivos. Cinquenta e quatro das unidades tiveram origem em aquisições e 34 foram criadas internamente. Das 87 novas linhas de produtos, 14 foram inovações desenvolvidas internamente e o restante foi fruto de aquisições. Assim, as aquisições desempenharam papel fundamental na capacidade da J&J de adicionar produtos – apoiada significativamente pela capacidade da empresa de integrar as aquisições na corporação como um todo.

Algumas vezes, a J&J é vista como uma corporação descentralizada, que compra ou constrói unidades de negócio e depois deixa-as operar com autonomia para vender seus produtos e elaborar suas próprias estratégias. Mas os benefícios alcançados através de M&As foram muito além de comprar empresas e vender os respectivos produtos.

Em quase todas as aquisições, a J&J empreende integração e realinhamento ativos, construindo fortes vínculos entre suas unidades, sejam elas adquiridas ou desenvolvidas internamente. Em nosso estudo, a J&J realizou um grande realinhamento de cerca de dois terços de suas unidades num período de quatro anos depois de criá-las ou comprá-las – normalmente por meio da desativação das linhas ou dos produtos malsucedidos que não se encaixavam na estratégia atual e pela construção de pontes entre unidades antes distintas. Por exemplo, a empresa lançou linhas de produtos relacionados à prática de diálise em 1982, através da aquisição da A&O Surgical e da Symedix, e, imediatamente, combinou as unidades recém-adquiridas com um fabricante de acessórios cardiovasculares encampado anteriormente.

A J&J entra no processo de integração o mais rapidamente possível – embora não deixe de dar à corporação o tempo necessário para aprender sobre a unidade recém-adquirida. Especialmente com aquisições exploratórias, a J&J costuma permitir que as empresas-alvo operem de modo quase independente por um ano ou mais. Ainda assim, promove aprendizagem e compartilhamento de informações, transferindo pessoas de suas unidades estabelecidas para os alvos a serem explorados. Ao atingir uma massa crítica de conhecimento sobre as oportunidades técnicas e de mercado, a empresa dá início a um ativo realinhamento de negócios que, muitas vezes, leva ao desaparecimento da unidade-alvo quase independente.

O sucesso da Johnson & Johnson no desenvolvimento de stents cardíacos é um exemplo notável da combinação de aquisição de recursos, desenvolvimento interno e realinhamento. Ao longo de mais de 10 anos, do fim da década de 1970 até o início dos anos 1990, a J&J comprou diversas empresas com recursos de dispositivos cardíacos, ao mesmo tempo que criou unidades de negócios internas no espaço técnico e mercadológico desse tipo de produto. Com o passar do tempo, a J&J continuou explorando a área cardíaca, deslocando pessoas entre as divisões internas e adquiridas, mesmo tendo vendido partes importantes de suas aquisições.

Em 1983, a J&J lançou uma linha de válvulas cardíacas e outros acessórios cardiovasculares através da combinação de três aquisições anteriores (Extracorporeal Medical Systems, Vascor e Cardio Systems) em uma nova unidade operacional, conhecida como Hancock Extracorporeal. Em 1984, a J&J usou a Hancock como base para a expansão da linha cardiovascular e decidiu descontinuar a linha de diálise (a Baxter), que não considerava mais um negócio interessante. Dois anos mais tarde, a J&J temporariamente saiu do segmento cardiovascular, vendendo a unidade para a Medtronic.

No início dos anos 1990, a J&J reingressou no mercado cardiovascular, desenvolvendo um novo dispositivo de assistência cardíaca na J&J Interventional Systems, uma unidade internamente criada e integrada com a Menlo Care, empresa de cuidados cardíacos especializados e adquirida com essa finalidade. A combinação empresarial buscava a oportunidade de desenvolver os primeiros stents cardíacos. Então – após mais de 10 anos de desenvolvimento envolvendo um complexo mix de pessoas de unidades diferentes –, a J&J aliou suas novas habilidades com stents às linhas de cateter-balão obtidas por meio da compra da Cordis em 1996.

A capacidade de, criativamente, integrar recursos entre várias empresas ao longo dos anos levou a um expressivo sucesso de mercado e bilhões de dólares em receitas.

Para integrar uma empresa-alvo, é preciso mapear claramente o caminho da integração e manter a motivação das pessoas em ambos os lados do acordo. Quando não se consegue identificar um caminho de integração claro para justificar uma aquisição, é comum cair na tentação de puxar a palavra "sinergia" da manga e usá-la como justificativa. A sinergia ocorre quando dois conjuntos de recursos criam mais valor juntos do que a soma de seus valores individuais.

No entanto, na ausência de uma real compreensão de como os recursos serão combinados após a fusão, a sinergia não passa de uma ilusão que pode, perigosamente, ofuscar o instinto saudável de se afastar de um mau negócio.

Se você tem sérias preocupações sobre a própria capacidade de integrar a empresa-alvo em sua organização atual, é melhor retroceder e reconsiderar. Apesar das deficiências das outras abordagens antes identificadas, talvez valha a pena revê-las como opções. Se essas opções permanecerem inviáveis, você deverá repensar a estratégia.

Questão de conhecimento: É possível mapear claramente a integração?

Os caminhos da integração variam em sua clareza. Não é tão comum definir um roteiro de integração completo logo no início de um negócio. Nos casos mais simples – como na aquisição de uma pequena empresa com um conjunto limitado de recursos e um horizonte de curto prazo para sua utilização –, é possível definir atividades de integração durante o planejamento do negócio. As empresas com estratégias ativas de aquisição costumam iniciar a integração mesmo antes de fechar o negócio. Por exemplo, a GE e a Cisco empregam etapas bem-definidas para as suas aquisições de pequeno e médio porte.

Mas muitas integrações estão longe de ser simples – cada empresa-alvo é única e funciona em um ambiente singular. Uma integração que funciona bem em seu país de origem pode ser irrelevante em outras partes do mundo. O mesmo vale quando o alvo de aquisição compete em um segmento de produtos ou mercado que a compradora não entende bem. Por exemplo, o Bank One, empresa americana de serviços financeiros, desenvolveu sólidas habilidades durante a compra e a integração de bancos de médio porte no Centro-Oeste dos Estados Unidos. Mas, em 1997, quando aplicou esse mesmo conhecimento ao adquirir a First USA, uma empresa de cartões de crédito, os resultados não foram tão favoráveis. O contexto diferente do acordo de compra da First USA produziu grande turbulência e, ao que consta, levou o J.P. Morgan Chase & Co's a adquirir o Bank One em 2004.

Ao analisar as questões de integração, talvez seja útil contar com dois grupos de analistas, uma prática de *due diligence* que vimos algumas vezes em nossa pesquisa. Uma equipe é responsável por encontrar razões positivas para a aquisição, enquanto a outra faz exatamente o contrário, ou seja, tenta convencer a administração a desistir do negócio. Os integrantes fazem rodízio entre as equipes para que ninguém acabe estereotipado como uma pessoa "do contra" na organização. A administração sênior avalia os dois casos apresentados e toma a decisão final. Embora essa abordagem envolva uma análise extra, as empresas que a utilizaram consideram-na de valor inestimável. Elas não só evitaram maus negócios, como também alcançaram melhor compreensão dos negócios que estavam prestes a fechar. Além disso, a abordagem de duas equipes tem promovido um poderoso e disciplinado espírito cooperativo entre os funcionários da empresa.

Mas, por mais que se estruture a análise da integração, é preciso enxergar com clareza três áreas em cada negócio: o escopo da combinação de recursos, o escopo da eliminação de recursos e o cronograma do processo de integração.

Escopo da combinação de recursos

Ao mapear a integração, é necessário identificar quais recursos na empresa-alvo preencherão a lacuna de recursos. Em alguns casos, a *due diligence* da M&A pode fazer um levantamento preciso dos recursos adquiridos. Em outros, você só conseguirá reunir informações detalhadas após o negócio ser fechado, quando chegar a hora de montar equipes interorganizacionais para avaliar os recursos.

A avaliação dos recursos é particularmente difícil em aquisições internacionais que podem envolver contextos competitivos e ambientais muito diferentes, capazes de limitar a transparência. Uma controladora estrangeira talvez não disponha de informações importantes sobre a qualidade de alguns dos recursos-alvo desejados. Por exemplo, há alguns anos, uma indústria farmacêutica japonesa acreditava que havia feito um ótimo negócio quando comprou uma empresa americana de médio porte do setor de biociências. Era tarde demais quando a indústria japonesa descobriu que outras empresas americanas recusaram a oportunidade de concorrer porque suspeitaram – acertadamente, como se viu mais tarde – de que havia falhas nos testes clínicos da organização-alvo. Da mesma forma, o banco chinês Minsheng comprou uma participação substancial no UCBH, instituição bancária da Costa Oeste dos Estados Unidos, em 2007, sem perceber que as provisões do banco americano para devedores duvidosos eram grosseiramente subestimadas. Desse modo, o Minsheng acabou se desfazendo da aquisição.

Mesmo quando comprador e empresa-alvo cooperam na *due diligence*, raramente é fácil avaliar os recursos com precisão. Afinal, muitas vezes os executivos não conseguem entender quais são os recursos que criam valor em suas próprias organizações, que dirá em uma empresa-alvo! Como os recursos frequentemente envolvem uma complexa dinâmica de atividades internas e externas, escolher a dedo elementos específicos pode ser perigoso. Se não for possível formar esses julgamentos com confiança, talvez seja necessário reduzir o investimento inicial para ganhar tempo até adquirir o conhecimento relevante.

Cuidado com o que parece ser um atalho tentador! Por exemplo, se você contar com ajuda externa para realizar a *due diligence*, reconheça que um consultor terceirizado tenderá a se concentrar no valor presente da empresa-alvo, e não no valor potencial dos ativos combinados. O valor real do negócio depende de quanto as habilidades da empresa adquirida irão fortalecer, ampliar e renovar seus recursos existentes e vice-versa. Portanto, a avaliação dos benefícios da recombinação requer uma consciência igualmente completa e precisa tanto de seus próprios recursos quanto dos adquiridos – e como serão integrados. Para tanto, sua equipe operacional e de desenvolvimento corporativo deve estar profundamente envolvida na avaliação. Essas decisões devem ser norteadas pela clareza absoluta sobre os objetivos da aquisição. Sem isso, há um grande risco de que seus esforços de integração não sejam suficientes.

Há três tipos de objetivo na busca de recursos por meio de aquisições. Embora qualquer aquisição possa abranger vários desses objetivos, normalmente há um tipo dominante:

- Aquisições exploratórias fortalecem seu domínio principal, acrescentando algo de novo à base de recursos para melhorar as atividades existentes em mercados estabelecidos. Os recursos adicionados permitem buscar novas oportunidades nos mercados estabelecidos.
- Aquisições que estendem suas atividades a novos mercados geográficos ou permitem desenvolver novos produtos para os mercados existentes.
- Aquisições exploratórias que permitem explorar novos espaços de mercado; os recursos adquiridos podem ser tecnologias revolucionárias, categorias de produtos ou modelos de negócios.

Esclarecer qual desses três objetivos você deseja enfatizar vai ajudá-lo a definir o escopo de sua combinação de recursos – quais deverão ser integrados, quais deverão ficar como ativos autônomos, quais deverão ser mantidos e quais deverão ser descontinuados. Você conseguirá definir mais precisamente esse escopo com aquisições exploratórias, cuja integração muitas vezes depende do agrupamento dos recursos existentes e da venda de partes indesejadas da empresa-alvo, bem como daquelas que a aquisição tornou redundantes. Definir o escopo da combinação de recursos em uma aquisição de caráter investigativo costuma ser bem mais difícil. Esse tipo de aquisição pode envolver alvos cujas habilidades você ainda não compreende com clareza e que podem acabar destruídas se a integração delas em sua organização atual for empreendida com rapidez excessiva. Quando se trata da integração das aquisições de extensão, definir o escopo da combinação de recursos também pode ser particularmente difícil. As compradoras costumam subestimar as diferenças nas exigências do mercado de um domínio de recursos relacionado ou os ajustes locais necessários para operar em um novo mercado geográfico. Se você está em busca de uma aquisição de extensão, tenha o cuidado de não descartar rápido demais recursos locais que podem acabar se mostrando cruciais.

A série de aquisições envolvendo o Skype oferece um exemplo impressionante do que ocorre quando um comprador não compreende o escopo da integração. Quando o eBay comprou o Skype, em 2006, por cerca de US$3 bilhões, o varejista on-line não tinha clareza sobre como integrar os produtos da organização adquirida. Para complicar as coisas, o pessoal do Skype defendeu ferozmente sua autonomia dentro da nova controladora. Em 2009, o eBay finalmente vendeu o Skype – com uma baixa contábil de US$1,4 bilhão –, depois de não ter conseguido combinar a robusta funcionalidade de e-commerce do eBay com os negócios de voz do Skype. Na batalha pelo controle do mercado de Internet para o consumidor, a Microsoft adquiriu o Skype por US$8,5 bilhões em 2011. Ao identificar o que, inicialmente, parece ser um caminho claro para a integração, a Microsoft previu que a integração do Skype em seus dispositivos e plataformas de software tornaria os produtos da Microsoft mais atraentes para os 145 milhões mensais de usuários ativos do Skype.

Escopo da eliminação de recursos

Além dos recursos desejáveis que inspiraram a aquisição, as empresas-alvo normalmente têm recursos desnecessários. Assim, ao criar seu plano de integração, você também precisa de um processo paralelo para descontinuar os recursos desnecessários – tanto da adquirida quanto de sua própria empresa. Ao integrar as organizações, é necessário vender linhas de produtos e serviços, instalações fabris, propriedades intelectuais e outros recursos que não contribuem para seus objetivos estratégicos. Do contrário, você correrá o risco de reunir um amontoado de recursos que levarão ao inchaço corporativo.

Ao mesmo tempo, o valor de muitas aquisições está em como podem ajudar a mudar seus objetivos estratégicos. No planejamento e na integração do negócio adquirido, inevitavelmente você descobrirá que alguns recursos que antes criavam alto valor agora são desnecessários.

As empresas que se envolvem ativamente em aquisições, mas evitam desinvestimentos, são como acumuladores compulsivos e acabam oprimidas pela desordem. Elas deixam de ser competitivas com tantos negócios desconexos, que se tornam alvos atraentes para concorrentes mais eficientes. Falaremos da disciplina de desinvestimento em mais detalhes no Capítulo 6.

Cronologia do processo de integração

Para ter clareza na integração, é preciso entender sua cronologia. Oportunidades exploratórias e investigativas têm horizontes de tempo diferentes. Uma aquisição exploratória pode ser integrada de forma relativamente rápida, em especial por meio da junção dos recursos relevantes e da venda dos desnecessários. Com aquisições de caráter investigativo, no entanto, tratar apressadamente de recursos que você ainda não entende bem pode ser uma estratégia destrutiva. Contudo, tais aquisições não devem funcionar de forma totalmente independente para que rendam seu valor potencial. Em vez disso, as aquisições de caráter investigativo se beneficiam de interações iniciais de baixa intensidade, que se tornam mais profundas ao longo do tempo.

Quando comprou várias empresas americanas de telecomunicações digitais de pequeno porte na década de 1990, a Siemens manteve a autonomia de grande parte delas por vários anos. Durante todo esse tempo, contudo, a empresa alemã designou vários engenheiros corporativos para trabalhar nas unidades adquiridas. Só depois de os engenheiros já terem desenvolvido alguma compreensão dessas unidades e compartilhado seus insights com a sede na Alemanha, foi que a Siemens empreendeu uma integração profunda, de forma mais esclarecida. Assim, o ritmo de integração deve ser guiado pela clareza que se possui sobre os recursos pretendidos.

Embora você talvez não consiga identificar os principais marcos de um processo de integração claro, ainda poderá ser tentado a levar o negócio adiante, à espera de que um caminho claro surja mais tarde. No entanto, muitas vezes, os caminhos que surgem nesses casos levam diretamente ao fracasso. A única maneira de se evitar o desastre é identificar as principais metas de aquisição antes de concluir o acordo e criar um plano de integração detalhado o mais rápido possível, assim que o negócio estiver fechado. O Google, por exemplo, comprou o YouTube por US$1,65 bilhão em 2006, com o objetivo de conectar o *streaming* (fluxo contínuo) de vídeos às pesquisas on-line. O Google permitiu que o YouTube operasse de forma bastante independente por cerca de dois anos, enquanto trabalhava com o pessoal dessa empresa para desenvolver oportunidades específicas, com vistas à integração. Após esse período inicial de independência, o Google intensificou a atividade de vincular seu negócio de busca à plataforma de *streaming* de vídeo do YouTube.

Obviamente, é muito difícil ter um plano de integração tão perfeito como esse. Ainda assim, é preciso ter uma visão clara do que está comprando, e de como o valor da aquisição – somado ao já definido em sua empresa – pode colaborar para você levar adiante seus objetivos estratégicos. Quando a Hewlett-Packard adquiriu a Compaq, em 2002, a HP entendia que a integração das linhas de produtos das duas empresas criaria um valor estratégico, mas não contava com um plano de ação totalmente desenvolvido para a empresa combinada gerar esse valor. Em vez de tentar criar esse plano de ação antes de fechar negócio, a HP anunciou os principais objetivos da aquisição: expandir sua presença no setor de PCs e criar forte integração entre os recursos adquiridos e sua divisão de impressoras. Em seguida, a HP designou líderes com competências relevantes para trabalhar em tempo integral no desenvolvimento de um plano de integração e comandar suas atividades, que deveriam acontecer em um período de vários anos.

Assim, mesmo sem ter plena certeza, o negócio deu certo porque a HP sabia o que queria com a integração e designou líderes eficazes, tanto na cúpula da empresa quanto nas fileiras operacionais. Contudo, apesar da forte liderança de integração e do entendimento das metas de longo prazo das empresas combinadas, a integração HP-Compaq levou quase uma década para se concretizar. Ao longo do processo, houve muita controvérsia em toda a empresa. O direcionamento estratégico mudou, os caminhos de carreira mudaram e as linhas de negócios tradicionais foram descontinuadas. Essas aquisições complexas, decorrentes de circunstâncias que não se adaptam a outras modalidades de obtenção de recursos, requerem atenção disciplinada às metas e atividades de integração, que podem se desdobrar ao longo de muitos anos de trabalho, afetando a vida das pessoas tanto na organização adquirente quanto na adquirida.

Pergunta de comando: Você conseguirá manter os funcionários motivados?

Saber o que integrar é apenas parte da batalha. Além disso, você deverá saber como comandar a integração. Governança inclui a identificação e a retenção de pessoas-chave. Você também precisará avaliar se dispõe dos demais recursos necessários para gerenciar uma possível aquisição – tanto no contexto da aquisição em questão quanto no de quaisquer atividades de M&A que também possam estar em andamento.

Identificando as pessoas-chave

Às vezes, é simples de identificar as pessoas-chave em uma empresa-alvo. Mas se as habilidades estiverem incorporadas em equipes – como geralmente estão –, talvez seja difícil identificar quem são as pessoas-chave e quantas deverão ser mantidas. Ao avaliar uma aquisição, parte da *due diligence* envolve a identificação dessas pessoas. Isso é importante, especialmente quando você sabe que a integração exigirá a demissão de alguns funcionários da organização adquirida.

É fácil errar ao avaliar quem são as pessoas mais importantes e confundir alta visibilidade com valor elevado. Nenhum cientista renomado ou conceituado analista de patrimônio trabalha sozinho; uma equipe de apoio, menos visível, costuma ser crucial para o desempenho geral. Portanto, os profissionais de maior destaque devem ser analisados em um contexto de equipe. Como, sem a ajuda dos valiosos integrantes da equipe, esses astros podem vacilar após a integração, às vezes é prudente manter as equipes importantes mais ou menos intactas.

Da mesma maneira, o ambiente de trabalho da empresa-alvo, das redes sociais e de outras formas de cultura pode confundir a avaliação objetiva de pessoal. Esses fatores tornam difícil prever, por exemplo, se um cientista extraordinário de uma empresa-alvo de pequeno porte será menos produtivo – e mais frustrado – quando tiver de dedicar mais tempo à manutenção da conformidade com sistemas dos relatórios obrigatórios em uma empresa maior, como a controladora. Para discernir as muitas nuances das contribuições de pessoas e equipes, talvez você precise dos insights "locais" dos gestores da empresa-alvo.

Avaliar os recursos atuais da organização a ser adquirida sem entender claramente suas reais origens também pode levar a enganos. Um alto executivo de uma empresa de biociências adquirida por uma indústria farmacêutica multinacional nos disse que os cientistas da empresa receberam mais atenção e os melhores pacotes de incentivos para permanecer após a M&A. Contudo, a adquirente não conseguiu perceber que a maior parte das inovações resultara de parcerias anteriores e acordos de aquisição da empresa-alvo – com os cientistas desempenhando um papel basicamente de apoio. Na opinião do executivo, as pessoas-chave eram, na verdade, os funcionários de desenvolvimento corporativo e os gerentes das unidades de negócios que traziam inovação externa para dentro da empresa.

Assim, ao avaliar os recursos-chave, faça-o de forma contextualizada. Se a empresa-alvo cresceu organicamente, então uma grande parte de seu valor foi criada através de P&D, marketing e outros recursos funcionais. Se o crescimento foi externamente impulsionado, é melhor focar os principais negociadores e equipes que fazem a triagem e avaliam as oportunidades externas de obtenção de recursos.

Retendo as pessoas-chave

As empresas adquiridas devem integrar-se o mais rapidamente possível. Em parte, isso significa alinhar os incentivos de todos os integrantes da corporação – tanto os recém-contratados quanto os funcionários de longa data. Naturalmente, nenhum gestor vai trabalhar para implementar uma integração sem incentivo suficiente.

Muitas vezes, o pessoal da organização adquirida acaba profundamente ressentido com a aquisição. Muitos vão continuar a fazer referência a si ainda como funcionários da empresa-alvo após o fechamento do negócio. Essa nítida bandeira vermelha indica que a aquisição poderá ficar muito abaixo do seu potencial de integração. Na verdade, muitos desses trabalhadores começarão imediatamente a busca por novas oportunidades – com os profissionais de maior destaque desfrutando o maior número de opções atraentes. Você deverá fazer todo o possível para criar uma atmosfera acolhedora que irá estimular um senso de entrosamento com a empresa recém-combinada. Não se trata de uma cruzada em prol do bem-estar, mas de uma iniciativa que terá forte influência no êxito das atividades de integração.

Desse modo, parte da *due diligence* envolve descobrir quais incentivos – dinheiro, avanços na carreira, a atração de um novo desafio – conseguirão seduzir as pessoas-chave a ficar. Se você não conseguir identificar os incentivos adequados ou acreditar que eles são inacessíveis, talvez tenha de desistir de um negócio que, se não fosse esse obstáculo, seria desejável.

Se você não precisar do entrosamento imediato dos funcionários da empresa-alvo ou da organização efetivamente combinada, poderá evitar muitas dificuldades no curto prazo, bem como o custo de alguns incentivos. Deixar a adquirida operar de forma autônoma dentro da nova controladora é uma medida que pode ajudar a reter o pessoal-chave. A Sirtris, startup de biociências, manteve sua identidade independente dentro da adquirente GlaxoSmithKline (GSK) por vários anos após a aquisição, realizada em 2008. A GSK queria preservar a cultura empreendedora da Sirtris e reter os cientistas valiosos cujo conhecimento era substancialmente diferente do disponível na base de recursos da GSK.

Em nossas discussões com um banco de investimento polonês que analisava a aquisição de uma empresa de participações privadas, um alto executivo destacou a importância de se entender claramente o que mais motiva os principais talentos da empresa adquirida: "A vantagem de uma aquisição completa é que a equipe adquirida continuou responsável pelos grupos de ativos associados à sua trajetória, mesmo quando criamos conexões importantes entre nossas tradicionais atividades de investimento e as da nova empresa de participações privadas. Embora a necessidade de interdependência estratégica seja bastante baixa – a ponto de acreditarmos que podemos conectar os negócios com sucesso –, a necessidade de autonomia organizacional é bastante elevada. Assim, o plano de integração para qualquer acordo deve concentrar-se em preservar a autonomia do alvo de aquisição, pelo menos no curto prazo."

Aquisições também ameaçam as pessoas na empresa adquirente. A menos que a compradora tolamente "puxe a brasa para a sua sardinha" (sempre uma ideia destrutiva), as metas de integração – para produzir uma combinação racional dos recursos novos e antigos – fatalmente acabarão perturbando a carreira de alguns integrantes de sua equipe atual. Esse transtorno pode ser positivo. Afinal, o valor de uma aquisição reside, em parte, na oportunidade de mudar a forma como sua empresa funciona. O *status quo* pode tornar-se paralisante, e seu pessoal pode acabar se beneficiando ao deixar para trás carreiras e práticas obsoletas. Assim como é necessário identificar os principais funcionários da empresa-alvo cuja perda convém evitar, é preciso fazer o mesmo na organização existente. Quem talvez esteja vendo a aquisição como uma razão para sair? Você acharia tal evasão aceitável ou tentaria incentivar essas pessoas a ficar?

Não se nega que é possível haver certo exagero na retenção. Como ferramentas poderosas para transformar as empresas, as aquisições são perturbadoras por natureza. Inevitavelmente, algumas pessoas vão sair – esperamos que o façam em busca de oportunidades mais adequadas a elas e suas ambições de carreira. Mas se você concluir que determinada aquisição resultará na rápida perda de equipes e pessoas-chave de ambos os lados do negócio, então é melhor reavaliar a opção.

A motivação é um problema tanto na empresa compradora quanto na adquirida. Entre as organizações de telecomunicações que entrevistamos, muitos compradores sabiam que precisavam das culturas e ideias das empresas-alvo, mas também se preocupavam com o modo como a aquisição poderia atrapalhar seu próprio pessoal. Um executivo destacou a tensão causada pelas mudanças na cultura que perturbariam pessoas em posições importantes: "Compramos essas empresas por causa de sua cultura. Então, na verdade, não queremos exatamente integrá-los em nossa cultura, mas apenas migrar nosso próprio pessoal para a cultura-alvo. No entanto, isso implica uma grande reorganização... Se você reorganizar sua empresa de cima para baixo, terá problemas de organização durante, no mínimo, três anos." O executivo concluiu que a integração feita em pequenos passos pode manter a motivação entre as pessoas de ambos os lados do negócio.

Em nossas entrevistas com executivos de diversos setores, eles se perguntavam qual a melhor forma de manter a equipe motivada da controladora durante o processo de importação das novas habilidades da organização adquirida. O executivo sênior de uma editora líder de mercado na Europa receava a possibilidade de que, diante de um grande número de aquisições visando à conquista de novos talentos, seus funcionários entendessem que a mensagem era "o que há de melhor em talento e inovação está lá fora". De fato, executivos de várias empresas farmacêuticas relataram que, diante das recentes aquisições, a equipe interna de P&D entendeu que recebera um forte sinal de que não era suficientemente produtiva e inovadora – sinais que colocaram em risco a motivação desses funcionários.

Não há uma resposta simples aqui. Sua empresa corre o risco de falhar se não conseguir equilibrar o crescimento interno com o externo. Aquisições são interessantes porque trazem novas oportunidades. Contudo, ao mesmo tempo, ameaçam o *status quo*. É preciso fornecer incentivos para manter sua equipe totalmente envolvida com as atividades em andamento, mesmo quando sua empresa está explorando novos caminhos. Ajudá-los a compreender a visão coerente que inspirou a aquisição e como seu trabalho atual será combinado com novos recursos da empresa-alvo é uma medida que pode dirimir muitas dúvidas.

Habilidades de execução de M&As

Por fim, é necessário avaliar se você dispõe dos recursos financeiros e humanos necessários para integrar a empresa-alvo à sua organização atual. Muitas vezes, o período pós-fusão requer muito mais tempo e energia do que o previsto, consumindo recursos das atividades principais. Como no caso do HP-Compaq, os bons compradores atribuem líderes fortes para administrar a integração, muitas vezes investindo em treinamento e recrutamento para reforçar suas equipes de M&A. Nas duas últimas décadas, o Itaú, banco brasileiro, usou as M&A como estratégia central para conquistar posição de liderança na América Latina. As atividades de M&A do banco foram aceleradas durante a onda de privatizações do Brasil nos anos 1990 (um elemento ativo de reformas econômicas do país). Ao turbinar o crescimento por meio de M&As, o Banco Itaú se baseou em um grupo de talentosos gestores, em treinamento interno e externo e em programas de rodízio interunidades. O resultado foi uma capacidade robusta e eficaz, que ajudou o banco a implementar sua estratégia.

Como qualquer programa de M&A implica demandas de integração desproporcionalmente rigorosas, o uso agressivo de aquisições acabará forçando sua empresa organizacional e financeiramente – podendo levar à diminuição do desempenho e ao aumento dos riscos. Será preciso exercer um esforço considerável para evitar a fragmentação interna e a fragilidade financeira.

A compulsão por compra – um elevado número de aquisições realizadas de modo acelerado demais – pode deixar pouco tempo para digerir o que foi consumido. O Cooper Labs, por exemplo, cresceu rapidamente no setor médico através de uma série de aquisições no início dos anos 1980. A expansão ocorreu enquanto o Cooper Labs conseguiu integrar seu conjunto crescente de atividades empresariais. Mas o ritmo de aquisições descuidadas ultrapassou os limites de integração e o Cooper Labs afundou. Da mesma forma, a Lockheed Martin e a Raytheon enfrentaram dificuldade para integrar uma sequência de aquisições de grande porte, realizadas em curtos intervalos nos últimos anos. Além disso, a Wockhardt, indústria farmacêutica da Índia, usou uma série de aquisições para crescer rapidamente em vários segmentos de produtos na Índia, na Europa e na América do Norte após sua fundação, em 1999. Como resultado, apenas ampliou seus problemas financeiros no final dos anos 2000, quando enfrentava enormes desafios para operar seu diversificado portfólio de maneira lógica.

Essas dificuldades podem ter consequências importantes no mercado. Em janeiro de 2002, a Tyco anunciou um plano para se fracionar em várias empresas independentes – apesar da forte rentabilidade registrada em 2001 –, sinal de que atingira os limites de sua capacidade de integração. Com isso, o preço das ações da empresa caiu substancialmente. Até então, a Tyco conseguira convencer os mercados de que estava gerando valor por meio de aquisições, criando uma expectativa de crescimento continuado com base em M&As. Contudo, o mercado concluiu que havia superestimado a capacidade da Tyco de sustentar o ritmo de integração.

Capacidade de execução não é garantia de sucesso. Quando conseguem realizar algumas M&As oportunistas e desenvolver ferramentas iniciais para executá-las, é comum as empresas começarem o que chamamos de impulso às M&As: seguem o caminho das M&As rápido demais, dizendo: "Agora nós sabemos como se faz." Na verdade, estão caindo em uma armadilha de implementação. Só depois de tropeçar em seguidas aquisições, elas acabam percebendo que exagerar nas M&As produz resultados medíocres.

Implicações de sua estratégia de obtenção de recursos

A Figura 5.2 resume o ramo das M&As na estrutura conceitual dos caminhos para obtenção de recursos e mostra quatro opções que dependem da capacidade de definir com clareza o processo de integração, identificação e retenção das pessoas-chave em ambas as empresas.

As células na parte superior esquerda e inferior direita da figura representam situações mais simples do que as apresentadas nas duas células restantes. As duas últimas situações levantam desafios, mas também oportunidades, se você conseguir enfrentá-los – às vezes, elaborando acordos de aquisição mais complexos.

FIGURA 5.2

Viabilidade de integração da empresa-alvo e opções de obtenção de recursos

		Questão de governança: Motivação dos funcionários?	
		Alta	Baixa
Questão de conhecimento: mapa de integração?	Claro	Viabilidade de integração da empresa-alvo: alta *Aquisições sem atropelo* Aquisição	Viabilidade de integração da empresa-alvo: parcial *Aquisições sem direcionamento* Reavaliar as opções *Alternativa*: considerar aquisições complexas
	Nebuloso	Viabilidade de integração da empresa-alvo: parcial *Aquisições com uma luz no fim do túnel* Reavaliar as opções *Alternativa*: considerar aquisições complexas	Viabilidade de integração da empresa-alvo: baixa *Aquisições muito arriscadas* Reavaliar as opções

Aquisições sem atropelo

Quando você tem um mapa de integração claro e funcionários altamente motivados, as aquisições oferecem um caminho relativamente tranquilo rumo a seu objetivo. Mesmo em condições ideais, o trabalho certamente será difícil, mas os esforços costumam ser frutíferos. No mundo inteiro, milhares de aquisições sem atropelo ocorrem com sucesso todos os anos, envolvendo negócios de pequeno ou grande porte em setores que vão de bancos, produtos farmacêuticos e mineração até produtos ao consumidor.

Em 2004, por exemplo, quando adquiriu e integrou o John Hancock Financial Services, a Manulife Financial Corp. tinha objetivos estratégicos claros, mapeados num caminho de integração, e sabia quais pessoas deveriam permanecer para tornar a aquisição bem-sucedida. Da mesma forma, a conceituada Cisco, empresa de tecnologia de rede, realizou cerca de 150 aquisições nas duas últimas décadas, trabalhando com afinco em cada caso para identificar os objetivos, os caminhos de integração e as estratégias de retenção, e tem visto a grande contribuição desses negócios sem atropelo para o crescimento da empresa (veja mais detalhes no Capítulo 7).

Aquisições muito arriscadas

Esses acordos enfrentam tanto a falta de clareza na integração quanto o alto risco de desmotivação dos funcionários. Como o nome sugere, as aquisições muito arriscadas estão quase sempre fadadas a fracassos que podem levá-lo ao precipício competitivo. Não importa quanto você esteja disposto a trabalhar com afinco na implementação, é melhor fugir de situações desse tipo.

Por exemplo, quando comprou o Marion Laboratories, em 1989, a Merrill Dow, subsidiária farmacêutica da Dow Chemical, tinha apenas uma noção limitada de qual seria a melhor maneira de fundir as duas empresas. Além disso, não conseguiu perceber que muitos dos principais funcionários da Marion iriam embora após a aquisição. Como a controladora não conseguiu articular uma visão estratégica de motivação pós-aquisição, muitos profissionais importantes da Marion decidiram buscar outras oportunidades. A perda de executivos-chave de vendas e gestores experientes foi particularmente prejudicial e a empresa combinada encontrou dificuldades para alavancar suas linhas de produtos somadas. A Marion Merrill Dow afundou e, em 1995, foi comprada pela empresa alemã Hoechst.

Aquisições sem direcionamento

Mesmo com um claro caminho de integração, as aquisições poderão fracassar se as empresas não contarem com a motivação dos funcionários. No entanto, você chegará a um bom resultado se conseguir contratar líderes eficazes para substituir os principais executivos que se desligarem da empresa. Por exemplo, em 2010, a Ciena, empresa especializada em redes, sofreu para integrar os negócios de Ethernet da Nortel Networks, em parte por causa da perda inesperada de profissionais-chave em ambas as empresas, na esteira da aquisição.

Quando não se tem certeza da capacidade de reter os principais funcionários depois de uma aquisição, várias formas de aquisições complexas podem salvar o negócio. Uma das abordagens consiste em dividir a M&A em etapas, começando com uma aliança ou uma participação minoritária e progredindo para a aquisição integral apenas quando a ameaça de incertezas como a retenção for eliminada. A Danone, multinacional francesa de produtos alimentícios, usou a tática escalonada de quando adquiriu a Stonyfield Farm, empresa americana de laticínios orgânicos. A Danone entrou em uma joint venture com a Stonyfield em 2001, como sócia minoritária, para aprender sobre a empresa e o segmento orgânico, e verificar a compatibilidade das equipes de liderança. Em 2003, quando a liderança das duas empresas estabeleceu confiança, a Danone enfrentou menos preocupação quanto à motivação do pessoal e comprou participação majoritária na Stonyfield.

Várias outras estratégias de aquisição complexas podem resolver as preocupações sobre motivação pós-aquisição:

- Incentivos financeiros, como opções sobre ações, pagamento de benefícios em ações e pacotes de retenção.
- Condições não financeiras, como maiores oportunidades de carreira e preservação da autonomia das operações, marcas e condições de trabalho habituais da empresa adquirida.
- Considerações especiais no que diz respeito à cultura da organização-alvo. Quando o Walt Disney Studios comprou a Pixar, estúdio americano de animação, em um acordo de ações firmado em 2006, os executivos da Disney concordaram com uma lista explícita de diretrizes para proteger a cultura criativa da Pixar. Da mesma forma, em aquisições emblemáticas – como as de Stonyfield, Ben & Jerry's (Unilever), Burt's

Bees (Clorox) e The Body Shop (L'Oréal) –, houve o compromisso de honrar as distintas identidades sociais das empresas.
- Um grau estranhamente elevado de autonomia e poder concedidos à empresa-alvo dentro da hierarquia da controladora.

Em paralelo a essas medidas, você também pode considerar termos de indenização pós-fusão que protejam sua organização se as iniciativas para manter a motivação falharem. Por exemplo, ao comprar os bancos estatais, o Banco Itaú negociou uma série de garantias do governo, incluindo indenização em caso de greves em qualquer um dos bancos adquiridos.

No entanto, aquisições complexas podem ser arriscadas. Na década de 1980, a GM tentou usar aquisições complexas na forma de dupla negociação de ações – quando comprou a Hughes (criando opção sobre ações GM-H) e a EDS (criando opção sobre ações GM-E) – como um meio de motivar as pessoas-chave a permanecer após as aquisições. Nem no mercado de ações nem na GM, essas combinações fizeram sentido, e a montadora acabou desmembrando a Hughes e a EDS. O acordo AOL-Time Warner, firmado em 2000, é um exemplo notório de uma cara tentativa de misturar negócios completamente diferentes em uma aquisição complexa. Depois de anos de frustrações e conflitos internos, as empresas se divorciaram em 2009.

Aquisições com uma luz no fim do túnel

Negócios sem muita clareza quanto à integração, mas com elevada motivação, podem ser chamados de aquisições com uma luz no fim do túnel. Como as etapas de integração desses negócios não são muito bem-definidas, é preciso avaliar alternativas antes de reconsiderar cada caso. No entanto, a alta motivação significa que as pessoas vão trabalhar com afinco para fazer a aquisição dar certo, então esse tipo de negócio terá chance de ser uma alternativa viável quando não houver outras opções disponíveis e você tiver tempo suficiente para deslindar o plano de integração.

A expansão do Walmart na África é um bom exemplo. Em 2011, a grande rede de supermercados dos Estados Unidos adquiriu participação no controle do Massmart, um dos maiores varejistas da África do Sul. Na época da aquisição, o Walmart não sabia como iria usar o Massmart para o objetivo declarado de expansão na África subsaariana. Apesar do rápido crescimento dos mercados africanos, as potenciais oportunidades de expansão na região são altamente incertas. A despeito da incerteza da estratégia de integração, as duas organizações criaram fortes incentivos para os principais executivos do bem-sucedido varejista sul-africano permanecerem na empresa e ajudarem a moldar a estratégia de expansão continental. O Walmart tinha uma motivação especial e rejeitou a opção de uma joint venture ou outra aliança por causa das combinações de recursos substanciais necessários para explorar a oportunidade. O Walmart recorreu a uma aquisição somente após várias tentativas frustradas de se expandir, de forma independente, nos mercados emergentes.

Outras aquisições com uma luz no fim do túnel não foram tão bem-sucedidas. Em 1978, a Johnson & Johnson comprou a Technicare, empresa de diagnósticos por imagem, líder do então novo segmento de MRI (imagens por ressonância magnética) do mercado. Mas a J&J não tinha muita noção de como integrar a Technicare, cujos produtos e tecnologias estavam longe de suas outras linhas de negócios. Contudo, a J&J trabalhou com afinco para garantir que os principais cientistas e executivos da Technicare permanecessem na empresa e forneceu importantes recursos financeiros para prosseguir com as atividades de desenvolvimento de produtos de ressonância magnética, entre outros. No entanto, sem uma orientação bem embasada da controladora, a Technicare desperdiçou muito dinheiro, lutando para manter forte presença no mercado, diante da crescente concorrência da Siemens e da GE. Em 1986 – depois de investir centenas de milhões de dólares no empreendimento –, a J&J vendeu a Technicare para a GE com uma perda profunda.

Tal como acontece com as aquisições sem direcionamento, acordos mais complexos também podem ser usados para mitigar roteiros obscuros de integração quando há apenas uma luz no fim do túnel. Quando você não souber claramente qual o valor da empresa-alvo e qual a sua capacidade de integrá-la, talvez seja interessante criar ofertas que levem em conta as incertezas sobre os fluxos de caixa pós-aquisição. É cada vez mais comum a criação de *milestones* (marcos) nas aquisições de empresas de alta tecnologia e startups do setor privado. Muitas vezes, as empresas jovens geram pouca informação para embasar a projeção de perspectivas futuras. Portanto, as compradoras podem tentar descobrir os possíveis pontos negativos ocultos na assimetria das informações ou quais são as possibilidades de desafios tecnológicos e regulatórios inesperados.

As empresas de biociências, em particular, muitas vezes quebram depois de pagar centenas de milhões de dólares na compra de empresas com pipelines (canais de informação) de produtos incertos e nenhum caminho claro para a integração. Recentemente, algumas compradoras começaram a inserir cláusulas de contingência nos acordos de aquisição. Essas cláusulas adiam parte do pagamento até que um medicamento ou outro produto comprove sua eficácia através de estudos clínicos. Em 2008, por exemplo, a Dow Chemical negociou termos de aquisição com a Rohm & Haas que permitiam a reconsideração durante a vigência do contrato. Em 2009, quando o governo do Kuwait rejeitou uma joint venture de especialidades químicas que, segundo expectativas da Dow, a Rohm & Haas deveria firmar, a Dow reabriu o acordo e negociou termos substancialmente diferentes – incluindo apoio contínuo ao investimento do truste da família Rohm & Haas.

No entanto, pode ser difícil negociar esses termos. Às vezes, as futuras condições tecnológicas e competitivas são incertas demais para orientar a formulação de contingências significativas. Outras vezes, a cúpula de um potencial alvo se recusa a fechar o acordo sem saber, com razoável certeza, quanto vai receber no negócio.

Ferramenta de avaliação e resumo

A Tabela 5.1 descreve as questões que o ajudarão a decidir se adquirir uma empresa parceira é a melhor maneira de obter os recursos necessários. Se a maioria de suas respostas for afirmativa, a integração do alvo será viável e você deverá considerar uma aquisição. No entanto, se a maior parte de suas respostas for negativa, é interessante investigar alternativas.

Como já discutido, nunca leve adiante uma aquisição que não se encaixe em seu contexto, só porque os outros modos são inadequados. Mesmo que não haja um alvo de aquisição viável, você terá duas opções importantes: abandonar a busca e revisar sua estratégia, ou rever as escolhas anteriores de obtenção de recursos.

Talvez, embora com certa relutância, você aceite que determinada oportunidade estratégica dificilmente dará certo e acabe desistindo da busca por esses recursos específicos. Pode parecer que você está desistindo da luta, mas a concorrência é emocionante justamente porque apresenta tantas oportunidades, algumas mais oportunas que outras. O fechamento de uma abertura estratégica libera largura de banda e orçamento para a próxima ocasião – quem sabe um negócio que acabe proporcionando valor maior com menos dificuldade? Estrategicamente, é interessante concentrar-se nas oportunidades que são administráveis e oferecem vantagem em relação aos concorrentes.

TABELA 5.1

Viabilidade de integração da empresa-alvo

Questão de conhecimento: clareza da integração		Não	Sim
Escopo da combinação de recursos	Podemos avaliar claramente os recursos pretendidos?		
	Podemos definir quais recursos da empresa-alvo queremos integrar?		
	Podemos definir as ligações que precisamos criar entre os nossos recursos e os da empresa-alvo?		
Escopo da eliminação de recursos	Podemos identificar quais recursos serão descontinuados em nossos negócios atuais e nos da empresa-alvo?		
Cronologia	Podemos identificar uma cronologia para o processo de integração que se encaixe em nossos objetivos estratégicos?		
Questão de governança: motivação dos funcionários			
Identificação de pessoas na empresa-alvo	Podemos identificar quais são as pessoas-chave da empresa-alvo que precisamos manter?		
Retenção de pessoas na empresa-alvo	Podemos fornecer incentivos suficientes para manter as pessoas-chave da empresa-alvo?		
Identificação de pessoas na organização adquirente	Podemos identificar quais são os funcionários-chave de nossa própria empresa que precisam ser mantidos?		
Retenção de funcionários da controladora	Podemos fornecer incentivos suficientes para manter nossos funcionários-chave?		
Habilidades de execução de M&As	No momento, dispomos de recursos e habilidades suficientes para integrar essa empresa-alvo?		
Responda a cada questão sobre adequação organização e conhecimento dos recursos pretendidos. Se a maioria de suas respostas for afirmativa, considere uma aquisição (método de aquisição). Se a maioria de suas respostas for negativa, considere outras opções para a obtenção de recursos.			

O Carrefour, varejista europeu, é um bom exemplo de redirecionamento. Na busca pelo objetivo de entrar no mercado de varejo de desconto dos Estados Unidos, o Carrefour considerou a compra do Kmart após ter rejeitado outras opções de obtenção de recursos. Depois de uma cuidadosa avaliação, no entanto, o Carrefour não viu sentido na aquisição do Kmart nem conseguiu identificar outro alvo viável. Em vez de perder o tempo e o dinheiro escassos tentando forçar uma oportunidade, a empresa deslocou seu foco para outras oportunidades e um conjunto diferente de recursos pretendidos. A nova tática levou o grande varejista europeu a buscar expansão na Europa Central através de uma combinação de alianças e iniciativas de desenvolvimento interno.

Apesar dessas ressalvas, você também deve tomar cuidado para não desistir fácil demais de uma grande oportunidade. Se a oportunidade estratégica for boa o suficiente para merecer um esforço adicional, considere versões mais elaboradas de opções descartadas anteriormente. Por exemplo, você pode retornar ao caminho de construção e considerar a criação de um ambiente interno investigativo que lhe permita experimentar com novos recursos. Também pode reconsiderar os caminhos de empréstimo presentes em um contrato ou aliança complexa. Na verdade, é possível reavaliar o caminho de compra de uma aquisição complexa. Seu caminho vai depender do tempo e dos recursos disponíveis e da importância da oportunidade estratégica em questão quanto aos outros.

As aquisições são valiosas quando seus objetivos estratégicos requerem novos recursos nos quais você tem liberdade de fazer grandes mudanças. Nesses casos, se você conseguir definir um caminho de integração, manter as pessoas-chave e comandar as habilidades necessárias para fechar determinado acordo, pense seriamente em uma aquisição. As melhores aquisições envolvem caminhos sem atropelos, com bastante clareza na integração e elevado nível de motivação. Mesmo diante de desafios moderados na definição da implementação ou retenção de pessoas, uma aquisição mais complexa ainda poderá servir a seus propósitos – mas só se você contar com sólidas habilidades de execução de M&As. Se nenhum caminho de aquisição fizer sentido, talvez seja melhor reanalisar os métodos antes rejeitados. Do contrário, retroceda, reveja sua estratégia e considere outras oportunidades mais viáveis.

CAPÍTULO 6

Realinhando seu portfólio de recursos

Até agora, concentramo-nos na estrutura conceitual dos caminhos para a obtenção de recursos a fim de ajudá-lo a escolher a forma mais adequada. Mas a estrutura tem uma utilidade mais ampla porque os recursos mudam constantemente. Neste capítulo, discutiremos como é possível usar a estrutura para realinhar seu portfólio de recursos, aumentando o controle sobre alguns deles, diminuindo em outros e descontinuando aqueles não mais agregam valor.

Se você se limitou a obter recursos sem aplicá-los efetivamente, como se fossem peças expostas em um museu de história natural, talvez eles permaneçam para sempre em estado primitivo. Mas se, em vez disso, você os colocar para trabalhar criando um novo valor, eles se tornarão parte do negócio principal da empresa, usados para que você avance em sua estratégia. Com o tempo, eles são alterados e recombinados com outros recursos à medida que seu ambiente competitivo mudar. O que é central hoje pode não ser amanhã. Da mesma forma, o que hoje está na periferia pode acabar migrando para o centro. Se o valor de um recurso sobe ou desce – em qual velocidade e montante –, isso depende de forças que afetam sua empresa, a indústria, a economia global, os clientes, os fornecedores e os lares dos consumidores.

Desse modo, os recursos requerem reavaliação frequente. À medida que seu ramo de atividade e sua empresa forem evoluindo, tanto os recursos necessários quanto os níveis de controle que você procura neles vão mudar. Em algum momento, quase todos os recursos internos serão obsoletos e você terá de decidir se irá convertê-los em atividades de geração de mais valor, revitalizando-os ao combiná-los com novos recursos, ou se os eliminará.

Descontinuar recursos obsoletos é especialmente importante e, muitas vezes, difícil. Quando uma empresa muda a estratégia, precisa realinhar seu portfólio de negócios e os recursos que o suportam. Descontinuar recursos que não mais se ajustam à estratégia permite que sua empresa desloque o foco para novos recursos. Uma das principais causas da conglomeração "acidental" em uma companhia é a ausência de disciplina de eliminação. Empresas que não possuem essa disciplina prolongam o apego a empresas herdadas e recursos que não são mais relevantes à estratégia atual. Portanto, os líderes empresariais precisam reconhecer quando seus recursos estão perdendo a relevância e tomar medidas para reciclá-los para um uso mais produtivo ou, quando não existem alternativas valiosas, descontinuá-los.

Recursos emprestados obtidos por meio de licenciamento e alianças também seguem seu ciclo. Por exemplo, na fase embrionária de um novo campo tecnológico, uma aliança com parceiros que oferecem produtos pioneiros pode ser uma forma sensata de obtenção de conhecimento, apesar dos altos níveis de incerteza em termos de produto, mercado e estratégia. À medida que o campo avança em direção a um mercado mais competitivo e estruturado, é possível tentar conseguir um controle maior ao aumentar seu comprometimento com os projetos internos ou aquisições. Em outros casos, recursos que um dia já foram valiosos trazidos por um parceiro para a aliança acabam perdendo a relevância – seja por causa das mudanças em seu ambiente competitivo atual ou porque você aprendeu tudo o que podia com seu parceiro. Num estágio maduro da tecnologia, por exemplo, é possível reduzir o controle terminando uma parceria ou rebaixando um relacionamento para acordos de licenciamento se você puder reter os benefícios dos recursos por meios mais simples.

No entanto, relacionamentos já existentes sofrem de inércia e vão continuar assim indefinidamente, a menos que você tome uma atitude – como melhorar uma licença cada vez mais importante para um controle maior, rebaixar uma aliança cada vez menos importante para uma posição menos estratégica ou terminar um relacionamento por completo. No joint venture da Hero Honda, por exemplo, a contribuição da Hero para a aliança perdeu valor com o passar do tempo à medida que a Honda foi aprendendo a operar no mercado indiano (Capítulo 4).

Assim, a forma como você obtém seus recursos requer uma reavaliação contínua tanto quanto a necessidade de rever a utilidade dos próprios recursos. Todos os aspectos dessas avaliações complicadas equivalem a um conjunto de atividades de gerenciamento do portfólio, mais ou menos como o processo da Johnson & Johnson descrito anteriormente. Este capítulo mostra como você pode usar a estrutura conceitual dos caminhos para a obtenção de recursos, a fim de manter o gerenciamento bem-afinado e competitivo. No processo, você também vai descobrir que pode melhorar os resultados de longo prazo de quaisquer decisões imprudentes, sobre a obtenção de recursos, tomadas antes de adotar a estrutura. Mas, primeiro, vamos ver alguns "antolhos" cognitivos que impedem os gestores de realizar as avaliações contínuas que recomendamos.

Pontos cegos: Por que os executivos relutam em realinhar seus portfólios de recursos?

As empresas muitas vezes ficam presas ao passado; quase todos os gestores experientes viram as escolhas antigas retornarem para assombrá-los. Portanto, a questão não é se esses problemas fantasmagóricos são comuns, mas, sim, por que persistem. Vários fatores contribuem para a fixação de um *status quo* que já não faz mais sentido: tendência a focar apenas no futuro, comprometimento excessivo com escolhas antigas, modismos e processos de tomadas de decisão fragmentados.

Tendência a focar apenas no futuro

As empresas de setores inovadores e dinâmicos, em que os executivos preferem adquirir novos ativos a rever os antigos, geralmente tendem a focar apenas no futuro. Na verdade, uma parte importante de ser um estrategista direcionado para a oportunidade é a busca constante de novas formas de criar valor.

Os líderes que entrevistamos dos setores de telecomunicações, mídia e equipamentos médicos achavam muito mais glamoroso trabalhar em oportunidades de crescimento e na busca de novos negócios do que rever ou eliminar recursos. Por exemplo, o diretor global de M&A e desenvolvimento corporativo de uma empresa americana líder do ramo de equipamentos médicos nos disse que é "doloroso dizer a um diretor geral de alto desempenho que você vai ter de eliminar US$80 milhões de sua unidade de negócios. Assim, em vez de pensar no longo prazo, focamos em táticas de curto prazo. Eu acredito que não somos disciplinados o suficiente para impor as eliminações necessárias".

Mas as empresas precisam de análises confiáveis para tomar decisões racionais sobre os ativos que já possuem. Naturalmente, é possível delegar essa missão a seus consultores financeiros externos. Porém, isso cria um problema diferente – as pessoas de fora da empresa que gerenciam a eliminação ignoram os recursos essenciais que sustentam os ativos que estão sendo eliminados. Esses recursos essenciais podem ter um valor residual que poderia fazer sua retenção – no todo ou em parte – valer a pena. Os recursos que constituem uma parte descontinuada do negócio podem ser comparados às parcelas das agora famosas hipotecas subprime. Para ter certeza, muitas das hipotecas empacotadas eram nocivas, mas outras eram sólidas e valiosas. Ao realizar a eliminação de um ativo, é preciso ser cauteloso para conservar aquilo que é bom e jogar fora o que não tem valor.

Outra consequência da tendência a focar apenas no futuro é que os executivos costumam seguir o ditado que diz "em time que está ganhando não se mexe". Enquanto os negócios estiverem funcionando razoavelmente bem, eles dedicam suas energias para encontrar novas oportunidades. Mesmo assim, problemas pequenos geralmente se agravam. Um pequeno desalinhamento pode tornar-se um grande tremor. Quando acontece, as companhias precisam decidir rapidamente se a parte problemática pode ser reparada ou se tem de ser substituída antes que arrebente. Em outras palavras, os recursos existentes podem ser recuperados ou devem ser eliminados? Estrategistas bem-sucedidos e orientados para a oportunidade precisam ser capazes de realinhar os recursos já existentes ou reduzir os recursos desnecessários, ou ambos, a fim de criar uma base forte para a expansão contínua.

Comprometimento excessivo com o passado

Se os gestores não são dominados pelo futuro, podem muito bem sofrer do problema inverso: ser apegados ao passado. Este é um problema específico das empresas nos setores maduros. Os gestores dessas empresas investiram muito para obter novos recursos. Gastaram mais tempo e esforços construindo um negócio em torno desses recursos. Então, quando os problemas surgem, os gestores geralmente investem *mais* esforços defendendo e reforçando escolhas do passado, em vez de reconsiderar sua posição e possivelmente revertê-las. As empresas devem desafiar abertamente qualquer comprometimento excessivo com o passado.

Modismos de obtenção de recursos

Os diferentes ramos de negócios frequentemente passam por manias estratégicas – centralização, descentralização, diversificação, reengenharia. Existem também modismos no modo de obtenção dos recursos: a M&A atingiu proporções gigantescas por um tempo. Então, as alianças ficaram em voga, seguidas por um intenso foco no desenvolvimento interno – um ciclo recorrente. Algumas decisões remanescentes de outras épocas refletem as preferências que dominaram todo um setor, mas não serviam mais para as condições atuais. Mesmo assim, o passado é muitas vezes aceito como uma coisa natural: curiosamente, quando a sanidade e a proporção voltam ao ambiente, raramente remontam ao passado para consertar o que não deu certo. As empresas, portanto, precisam avaliar periodicamente se decisões antigas ainda fazem sentido.

Fragmentação organizacional

Finalmente, as organizações são muitas vezes menos inteligentes do que a soma das pessoas que empregam. Em sua empresa, você provavelmente já viu esse cenário: cada pessoa-chave no processo decisório sabe que há um problema com um recurso existente, e que a empresa precisa de novos recursos e uma estratégia de gerenciamento melhor para resolver o problema, pelo menos em parte. Mesmo assim, ninguém faz nada. Essa inércia não advém de uma carência de executivos brilhantes, mas sim da fragmentação organizacional. Faltam ao negócio sistemas elaborados – e uma cultura motivada – para coletar e analisar indícios do problema, de modo que os tomadores de decisão possam identificar soluções lógicas. A fragmentação é especialmente grave porque as soluções não são uma questão de contratar pessoas mais inteligentes; elas normalmente requerem mudança organizacional.

Esses quatro pontos cegos podem facilmente prejudicar a capacidade em manter seu portfólio de recursos alinhados com sua estratégia. Agora, vejamos formas de superar esses pontos cegos. Você, na verdade, precisa rever suas escolhas passadas de construir, tomar emprestado ou comprar e ajustá-las ao contexto evolutivo. Sem esse ajuste, pode acabar com um portfólio de recursos desalinhado, o que dificulta sua capacidade de crescimento.

Revendo suas escolhas antigas sobre construir, tomar emprestado ou comprar

Rever suas escolhas antigas requer que você entenda as origens dos desafios que agora enfrenta. Quando os projetos de desenvolvimento dos recursos encontram os desafios, a maioria das empresas cai na armadilha da implementação, já mencionada no Capítulo 1. Elas tentam cortar os custos de utilização dos recursos, criar novos valores desses recursos ou pressionar o pessoal a trabalhar mais e com mais afinco.

Contudo, muitas vezes, a causa do problema está além do alcance das soluções de implementação. As pessoas não apresentam um mau desempenho; muito menos seus recursos estão obsoletos. O problema real é que, em geral, o tipo de controle que você exerce ao explorar os recursos não é mais adequado – e, acima de tudo, pode não ter sido adequado. A solução está em como você controla os recursos.

Por exemplo, se optou por uma aquisição quando, na verdade, as condições favoreceriam uma aliança (como descrito no Capítulo 4), então deve estar pagando os custos financeiros e organizacionais por exercer controle excessivo. As aquisições normalmente cobram custos mais altos de instalação e integração do que outras opções de obtenção de recursos. Em termos organizacionais, sobrecarregar a empresa adquirida com entraves burocráticos da estrutura corporativa do adquirente pode prejudicar o espírito de equipe e a produtividade inovadora. Diante dessas perspectivas, você deveria explorar formas de dar à empresa-alvo mais liberdade, incluindo uma autonomia mais significativa.

Da mesma forma, mudar as circunstâncias poderia obrigá-lo a rever suas escolhas de empréstimo. Embora antes um contrato básico possa ter feito todo o sentido, talvez agora você precise de maior envolvimento do que um contrato ou uma aliança possam fornecer. Em vez de investir mais tempo e dinheiro em gerir uma parceria cada vez menos valiosa, talvez você precise ter controle total sobre os recursos pretendidos. Suas opções consistem em comprar a participação acionária de seu parceiro ou construir uma nova competência interna que substitua os recursos externos e permita o controle necessário.

Ao rever suas escolhas de construir-tomar emprestado-comprar, procure estabelecer a distinção entre recursos internalizados e emprestados. As estratégias de construir e comprar são formas diferentes de obtenção de *recursos internalizados*, ou seja, novos recursos sobre os quais você pode exercer um controle interno substancial. Se você os desenvolveu por si próprio ou se os adquiriu juntamente com a empresa-alvo, os recursos foram internalizados. Por outro lado, os recursos obtidos através de parceiros contratuais ou de alianças são apenas *emprestados* – você permanece dependente dos parceiros para atuais e futuras explorações dos recursos.

A distinção entre recursos emprestados e internalizados é crucial quando você revê escolhas antigas. Mecanismos diferentes serão necessários para alterar seu nível de controle sobre esses recursos. A Tabela 6.1 resume as opções disponíveis para mudar a forma como você gerencia seu portfólio de recursos. Discutiremos essas opções em detalhes nas seções que se seguem.

TABELA 6.1

Opções para realinhar seu portfólio de recursos

Tipo de recurso	Mudança necessária para o recurso		
	Mais controle	Menos controle	Eliminação
Internalizado (obtido por meio de M&A ou desenvolvimento interno)	• Mudou a equipe interna ou o ambiente exploratório interno para a atividade principal da organização • Integração da empresa-alvo de forma mais intensa para a atividade principal da sua organização	• Aumento da autonomia da equipe ou unidade interna • Aumento da autonomia de uma empresa adquirida anteriormente	• Eliminação de unidades ou recursos desnecessários
Emprestado (obtido por meio de contratos ou alianças?)	• Mudança de contrato para projeto interno, aliança ou aquisição • Mudança de aliança para projeto interno ou aquisição	• Redução do escopo e comprometimento com parceiros contratuais ou de alianças • Mudança de aliança para contrato	• Término do contrato ou da aliança

Realinhando seus recursos internalizados

Suponha que você tenha alcançado um ponto no qual o nível de controle sobre os recursos internos é inadequado e talvez mesmo contraproducente. Às vezes, é necessário ter mais controle sobre os recursos; outras vezes, menos; e, outras vezes ainda, é preciso eliminá-los. Vejamos essas três situações.

Mais controle sobre os recursos internalizados

Se você não está percebendo os benefícios que se tornariam disponíveis com o controle maior sobre um projeto, então precisa integrar ainda mais o recurso na atividade principal de sua empresa. Por exemplo, como descrito no Capítulo 2, a Hewlett-Packard transferiu sua unidade investigatória interna de impressoras da periferia para as atividades centrais da empresa. A HP acreditava que o negócio de impressoras se tornara estrategicamente crucial – em seu próprio direito e por causa da influência que as vendas de impressoras criaram para os negócios de PC da empresa.

Quando uma empresa compra um negócio para entrar em um novo setor, a empresa-alvo muitas vezes continua operando com maior autonomia do que seria o ideal no que tange aos benefícios de longo prazo para a controladora. Entretanto, como já vimos, os adquirentes com frequência permitem a autonomia em uma empresa-alvo para reter pessoas-chave e evitar a interrupção das atividades que a controladora ainda não compreende. Contudo, se a empresa-alvo permanecer independente por muito tempo, a adquirente não conseguirá obter conhecimento, e o valor potencial da integração ficará reduzido. Assim, as empresas devem integrar a empresa-alvo com o tempo, muitas vezes em uma série de etapas graduais.

A integração gradativa da empresa-alvo significa formar vínculos entre ela e outras unidades da controladora, montando equipes interempresariais e fazendo rodízio de pessoal entre a empresa-alvo e as outras unidades. No setor de serviços financeiros, muitos bancos comerciais estavam acostumados a manter os bancos de investimentos adquiridos separados para acomodar o pessoal do banco de investimento. Mas esses arranjos permissivos não conseguiram captar muitas das sinergias desejadas. Para corrigi-los, os bancos procuraram integrar as atividades de investimento formando equipes interfuncionais de empréstimos comerciais e executivos de investimento. Se as atividades vinculadas não conseguissem produzir valor, alguns bancos saíam do banco de investimento por completo. Outro exemplo de uma integração contínua é a aquisição da PayPal, em 2002, pelo eBay. A princípio, o eBay permitiu que a PayPal operasse como uma opção de pagamento amplamente independente para pessoas que ganhavam em leilões. Mas o eBay, pouco a pouco, integrou a PayPal em seus negócios essenciais, desenvolvendo várias conexões entre as linhas de produtos de leilão e de pagamento no processo.

Menos controle de recursos internalizados

Algumas vezes, sua estratégia exigirá *menos* controle sobre os recursos internos, uma situação comum quando você não tem conhecimento suficiente da trajetória técnica e de mercado de seus recursos. Ao criar um ambiente investigativo interno nesses casos, você terá tempo e flexibilidade para examinar características que ainda não conhece de determinados recursos ou talvez identificar um parceiro com conhecimento relevante e que o ajudará a planejar, em detalhes, uma trajetória de desenvolvimento.

Não conseguir entender devidamente as mudanças tecnológicas nocivas pode ser perigoso. A Research In Motion (RIM) se viu nessa situação com sua linha de BlackBerry quando a Apple lançou o smartphone. As organizações de vendas e serviços que davam suporte aos BlackBerry da RIM estavam acostumadas a negociar com os usuários empresariais e tinham pouco ou nenhum entendimento do mercado consumidor. Em vez de aproveitar sua sólida base técnica para ultrapassar a Apple, a RIM viu-se constantemente correndo para não ficar atrás, à medida que a Apple e outras empresas iam ultrapassando as fronteiras do mercado de smartphone.

Em contrapartida, a Toyota administrou, de modo bem mais eficaz, o desafio organizacional da troca dos sistemas eletrônicos just-in-time (kanban). A montadora japonesa entendeu que os novos sistemas substituiriam os antigos kanbam baseados em cartão, que eram uma parte importante do sistema de gerenciamento de sua cadeia de suprimentos. Reconhecendo os benefícios que teriam os adotantes iniciais, a Toyota agiu rapidamente. Ela designou pessoas específicas de sua organização just-in-time para estabelecer uma unidade independente a fim de criar o kanbam eletrônico sem prejudicar o processo estabelecido. O novo sistema eletrônico exigiria que a Toyota adotasse uma estrutura organizacional substancialmente diferente. A empresa também precisaria alterar seus horizontes temporais de investimentos, criar relacionamentos com fornecedores muito diferentes e conceber novas formas de treinamento dos funcionários da linha de produção. O grupo independente estava livre para fazer seu trabalho sem interferências, isolado dos muitos atritos internos que a nova tecnologia pudesse provocar.

Reduzir o controle dos recursos fundamentais também é aconselhável quando você adapta sua estratégia para buscar novas oportunidades de mercado. Quando a Cisco diversificou suas atividades, ingressando no mercado consumidor, ganhou mais autonomia para adquirir unidades como a Linksys.

Além disso, foi criada uma equipe encarregada de proteger a adquirida dos negócios do mercado tradicional da controladora.

Por fim, algumas vezes, é preciso reduzir o controle porque um recurso perdeu valor como fonte de vantagem competitiva. Nesses casos, o controle reduzido pode transferir o ônus do investimento e do gerenciamento a terceiros. Esse, em geral, é o primeiro passo rumo à eliminação (como vamos discutir a seguir). Em outros casos, a redução do controle pode ajudar uma empresa a se beneficiar do acesso aos recursos, ao mesmo tempo que não desmotiva as pessoas que estão trabalhando em seu desenvolvimento. Quando as empresas, por exemplo, não oferecem um bom sistema de incentivos ou uma atmosfera empreendedora, é mais eficaz transferir os recursos para a periferia da organização, permitindo maior autonomia – ou elaborar um acordo parcial ou total de descontinuação.

Saber como e quando mudar o nível de controle sobre um recurso pode ser difícil. Quando depararam com a revolução biotecnológica, por exemplo, muitas empresas estabelecidas de biociências procuraram comprar pequenas empresas que poderiam fornecer uma base da nova tecnologia para alimentar suas atividades de marketing e normativas. Contudo, muitas adquirentes subestimam as diferenças organizacionais entre a pesquisa tradicional de medicamentos de células pequenas e a nova pesquisa com base no genoma. Estressados e desmoralizados pelo abismo da incompreensão, muitos cientistas importantes deixaram as empresas adquiridas, destruindo seu valor.

No entanto, nem todas as empresas entenderam errado. Adquirentes bem-sucedidos investiram em – e se envolveram com – empresas-alvo especializadas em biotecnologia, dando-lhes liberdade para explorar novas formas de desenvolver medicamentos e, em seguida, integrá-los, somente depois de uma melhor compreensão de suas necessidades organizacionais. Em 1990, por exemplo, a Roche tomou uma participação acionária substancial na pioneira em biotecnologia, a Genentech, e depois permitiu que a Genentech operasse com bastante independência por muitos anos. A Roche absteve-se de integrar a empresa até 2009, quando finalmente acreditou que entendia das exigências organizacionais o bastante para absorver a Genentech e as linhas de produtos de biotecnologia no núcleo dos negócios da Roche sem prejudicar a capacidade de desenvolvimento da Genentech. Em casos tais, a integração é um jogo de longo prazo... Até agora, o êxito da integração permanece uma questão aberta, com muitos ex-funcionários da Genentech ainda preocupados com seu futuro na organização integrada – e muitos colaboradores da tradicional Roche se perguntam se a empresa está demonstrando um favoritismo excessivo para o lado do negócio da Genentech.

Certamente, o controle de que você abdica hoje pode levar a uma governança desalinhada amanhã, se as condições competitivas mudarem de novo. Na verdade, quando os projetos, unidades e relacionamentos menos controlados têm sucesso na criação de novos recursos, você vai querer maximizar os benefícios do sucesso. Assim, com o passar do tempo, será necessário fortalecer os vínculos entre as unidades independentes e sua organização principal. Só depois, você vai apreender o total valor dos recursos deles.

Descontinuação dos recursos internalizados

Na ponta extrema do menor controle, muitas vezes faz sentido realizar a eliminação dos recursos internalizados – incluindo unidades e linhas de negócios completas –, vendendo-as para outra empresa ou desativando-as. Existem cinco boas razões para se tomar essa atitude:

1. Os recursos que um dia foram valiosos tornaram-se obsoletos.
2. Você está sufocando o desenvolvimento de recursos potencialmente valiosos.
3. Sua organização dispõe de recursos redundantes.
4. Após a integração, os recursos desnecessários foram identificados.
5. Você quer corrigir os erros do passado.

Recursos obsoletos

Muitos dos recursos que, um dia, tiveram valor não mais se ajustam às condições do mercado. Para você, eles estão obsoletos, mas, muitas vezes, é possível encontrar compradores que considerariam os tais recursos um bom negócio. Se não conseguir encontrar um comprador, é melhor descontinuar seu uso e economizar os gastos para mantê-los.

Recursos sufocados

A eliminação pode, algumas vezes, permitir que uma unidade com baixo desempenho dentro de seu negócio opere com um negócio independente mais flexível ou uma nova empresa controladora forneça suporte organizacional e recursos mais relevantes, ajudando-o a prosperar. A indústria automotiva está cheia de exemplos de desinvestimento em que as aquisições não conseguiram produzir os resultados previstos. A Ford vendeu sua unidade da Aston Martin a um consórcio britânico, em 2007; em 2008, a subsidiária britânica Jaguar e Land Rover, para a Tata Motors, da Índia; e, em 2010, a Volvo, para a montadora chinesa Geely Automobile.

Desinvestimentos algumas vezes desencadeiam uma grande reestruturação corporativa. Em 2005, a Cendant Corp. começou a vender algumas de suas empresas no setor imobiliário e de viagens. A administração da empresa diversificada ficou complicada demais em face da dinâmica tecnologia e crescimento em seus mercados. Depois de uma série inicial de desinvestimentos, a corporação se dividiu em quatro diferentes empresas nos setores imobiliário, de viagens, hospedagem e locação de veículos. A organização acabou abandonando o nome Cendant e adotou os logotipos da Avis e da Budget como imagem de marca para o que restou de seus negócios.

Recursos redundantes

À medida que crescem – seja pelos modos internos ou externos –, as empresas frequentemente acumulam competências duplas, cada qual capaz de suportar várias linhas de negócios. A consolidação, venda ou descontinuação de algumas atividades pode produzir economias valiosas. Quando adquiriu a Ben & Jerry, a Unilever obteve eficiência operacional ao combinar várias instalações de produção em toda a corporação. Até mesmo uma empresa pequena pode gerar ativos redundantes. No início dos anos 2000, a Cisco precisava reestruturar suas atividades de desenvolvimento tecnológico por causa da duplicação de recursos decorrente de 70 aquisições da década anterior.

Recursos desnecessários

As empresas que realizaram uma reorganização ativa pós-aquisição inevitavelmente ficam com capacidades desnecessárias – remanescentes das organizações originais ou das empresas-alvo. A eliminação desses ativos libera atenção e orçamento que acabariam drenados, permitindo à sua empresa concentrar-se em novas oportunidades. Num estudo de desinvestimento incluindo vários setores, analisamos 250 aquisições nos Estados Unidos e na Europa, e descobrimos que a eliminação é um elemento-chave de reorganizações amplas tanto das adquirentes quanto das empresas-alvo. O estudo mostrou que as M&As que levaram a desinvestimentos parciais em todas as adquirentes e adquiridas ajudaram a facilitar o desenvolvimento de recursos nos negócios remanescentes.

As empresas com estratégias de aquisição particularmente bem-sucedidas são quase tão ativas na eliminação quanto nas aquisições. Entre 1981 e 1987, a GE adquiriu mais de 300 empresas e realizou mais de 200 desinvestimentos, depois de grandes mudanças nas mais de 300 empresas-alvo. Da mesma forma, desde 1995, a Unilever fez cerca de 250 aquisições – incluindo marcas como Knorr, Amora, Ben & Jerry's, Slim-Fast, e Alberto Culver – enquanto realizava mais de 200 desinvestimentos em reestruturação de seu portfólio de negócios.

Erros do passado

Você também pode efetuar a eliminação como uma forma de corrigir os erros que ocorreram quando, originalmente, obteve os novos recursos. Para começar, os recursos talvez não se tenham encaixado no portfólio da empresa ou esta precisava de maior flexibilidade para destravar o valor estratégico – de tal forma que um modo menos integrativo teria sido melhor. Erros de seleção são comuns quando se explora áreas de novos recursos que são improváveis em sua base atual. Tão logo você reconheça o erro de seleção, deverá realizar a eliminação da unidade ao encontrar um comprador adequado. A Cisco descontinuou sua divisão de câmera de vídeo Flip em 2011, depois de tê-la comprado em 2009. Desde o início, a Flip parecia ser algo estranho para a Cisco, conhecida por seus serviços de rede corporativa. Felizmente, a Cisco teve a disciplina necessária para rapidamente tomar uma ação corretiva.

Os melhores desinvestimentos são os que se desfazem de unidade ou vendem recursos importantes em uma base de negócios contínuos, de modo que os recursos mantêm o valor através da integridade operacional continuada: o vendedor ganha receita da transação e os que estão trabalhando com a unidade desinvestida continuam suas carreiras. Contudo, algumas vezes faz mais sentido encerrar a empresas que se tornaram um sorvedouro de tempo e dinheiro que seriam mais bem-aproveitados em novas oportunidades. Infelizmente, muitos desses fechamentos envolvem unidades que poderiam ter sido vendidas como empreendimentos em andamento viáveis se as empresas não tivessem esperado tanto tempo para tomar uma decisão difícil. Uma estratégia de desinvestimento ativa e contínua, em última análise, cria benefícios para muitos stakeholders de alguma forma ligados aos recursos eliminados.

Ao ajudá-lo a identificar os caminhos de sucesso para o crescimento, a estrutura conceitual dos caminhos para obtenção de recursos facilita a eliminação dos recursos que não mais contribuem para as suas oportunidades de crescimento. As empresas que fazem a eliminação sem crescimento vão acabar desaparecendo e aquelas que crescem sem realizar as eliminações necessárias serão enterradas no caos dos recursos incompatíveis. Ambos os casos mostram por que as empresas devem contar com estratégias eficazes – tanto de crescimento quanto de desinvestimento.

Realinhando seus recursos emprestados

É igualmente importante rever o nível de controle que você aplica aos recursos emprestados, mas não internalizados – aqueles que você obtere por um contrato básico ou por uma aliança. Como os desafios competitivos podem mudar a quantidade de controle que sua empresa precisa ter sobre os recursos emprestados, tenha em mente que, em algum momento, será necessário mudar a governança dos recursos emprestados. Os acordos mais fortes especificam, com clareza, os direitos das partes em alterar o relacionamento de acordo sobre os *milestones* (marcos) negociados.

Mais controle sobre os recursos emprestados

Naturalmente, é mais difícil controlar os recursos emprestados do que aqueles que foram internalizados. Você pode aumentar a capacidade de controlar os recursos emprestados ao elevar a forma de contrato para a aliança ou da aliança para a internalização. A necessidade de maior controle surge quando sua empresa quer muito adaptar um recurso emprestado – além dos termos de um acordo já existente – ou quando enfrenta preocupação sobre os direitos de propriedade, ou ambos. Um ou outro cenário é característico de mercados dinâmicos, que exigem flexibilidade para adaptar produtos e serviços à medida que a demanda muda e a natureza dos direitos de propriedade passa por um processo de mudança.

A flexibilidade pode ser um problema em alianças, que têm de estar intimamente coordenadas com o trabalho das unidades internas. Também pode haver desafios se um parceiro da aliança estabelecer uma unidade rival ou pretender seguir uma direção imprevista. Como discutido no Capítulo 4, a Eli Lilly adquiriu seu parceiro de aliança ICOS quando começou a pesquisar novas terapias com base em um medicamento que os dois estavam desenvolvendo em conjunto. A Eli Lilly concluiu que sua própria flexibilidade, de qualquer forma, teria sido limitada pelos direitos de propriedade da ICOS e que os novos esforços de desenvolvimento demandariam muita coordenação, por um longo período, para que a aliança continuasse a funcionar de forma eficaz.

Em muitos casos, não é possível aumentar o controle sem passar para um relacionamento mais profundo. Para tanto, é possível substituir ou complementar um contrato com uma empresa fazendo uma aliança com outra. Conforme já descrito, a Eli Lilly fez isso com a Boehringer Ingelheim ao mesmo tempo que tinha um contrato com a Amylin Pharmaceuticals. A Boehringer e a Amylin fizeram produtos concorrentes para a diabetes. Criar uma cobertura desse tipo faz sentido quando faltam, ao atual parceiro contratual, as habilidades necessárias para uma nova oportunidade ou disposição de se envolver em um relacionamento mais profundo exigido pela empresa. Em vez de ficar preso a um relacionamento antigo, sua estratégia terá melhores resultados se você encontrar um parceiro com recursos mais adequados.

Tal como acontece com os recursos internos, a capacidade de ampliar o controle em um relacionamento emprestado pode fazer a diferença entre vida e morte competitiva na eventualidade de mudanças tumultuadas. Durante os anos 1990 e 2000, as concessionárias de automóveis ofereceram forte resistência contra os esforços das montadoras nos Estados Unidos para mudar as estratégias de serviços e vendas, geralmente contando com o apoio dos órgãos regulamentares estatais nessas lutas. A incapacidade de controlar suas redes de concessionárias contribuiu para a resposta inadequada das montadoras aos desafios da Toyota, da Honda e da Hyundai – que tinham um rígido controle sobre suas estratégias de vendas e serviços.

Da mesma forma, quando o sistema de saúde dos Estados Unidos introduziu um novo esquema de pagamento nos anos 1980, provedores estabelecidos de sistemas de informação hospitalar foram forçados a redefinir seu software. Um de nossos projetos de pesquisa cujas vantagens competitivas advêm de ter parcerias formadas com fornecedores de hardware e software especializados ficou subitamente em desvantagem. Houve luta para se adaptar ao novo ambiente porque suas parcerias não eram flexíveis o suficiente para negociar as mudanças necessárias. Por outro lado, os desenvolvedores de sistemas de informação que, no passado, estiveram em desvantagem por causa de seu excesso de confiança no desenvolvimento interno tinham o controle necessário para se adaptar rapidamente. Como resultado, eles ganharam mais do novo negócio no mercado modificado. Além disso, as empresas que puderam trocar com rapidez de uma estratégia de tomar emprestado para a de construir também se saíram bem no novo ambiente.

Menos controle dos recursos emprestados

Às vezes, mesmo que sua empresa resolva reduzir o envolvimento com um parceiro, ainda será possível extrair valor competitivo dos recursos emprestados. Na maioria das vezes, seu motivo é reduzir a complexidade de uma aliança contratada, talvez, rebaixando-a para um contrato em condições normais de mercado. A Toyota geralmente reduz a intensidade de seu envolvimento com os fornecedores de componentes assim que seus produtos tornam-se commodities – depois de outros fornecedores terem igualado as características de desempenho que antes eram diferentes. Mudanças estratégicas são outro gatilho para a recalibração. A Corning reduziu a intensidade de envolvimento operacional com a joint venture de fabricação de silicone mantida com a Dow Corning quando o mercado e os produtos da aliança afastaram-se do próspero negócio de fibra ótica da Corning.

É quase certo que haverá desafios organizacionais na redução de controle: os líderes das unidades de negócios afetadas provavelmente vão procurar manter suas atividades operacionais tradicionais – assim como o poder decorrente de tudo isso. Contudo, quanto mais você forçar sua organização a reduzir o controle, mais tempo e recursos irá liberar para que o controle seja exercido onde tiver mais impacto e valor.

Descontinuação dos recursos emprestados

Finalmente, avalie a descontinuidade dos recursos emprestados que necessitam de menos controle. Na prática, isso significa terminar com as alianças e os relacionamentos contratuais que não são mais estratégicos. Algumas parcerias valiosas duram muitos anos, mas a maioria tem um horizonte de tempo bem-definido, relativamente curto, para desenvolver a comercialização das mercadorias e serviços. Quando uma parceria não oferece mais valor, você deve encerrá-la.

Às vezes, para tanto, deverá vender os direitos de continuação para um parceiro que valorize os recursos mais do que sua empresa os valoriza. Em 2001, por exemplo, a Honda anunciou que iria vender sua participação na joint venture Hero Honda à sua parceira indiana. As atividades na Índia continuavam altamente estratégicas para a Hero, mas se tornaram relativamente periféricas para a Honda, que cada vez mais se concentrava nas atividades na América do Norte, na China e em outros mercados emergentes. Em outros tempos, os parceiros acordavam entre si o encerramento das atividades às quais nenhum dos dois queria mais dar continuidade. Em 2003, a Bayer e a Shell Oil encerraram uma joint venture belga de 34 anos, que fabricava produtos químicos especiais. Durante décadas, os produtos tornaram-se commodities, perdendo boa parte de seu valor para ambos os parceiros.

Terminar a participação em uma aliança ou em um contrato costuma ser uma ação altamente delicada. Como acontece com as reduções de controle menos completas, a eliminação afeta as pessoas em sua organização que tiveram um forte e duradouro comprometimento com a atividade e o parceiro em questão. Na perspectiva do parceiro, a descontinuação de uma parceria pode significar uma grande desestruturação do negócio e a perda da reputação. Essas perdas são sentidas mais intensamente pelos parceiros que são pequenos dentro do setor. Por isso, é aconselhável encontrar uma forma tranquila de encerrar o relacionamento – por exemplo, descontinuando seu comprometimento com os recursos, mas não anunciar publicamente o fim das atividades conjuntas. Muitas negociações importantes terminaram tranquilamente, atraindo pouca ou nenhuma atenção inicial.

Como é possível constatar, os caminhos para realinhar seu portfólio são diversos. O caso "Realinhando o portfólio: a transformação da Danone em uma corporação de alimentos saudáveis" mostra como uma multinacional reviu seu portfólio de recursos e, com grande energia e determinação, realinhou-a para perseguir sua missão de nutrição saudável.

REALINHANDO O PORTFÓLIO

A transformação da Danone em uma corporação de alimentos saudáveis

Ao redefinir sua missão para "levar saúde por meio de alimentos ao maior número de pessoas possível", a Danone, multinacional de alimentos de origem francesa, reestruturou substancialmente seu portfólio de recursos nos anos 2000. A empresa alterou sua ênfase em produtos básicos como cereais e biscoitos para se concentrar em quatro linhas principais do setor de alimentos saudáveis: produtos lácteos frescos, nutrição infantil, nutrição clínica e água mineral. Atualmente, mais da metade do total da receita da Danone vem dos produtos lácteos frescos, tornando-se empresa líder mundial com vários produtos inovadores baseados em iogurtes como Actimel, Activia, Vitalínea e Danoninho. Com base nessa plataforma, a empresa também se estabeleceu como líder global em nutrição clínica e infantil. Também é vice-líder em água mineral em todo o mundo. Para realinhar seu portfólio corporativo com a missão orientada à saúde, a Danone deu vários passos no sentido de aumentar seu controle sobre os recursos dentro dos domínios de saúde e nutrição, enquanto realizava a eliminação de recursos em categorias de "guloseimas", como biscoitos e bebidas alcoólicas, que têm apenas uma adequação limitada com a nova orientação.

Aumentar o controle sobre as capacidades de saúde e nutrição

Construir: expandir atividades internas de P&D. A Danone desenvolveu e solidificou seus recursos de nutrição e saúde através de anos de investimentos em P&D, dos quais 50% são gastos agora com probióticos em sua linha de iogurtes. Nos produtos lácteos frescos, ela reforçou sua capacidade em várias etapas: aumentando o orçamento da P&D, fortalecendo sua comunidade de 900 profissionais de P&D, mantendo o maior banco de bactérias do ácido láctico no mundo e colaborando intimamente com os pesquisadores acadêmicos. O compromisso da Danone com P&D dos probióticos torna difícil para os concorrentes desafiar o seu produto campeão de vendas, o Actimel. Outras empresas de produtos lácteos e fabricantes que produzem mercadorias para marcas de terceiros que introduziram o iogurte probiótico usando ingredientes produzidos em série conquistaram apenas pequenas fatias do mercado.

Tomar emprestado: aumentar o controle sobre parceiros da aliança. A Danone aumentou seu controle sobre vários parceiros no segmento dos alimentos saudáveis. Por exemplo, hoje a empresa conta com 20% da participação minoritária na aliança com sua parceira de probióticos japonesa Yakult e com um investimento na empresa indiana de biotecnologia Avesthagen. A Danone também assumiu o controle de sua parceira de aliança americana, a Stonyfield Farm, que é a principal produtora de produtos orgânicos lácteos frescos e a quarta maior fabricante de iogurte nos Estados Unidos.

Comprar: adquirir e integrar. A Danone complementou sua estratégia de crescimento com as aquisições pretendidas, as quais foram, em seguida, integradas a seu portfólio. Tornou-se a principal fornecedora de água mineral na Ásia nos anos 2000, por exemplo, quando adquiriu o controle da Yili e Robust na China, assim como a Aqua na Indonésia. Em 2007, no entanto, a Danone adquiriu a Royal Numico, renomada fabricante holandesa de alimentos infantis, barras nutricionais e milkshakes. A aquisição ajudou a Danone a combinar seu conhecimento de culturas de probióticos com a *expertise* da Numico em nutrientes para essas culturas. A Numico também ofereceu recursos sólidos em nutrição clínica e testes clínicos, com forte presença no mercado de antienvelhecimento.

Descontinuar recursos em outras linhas de produtos

Para realinhar seu portfólio corporativo com sua missão em alimentação saudável, pouco a pouco, a Danone vendeu suas linhas alimentícias "não saudáveis". Em 2003, por exemplo, ela eliminou por completo sua linha de produtos em embalagens de vidro, que fazia parte de seu núcleo de negócios tradicionais. O negócio de bebidas alcoólicas era um candidato óbvio à eliminação porque entrava em conflito com sua missão principal – além disso, o setor mundial de cerveja enfrentava forte pressão de consolidação. A Danone negociou seu segmento de cerveja, com a marca mais conhecida da França, a Kronenbourg, vendida para a maior cervejaria britânica, a Scottish & Newcastle, em 2000. A empresa também descontinuou sua lucrativa linha de champanhe.

Na década passada, a Danone descontinuou suas marcas de biscoitos, um setor no qual já ocupou a posição número dois em todo o mundo. Apesar das inovações nutricionais em áreas específicas como a de biscoitos para crianças, com altos níveis de cálcio e baixo teor de gordura, grande parte desse mercado concentra-se em guloseimas, com oportunidades limitadas para aproveitar as habilidades de saúde e nutrição – a indústria de biscoitos também encontra poucas barreiras de entrada e proteção fraca à inovação. Inicialmente, a Danone fez o downsizing de suas unidades de biscoitos ao fechar as fábricas na Europa. Em 2004, vendeu sua linha de biscoitos Jacob no Reino Unido e a de biscoitos irlandeses na Irlanda. Em 2007, no desinvestimento mais significativo, a Danone vendeu suas marcas de biscoitos para sua principal rival, a Kraft.

A Danone continuou com desinvestimentos similares em outras categorias que não contribuíam para sua identidade corporativa, como uma empresa de saúde e nutrição, incluindo linhas de molhos, massas, carne e queijo.

Ajustar o controle dos recursos em mercados emergentes

Por fim, a Danone realinhou seu portfólio de recursos para prosseguir com sua missão de alimentação saudável em mercados emergentes como México, Indonésia, Índia, China, Rússia e Brasil, que hoje representam mais de 30% das vendas. Na Índia, por exemplo, a Danone criou uma subsidiária integral, a Danone Índia, para gerenciar suas atividades naquele país. A Danone entrou no próspero mercado de nutrição clínica e infantil da Índia ao comprar empresas de alimentos do Wockhardt Group, que foi forçado a se reestruturar depois de lutar para integrar uma série de expansões oportunistas na década anterior (veja Capítulo 5). A Danone também encerrou sua joint venture com a parceira indiana, Wadia Group, completando a saída global dos negócios de biscoitos. A empresa perseguiu ativamente alianças em outros mercados emergentes, formando joint ventures de produtos lácteos com a Al Safi, na Arábia Saudita, e a Alquería, na Colômbia, expandindo sua aliança de probióticos com a Yakult para incluir o Vietnã.

No geral, o realinhamento do portfólio de recursos ativos da Danone – em outras palavras, o aumento do controle quando precisava de maior envolvimento e a descontinuidade das empresas que já foram essenciais e não mais se encaixam em sua missão revisada – serviu como base da lucratividade e do crescimento da companhia. As vendas corporativas cresceram 175% de 2001 até 2010. A média do retorno anual sobre as vendas cresceu de 6,4% no período de 2001 a 2005 para 14,2% de 2006 a 2010. Nesse ínterim, o valor das ações cresceu 120% de 2002 até o início de 2012.

Ferramenta de avaliação e resumo

A Tabela 6.2 destaca as questões que podem ajudar em sua decisão, seja para rever o grau de controle, seja para eliminar recursos. Se a maioria de suas respostas for afirmativa, você precisa levar em conta exercer mais controle sobre seus recursos. Para recursos internalizados, considere maior integração dentro de sua empresa; com recursos emprestados, cogite um controle mais rígido ou até mesmo a aquisição de seu parceiro de recursos. Se a maioria de suas respostas for negativa, pense na possibilidade de reduzir ou eliminar por completo o controle sobre os recursos. Para recursos internalizados, você pode criar um ambiente investigativo interno ou considerar um desinvestimento. Para recursos emprestados, pode diminuir ou sair do relacionamento com seu parceiro.

TABELA 6.2

Necessidade de realinhamento para o portfólio de recursos

Recursos internalizados (por meio de desenvolvimento interno ou M&A)		Não	Sim
Valor estratégico dos recursos internos	Os recursos desenvolvidos por nossa unidade interna/adquirida permanecem essenciais para nossa estratégia e fornecem vantagem diferenciada?		
Autonomia da unidade interna/ adquirida	Concedemos bastante autonomia para a unidade interna/adquirida encarregada do desenvolvimento dos recursos necessários?		
	A unidade interna/adquirida se beneficiaria de mais integração com a organização principal?		
Disponibilidade de recursos	Os recursos internos (sejam os que desenvolvemos por nós mesmos, sejam os que obtivemos por meio de aquisição) permanecem difíceis de conseguir por meio de parceiros externos?		
Redundância dos recursos internos	Os recursos desenvolvidos por nossa unidade interna/adquirida se sobrepõem a outras iniciativas de desenvolvimento de recursos internos?		
Recursos emprestados (por meio de contratos e alianças)			
Valor estratégico da colaboração	A colaboração com nosso parceiro contratual/de aliança está se tornando cada vez mais estratégica para nossa empresa?		
Sobreposição competitiva	A sobreposição competitiva com nosso parceiro contratual/de aliança tem aumentado com o tempo?		
Perda de recursos	Estamos preocupados com a perda de recursos ou com a corrida da aprendizagem com nosso parceiro contratual/de aliança?		
Ameaça do concorrente	Nossos concorrentes abordaram ou fizeram alianças com nossos parceiros contratuais/de aliança em áreas importantes de recursos?		
Construção de capacidade	Não estamos conseguindo saber o que queremos de nossos parceiros contratuais/de alianças ou construir capacidades internas suficientes na área de colaboração?		

Responda a cada questão sobre a necessidade de mudar o controle de seus recursos. Se a maioria de suas respostas for afirmativa, pense na possibilidade de exercer mais controle sobre seus recursos. Se a maioria de suas respostas for negativa, cogite exercer menor controle sobre seus recursos.

Este capítulo demonstra como é possível obter vantagem competitiva realinhando o portfólio de recursos durante os ciclos de vida das parcerias, dos recursos e da indústria. Quando você precisar de maior controle, poderá mudar de unidades periféricas para unidades centrais ou de alianças e licenças para internalização, ou poderá construir com base no que aprendeu em suas atividades anteriores voltadas a identificar e integrar as empresas-alvo. Quando precisar de menos controle, poderá mudar para unidades investigativas ou autônomas, ou reduzir o escopo de seu comprometimento com um parceiro. Quando não precisar do recurso, faça a eliminação.

Reavaliar os recursos ou rever opções anteriores pode ser uma escolha difícil. Sua organização precisa de força analítica para entender a origem dos desafios atuais e de humildade suficiente para evitar o comprometimento excessivo com as decisões passadas. Uma combinação cuidadosa dessas habilidades pode ajudar seu negócio a prosperar.

CAPÍTULO 7

Desenvolvendo sua capacidade de seleção empresarial

Agora você tem um conjunto robusto de orientações sobre como obter recursos individuais e geri-los ao longo do tempo. Este capítulo final o ajudará a usar o que aprendeu e construir uma forte capacidade de seleção com base na estrutura conceitual dos caminhos para a obtenção de recursos em sua organização. Temos um duplo objetivo: ajudar sua empresa a tomar decisões acertadas no que diz respeito à obtenção de recursos e criar uma organização capaz de desenvolver e manter um portfólio equilibrado em construir-tomar emprestado-comprar.

A Figura 7.1 descreve o *ciclo da capacidade de seleção*. Começamos pela definição de um plano de ação estratégico e das lacunas de recursos, evitando a armadilha da implementação (a noção equivocada de que as falhas de recursos no passado ocorrem por causa de implementação inadequada, e não por erros de escolha). Quando as empresas se esforçam para avaliar os recursos existentes, não conseguem determinar o que precisam para preencher as lacunas de recursos. Muitas empresas escorregam nessa fase inicial.

O segundo passo do ciclo consiste em usar a estrutura conceitual dos caminhos para obtenção de recursos, como descrevemos nos Capítulos 2 a 5, a fim de selecionar a opção mais viável para a obtenção dos recursos necessários:

- *Construir* através do desenvolvimento interno faz mais sentido quando você tem uma base relevante de recursos internos, incluindo adequação de conhecimento e organizacional.
- *Tomar emprestado* por meio de contratos básicos é um caminho superior para novos recursos quando é possível tanto definir claramente os recursos quanto protegê-los com termos contratuais eficazes.

FIGURA 7.1

O ciclo de capacidade de seleção

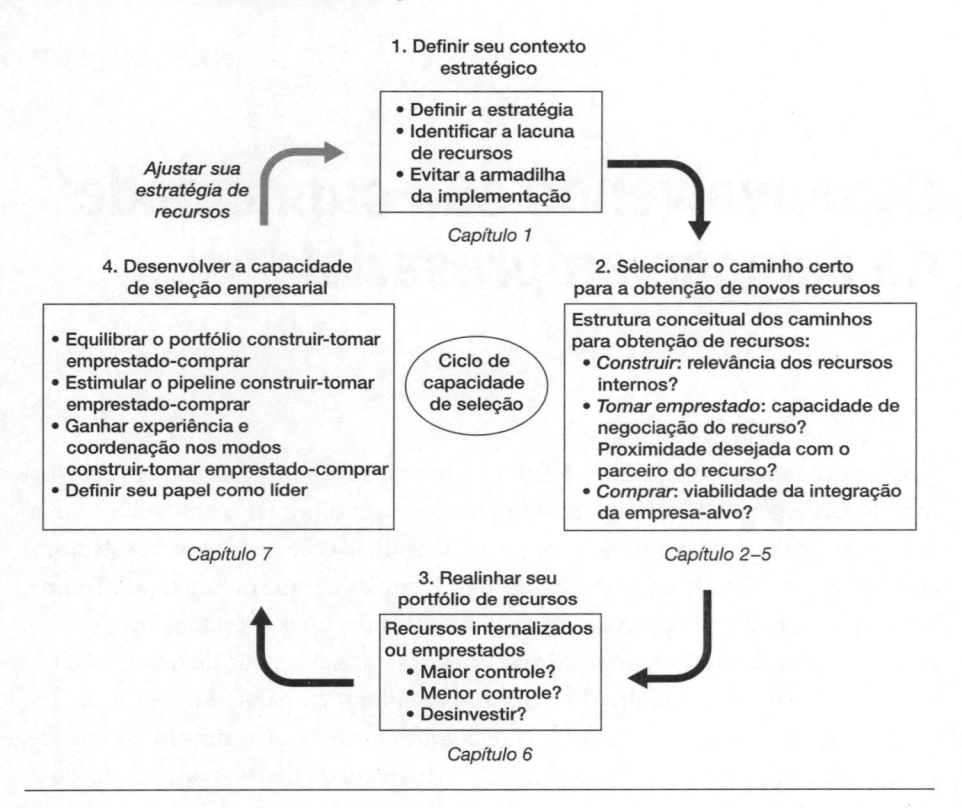

1. Definir seu contexto estratégico
- Definir a estratégia
- Identificar a lacuna de recursos
- Evitar a armadilha da implementação

Capítulo 1

Ajustar sua estratégia de recursos

4. Desenvolver a capacidade de seleção empresarial
- Equilibrar o portfólio construir-tomar emprestado-comprar
- Estimular o pipeline construir-tomar emprestado-comprar
- Ganhar experiência e coordenação nos modos construir-tomar emprestado-comprar
- Definir seu papel como líder

Capítulo 7

Ciclo de capacidade de seleção

2. Selecionar o caminho certo para a obtenção de novos recursos
Estrutura conceitual dos caminhos para obtenção de recursos:
- *Construir*: relevância dos recursos internos?
- *Tomar emprestado*: capacidade de negociação do recurso? Proximidade desejada com o parceiro do recurso?
- *Comprar*: viabilidade da integração da empresa-alvo?

Capítulo 2–5

3. Realinhar seu portfólio de recursos
Recursos internalizados ou emprestados
- Maior controle?
- Menor controle?
- Desinvestir?

Capítulo 6

- *Tomar emprestado* por meio de uma aliança mais estreita ajuda a obter os recursos pretendidos quando sua empresa e um parceiro colaboram usando poucos pontos de contato e têm objetivos compatíveis em suas atividades conjuntas.
- *Comprar* recursos através de uma aquisição é interessante quando você antecipa a necessidade de liberdade e controle para fazer grandes mudanças em novos recursos, mas consegue definir um caminho de integração aceitável e reter as pessoas-chave.

O uso desses critérios vai ajudá-lo a se desligar dos maus hábitos, preconceitos e interesses escusos, que são a principal causa das más decisões relacionadas à obtenção de recursos.

A terceira etapa envolve uso da estrutura conceitual dos caminhos para a obtenção de recursos, a fim de gerir o portfólio completo de recursos ao longo de seu ciclo de vida, conforme descrito no Capítulo 6. Como o valor dos recursos é influenciado por mudanças dentro e fora da empresa, é recomendável reavaliar regularmente a relevância dos recursos e a forma como são usados. Talvez seja necessário aumentar ou reduzir o controle sobre os recursos ou, então, eliminá-los por completo. Você também terá a oportunidade de monitorar, avaliar e reverter-se das consequências negativas de erros de seleção que sua empresa cometeu no passado.

Finalmente, o último passo envolve enfrentar os desafios na tomada de decisões em toda a organização – através da integração das atividades de busca de recursos com os objetivos de desenvolvimento corporativo:

- Atingir um portfólio equilibrado de iniciativas construir-tomar emprestado-comprar.
- Manter o pipeline abastecido com oportunidades de obtenção de recursos internos e externos.
- Acumular experiência usando todos os modos e coordenando as atividades de busca de recursos em busca em toda a empresa.
- Definir seu papel de liderança no avanço da capacidade de seleção de sua empresa.

Vamos começar com o equilíbrio.

O equilíbrio indispensável

Como já dissemos, as empresas que confiam demais em um único método acabam com dificuldades. A dependência excessiva em aquisições drena recursos-chave, desmotiva e esgota equipes internas, além de fragmentar a organização. A demasiada ênfase no crescimento orgânico pode tornar sua organização tão coesa que ela acabará na inércia. Seus recursos internos, embora únicos e distintos, podem transformar-se em uma camisa de força que leva apenas à inovação gradual e a horizontes limitados. O excesso de confiança no crescimento por meio de contratos e alianças o deixará vulnerável às ações e aos conflitos de interesse dos parceiros.

Em contrapartida, as empresas que mantêm um portfólio equilibrado de iniciativas com diferentes modos de apropriação e controle podem mais facilmente envolver-se com numerosas e diversificadas fontes de novos recursos. Com o tempo, elas vão desfrutar de um número bem maior de oportunidades inovadoras do que as organizações menos multifacetadas.

A Endo Pharmaceuticals é um bom exemplo de mistura bem-sucedida de diferentes modos de obtenção de recursos. Empresa farmacêutica especializada desmembrada pela DuPont Chemical em meados da década de 1990, a Endo começou sua vida independente com uma pequena base de produtos desenvolvidos internamente e a produção terceirizada de uma linha de medicamentos genéricos. Nos anos seguintes, a empresa entrou em uma série de licenças e alianças com empresas dos Estados Unidos, da Europa e da Ásia. Depois de construir essa base inicial, a Endo deu início a várias pequenas aquisições a fim de complementar suas atividades de licenciamento. As organizações adquiridas forneceram recursos que permitiram à Endo manter suas habilidades de desenvolvimento interno e, assim, criar produtos para vender nos Estados Unidos e licenciar para laboratórios especializados europeus. De 1997 a 2011, a Endo realizou cerca de 10 aquisições e mais de 45 acordos de licenciamento, enquanto investiu cerca de 9% das vendas em suas atividades de desenvolvimento interno. No processo, a empresa aumentou em mais de US$1,7 bilhão as vendas anuais (dados de 2010), com rentabilidade contínua de quase 20%. Com equilíbrio nos métodos de obtenção de recursos, a Endo ganhou agilidade incomum em um segmento extremamente competitivo da indústria de biociências.

Equilibrar modos de obtenção de recursos é importante tanto para empresas já estabelecidas quanto para as jovens. Em nosso estudo no setor de telecomunicações, as empresas estabelecidas que usaram vários modos de obtenção de novos recursos apresentaram maior possibilidade de sobreviver em um período de cinco anos do que aquelas que cresceram usando um único modo dominante. Nosso estudo, que incluiu 3.595 IPOs (oferta pública inicial de ações) dos Estados Unidos entre 1988 e 1999, observou vários fechamentos de capital entre as empresas que realizaram numerosas aquisições durante vários anos após a IPO, mas ignoraram outros caminhos para o crescimento. Concluímos que organizações que acabaram de abrir o capital e se tornaram compradoras de ativos teriam melhores resultados se parassem com as aquisições após as IPOs, tendo tempo para integrar adequadamente os alvos antes de buscar novas aquisições.

Por essas razões, antes de decidir entre construir, tomar emprestado ou comprar novos recursos, deve-se avaliar o portfólio de projetos de recursos atuais.

Se, por exemplo, sua empresa já está no limite por causa de atividades de integração relacionadas a aquisições recentes, mais um acordo, provavelmente, irá sobrecarregar ainda mais seus recursos e funcionários. Se você ignorar o fato e continuar a adquirir, sua organização ficará inchada e incapaz de aumentar o crescimento com os recursos obtidos. Transformar sua empresa em uma máquina de aquisições vai frustrar os funcionários, que acabarão deixando de lado seus projetos normais de desenvolvimento em busca de novas empresas-alvo, mesmo ainda enfrentando dificuldade para integrar as empresas adquiridas.

No outro extremo, se você contar exclusivamente com esforços de desenvolvimento interno para gerar novos recursos, o resultado mais provável será uma organização tão focada internamente que acabará enrijecida com o tempo. E um excesso de confiança em parcerias irá forçá-lo a depender das ações dos parceiros, o que reduz o poder de barganha e autonomia estratégica. Portanto, suas decisões relativas a cada projeto de recursos devem considerar o contexto mais amplo de suas atividades de desenvolvimento corporativo.

Naturalmente, não é comum poder se dar o luxo de gerir o equilíbrio de sua empresa na obtenção de recursos desde o início. Normalmente, você herda um portfólio de projetos de recursos quando é admitido ou promovido. Se você herdar um portfólio desequilibrado, terá de ajustá-lo ao reavaliar escolhas passadas ao definir novos rumos para as futuras decisões de obtenção de recursos.

O ritmo dos ajustes de portfólios pode variar. O ideal é fazer poucos ajustes regularmente. No entanto, as empresas muitas vezes precisam fazer ajustes drásticos – por exemplo, quando exageram no uso de determinado modo de obtenção de recursos e, em consequência, precisam reconfigurar significativamente seus portfólios de recursos.

Os investidores sempre insistem para suas empresas realizarem grandes ajustes quando acreditam que poderá haver prejuízos por causa do desequilíbrio no portfólio. Por exemplo, a gigante de mídia Tribune Company, com base em Chicago, enfrentou significativa pressão dos acionistas em 2006, quando o preço das ações caiu para a metade do valor de 2004. Ela se desfez de US$500 milhões em ativos não essenciais, uma medida acompanhada por um programa de recompra de ações. Da mesma forma, uma empresa com um pipeline de P&D interno esgotado pode ser pressionada, pelos investidores ou pelo Conselho, a ser mais agressiva na busca de recursos externos. Mas cuidado para não passar um extremo favorito para o outro. O caso "Portfólio de desenvolvimento corporativo da Cisco" destaca como a Cisco utiliza modos internos e externos para obter e desenvolver seus recursos.

PORFTÓLIO DE DESENVOLVIMENTO CORPORATIVO DA CISCO

Uma mistura acertada de modos de obtenção de recursos

A Cisco, maior fabricante mundial de equipamentos de rede, cresceu de dois funcionários em 1984 para mais de 70 mil pessoas, 200 escritórios em todo o mundo e receitas de US$43 bilhões em 2011. Além de sua merecida reputação como um adquirente campeã entre as inovadoras empresas de alta tecnologia, a Cisco também é adepta a complementar aquisições com forte desenvolvimento interno e alianças. Sua abordagem equilibrada é completada por características de apoio corporativo – *expertise* em empreendimentos internos de risco, uso estratégico de incentivos flexíveis, extenso horizonte de triagem de recursos e sólidas habilidades de execução – que a mantêm bem abastecida de novos recursos e soluções orientadas ao cliente.

A força da base de desenvolvimento corporativo da Cisco está em sua capacidade de avaliar cuidadosamente as opções de obtenção de recurso e se envolver, de forma adaptativa e criativa, com inovadores internos e externos. No caminho, a Cisco combina todos os modos, demonstrando o valor da liderança de alto nível para o que deve ser visto como uma disciplina empresarial: construção, empréstimo e compra estrategicamente coordenados.

Compra: A Cisco é conhecida por sua bem-sucedida estratégia de aquisições, que começou no início dos anos 1990, quando comprou e integrou com sucesso cerca de 70 empreendimentos. A jovem empresa rapidamente obteve as tecnologias complementares necessárias para liderar o agressivo mercado de roteadores e switches. No processo, a Cisco aprimorou um minucioso e eficiente processo de *due diligence*. Seus critérios de seleção enfatizaram pequenas empresas de rápido crescimento, altamente focadas, ousadas e geográfica e culturalmente próximas da Cisco.

Entrando no novo milênio, a empresa procurou crescimento fora de sua base central de clientes empresariais, realizando desafiadoras aquisições de plataforma no mercado de consumo: a Linksys, fabricante de produtos para redes domésticas (2003), e a Scientific Atlanta, desenvolvedora de conversores de TV a cabo e outros equipamentos domésticos de banda larga (2006). Com isso, a Cisco precisou adaptar seus processos de aquisição. Como os novos recursos representavam que ela começava a ir além dos tradicionais segmentos de clientes e produtos, a Cisco passou a dedicar mais tempo à exploração dos novos mercados antes da plena integração das empresas adquiridas.

Construção: As equipes de desenvolvimento interno da Cisco trabalham para melhorar e avançar continuamente as tecnologias centrais da empresa (roteadores, switches e outros produtos de rede). Historicamente, a Cisco tem dedicado mais de 10% das vendas às atividades de P&D (incluindo uma média de 14% de 2009 a 2011).

Construção por meio de atividades intraempreendedoras: Para complementar as tradicionais iniciativas de P&D, a Cisco apoia o desenvolvimento de pequenas equipes autônomas. Essas atividades intraempreendedoras levaram à criação de várias spin-offs (empresas desmembradas). Vez ou outra, a Cisco readquire spin-offs como spin-ins (explicado mais adiante neste capítulo). O apoio ao comportamento intraempreendedor ajuda a Cisco a incentivar promissores inovadores a permanecer ligados à empresa e oferecer a ela uma privilegiada abertura ao conhecimento que está sendo desenvolvido por seus colaboradores mais empreendedores.

Empréstimo por meio de alianças: A Cisco aplica uma disciplina corporativa semelhante ao envolvimento e à gestão de parceiros de alianças. Cada aliança é administrada no contexto de seu próprio ciclo de vida, com indicadores exclusivos de desempenho e marcos para o progresso e para os objetivos enunciados. A empresa monitora mudanças em qualquer relacionamento de colaboração e ajusta seu compromisso de forma adequada. Essa reavaliação ativa permite à Cisco responder rapidamente a novas informações – adicionando ou subtraindo controle de acordo com o aumento ou a queda no valor da aliança.

Empréstimos através de contratos básicos: A Cisco utiliza contratos para atividades de desenvolvimento e produção. A maior parte de sua produção é feita por fornecedores contratados. A empresa desenvolveu um modelo de termos para esses acordos, que incluem requisitos de qualidade, custo e entrega – por exemplo, especificações de logística de produção para a continuidade do fornecimento, gerenciamento de estoque e flexibilidade da capacidade.

Empréstimos por meio de empreendimentos corporativos de risco: A Cisco tem um atuante braço de capital de risco (VC), cuja missão é analisar e se envolver com parceiros externos de todo o mundo em novas áreas estratégicas e geográficas. Em sua exploração externa, a empresa avalia não só o sócio-alvo, como também a vitalidade do ecossistema do parceiro – por exemplo, as universidades e os laboratórios vizinhos, o grau de risco do ambiente político e econômico, bem como o nível de desenvolvimento do setor de capital de risco local. Ao se envolver com uma empresa em um mercado distante e desconhecido, muitas vezes a Cisco forma parcerias ou investe com um fundo de risco local. Quando não há essa incerteza, investe diretamente na empresa, com uma participação minoritária. Se um parceiro prova sua capacidade de agregar alto valor estratégico, a Cisco acaba aumentando sua participação para obter controle completo.

Empréstimos via crowdsourcing: Sem deixar pedra sobre pedra, a Cisco realiza várias competições abertas globais em que o público é convidado a propor ideias de novos produtos Cisco. As ideias são julgadas (por um painel de técnicos da organização) em sua adequação à estratégia da Cisco, quanto à qualidade de sua inovação e seu potencial para se tornar um negócio de bilhões de dólares ou mais. Os vencedores recebem um prêmio de seis dígitos e a oportunidade de participar do desenvolvimento da ideia – na qual a Cisco investe até US$10 milhões em um período de três anos. Esses torneios de inovação são um genuíno modo *outsider* de se obterem ideias de multidões (crowds) potencialmente gabaritadas – o grupo de participantes inclui muitos estudantes e graduados em Engenharia com talentos especiais. Avaliar mais de mil apresentações complexas é a desvantagem desse trabalho intensivo, mas que pode valer o esforço, se gerar uma ideia bem-sucedida.

Muitas empresas – ou CEOs recém-contratados para corrigir os erros do passado – caem na armadilha de seguir um ciclo simples, no qual se concentram primeiro em um modo de obtenção de recursos e depois em outro. Depois de, inicialmente, enfatizar o crescimento orgânico, talvez embarquem em um ciclo de aquisições para superar a inércia do excessivo foco interno e, mais tarde, busquem um novo crescimento orgânico para corrigir o excesso de confiança nas aquisições. Embora possa ser difícil evitar preferências cíclicas de obtenção de recursos, você tem as ferramentas para gerenciá-las de um modo que atinja o equilíbrio, supere a ameaça de descontrole e fique longe de cardumes competitivos.

Mesmo a GE, uma das empresas mais admiradas do mundo e líder em rentabilidade em vários setores da economia global, caiu na armadilha dos ciclos. Durante a década de 1980 e início dos anos 1990, a empresa utilizou uma combinação diferenciada de desenvolvimento interno, contratos, alianças e aquisições para seu crescimento global. No entanto, ao alcançar escopo e escala globais – com faturamento de mais de US$100 bilhões no fim dos anos 1990 –, a GE começou a favorecer aquisições para impulsionar o crescimento continuado, reduzindo, substancialmente, o investimento interno e as parcerias externas. Tanto as iniciativas de P&D, como uma percentagem das vendas, quanto o número de novas alianças caíram notavelmente.

Como resultado, a GE começou a enfrentar problemas competitivos: as competências internas começaram a atrofiar, e a empresa achou cada vez mais difícil integrar as aquisições. Uma das primeiras mudanças estratégicas que Jeffrey Immelt fez quando assumiu o cargo de CEO, em 2001, foi renovar o compromisso da corporação com os investimentos internos e as atividades de alianças. Embora a GE continue comprando dezenas de empresas-alvo a cada ano, o equilíbrio melhorou muito, com maiores índices de atividades internas de P&D e alianças fortes em todo o mundo, em áreas cruciais, como aeroespacial, energia e saúde.

O desafio de manter o equilíbrio é sentido em todos os setores. Em 2011, a Unilever anunciou um compromisso renovado com o crescimento orgânico no setor de bens de consumo. A empresa otimizou o uso de suas marcas em mercados emergentes para complementar o crescimento já conseguido por meio de aquisições e alianças regionais.

Na indústria farmacêutica, a Sanofi-Aventis deparou com a escassez em seu pipeline de medicamentos em meados da década de 2000, pois nem seus esforços anteriores de desenvolvimento interno nem as drogas que havia adquirido através de M&As estavam dando os retornos esperados. Uma série de aquisições produziu apenas um sucesso limitado na obtenção de novos produtos a preços razoáveis; pior que isso, a empresa teve dificuldades para integrar os recursos adquiridos. Recentemente, a nova liderança adotou uma abordagem mais equilibrada para selecionar suas fontes de oportunidade. Embora continue investindo no desenvolvimento interno e em aquisições seletivas, a Sanofi-Aventis tornou-se muito mais ativa na busca de licenças e alianças. A reação do mercado foi positiva, com o preço das ações da empresa em constante crescimento, superando os da indústria farmacêutica como um todo após as mudanças.

Existem riscos óbvios associados aos ciclos de obtenção de recursos. As empresas que se tornam fragmentadas por fazer aquisições em excesso, por exemplo, podem tentar compensar de modo radical, num esforço exagerado de integração dos recursos adquiridos. Ou uma empresa que acabou frustrada com o progresso dos esforços de desenvolvimento interno pode apressar-se em concluir alianças e aquisições – com o risco de subestimar seus próprios funcionários, permitindo a degradação de uma sólida base de conhecimento e habilidades internas.

Alimentando o pipeline

Há duas maneiras importantes de abastecer o pipeline com opções de obtenção de recursos: primeiro, você deve verificar regularmente os domínios internos e externos, interagindo com os inovadores nos dois ambientes.

(Surpreendentemente, muitos executivos estão mal informados sobre as atividades de P&D de suas próprias empresas.) Em segundo lugar, aprenda a usar as ferramentas que o ajudarão a cultivar opções de investigação externa. A Cisco é um exemplo de empresa que reabastece ativamente seu pipeline de opções de obtenção de recursos. (Veja o caso "Portfólio de desenvolvimento corporativo da Cisco".)

A investigação interna pode parecer uma tarefa mais fácil do que garimpar o mercado – com certeza, o universo é mais limitado. No entanto, muitos executivos entrevistados enfatizaram os muitos obstáculos (especialmente em grandes empresas) na localização e no uso do conhecimento dentro da própria organização. Muitos funcionários tinham pouca familiaridade com os recursos e o conhecimento de suas unidades irmãs. Os obstáculos à divisão de conhecimento estão especialmente arraigados em empresas com culturas hierárquicas e fortes organizações funcionais ou em corporações caracterizadas por acirrada concorrência interna entre as unidades de negócios, equipes e indivíduos. Nesse tipo de cultura, os funcionários relutarão em usar a melhor prática de uma unidade irmã se isso ameaçar sua própria situação na empresa. Na falta de canais de informação internos viáveis, é mais fácil encontrar e explorar o conhecimento externo do que o interno.

As empresas que reconhecem os desafios de identificar e conectar recursos internos muitas vezes investem em centros de conhecimento corporativo, bancos de dados de práticas recomendadas, levantamento de habilidades e mapas de conhecimento. Também desenvolvem incentivos para que os funcionários consigam liberar algum tempo para identificar e compartilhar conhecimento. Para incentivar o debate em toda a organização, uma empresa de TI europeia incluída em um de nossos estudos usou um projeto de "captação e acesso ao conhecimento" aberto a todos os funcionários através da intranet corporativa. O projeto foi complementado por um serviço de "troca de conhecimento", a fim de difundir experiência e conhecimento em todas as unidades e camadas da empresa.

As organizações frequentemente têm dificuldade em reter os funcionários-chave e controlar as ideias patenteadas. Os funcionários de maior destaque costumam apresentar elevada rotatividade, podendo ingressar em outras empresas ou criar *spin-offs* (isso ocorre cada vez mais, tanto em mercados desenvolvidos quanto nos emergentes). Por essa razão, as empresas devem trabalhar com afinco para manter o envolvimento de seus funcionários-chave. Algumas tentam proteger o valor dos recursos internos, utilizando mecanismos de defesa, como restrições de não concorrência. Mas essas medidas podem ser uma faca de dois gumes e acabar dificultando a atração dos melhores talentos, para início de conversa. Por outro lado, sistemas de incentivos criativos podem ajudar a manter o envolvimento interno, oferecendo aos inovadores retorno financeiro e, ao mesmo tempo, permitindo que a empresa controle os projetos de desenvolvimento de recursos bem-sucedidos.

A investigação externa é muito mais desafiadora. O grande volume de recursos acessíveis está explodindo com o aparecimento de inovações em todos os setores nos quatro cantos do planeta:

- A crescente disponibilidade global de financiamento de capital de risco privado amplia a disseminação de startups. Se já seria oneroso identificar e monitorar até mesmo um subconjunto, que dirá todas as opções relevantes de obtenção de recursos!
- Empresas privadas ou de mercados emergentes muitas vezes passam despercebidas na investigação para obtenção de recursos externos.
- Mesmo as empresas que gostariam de ser encontradas talvez não disponham dos recursos financeiros necessários, das redes ou da mentalidade para usar consultores que poderiam colocá-las na mira dos caçadores de recursos.

Juntos, esses fatores sufocam a formação de uma grande rede de mercados de recursos. Os caçadores de recursos muitas vezes perdem oportunidades, e quem vende um negócio privado normalmente acaba com um conjunto reduzido de possíveis interessados. Em um de nossos estudos, apenas 8% das empresas-alvo privadas foram compradas por um *player* de outro setor, em comparação com 24% das organizações de capital aberto.

Apesar de seu alto custo, quando realizada de forma sensata, a investigação externa permitirá que você identifique as oportunidades de licença, aliança e aquisição em seu ecossistema. Dependendo da natureza de sua empresa, a procura por recursos pode assumir muitas formas. É comum ver grandes corporações com uma equipe dedicada de desenvolvimento corporativo – e, por vezes, uma prática de empreendimentos corporativos de risco –, além de um CTO (Chief Technology Officer) corporativo e uma equipe técnica. Todas essas unidades seguem as tendências de mercado, avaliam recursos emergentes e identificam inovadores externos (com frequência, causando expressiva duplicação de esforços enquanto trabalham de modo descoordenado). Após uma análise dos recursos externos, a equipe de desenvolvimento corporativo trabalha no acordo. O Chief Strategy Officer (ou líder semelhante) de uma equipe de desenvolvimento com uma configuração desse tipo deve combinar pontos de vista internos e externos para criar um quadro diversificado de opções de insumos estratégicos e possíveis modos de obtenção de recursos.

Embora as empresas menores tenham uma estrutura de busca menos formal, seu trabalho não é menos importante. Muitas vezes, a busca é feita por um líder ou, para melhor efeito, um grupo de executivos seniores – talvez um CSO, CTO ou Chief Innovation Officer (CIO) e um líder de desenvolvimento de negócios. A liderança será responsável pela busca de recursos externos, negociando com fornecedores e organizando e avaliando oportunidades de internas e externas. Consultores externos e de finanças também podem ajudar a identificar recursos, parcerias e oportunidades de aquisição.

Aquisições parciais

Se a aquisição ou tomada de controle total de uma empresa-alvo não for ideal, uma participação acionária pode ajudar a acessar os recursos e monitorar as atividades do negócio adquirido. Mesmo "investimentos educativos" relativamente pequenos podem ser úteis em estágios iniciais de criação de recursos. Você começa a aprender com a empresa-alvo, sem assumir um compromisso total ou interromper o trabalho dela – atitudes que talvez desviassem o foco e levassem a erros. Esse nível de investimento é uma espécie de prelúdio para uma participação acionária mais significativa. Dependendo do tamanho, um investimento educativo pode levar a maiores apostas sequenciais que proporcionarão controle considerável sobre a empresa-alvo. Muitos caçadores de recursos querem chegar a um limite de participação que proporcione acesso preferencial à empresa-alvo – alcançado quando, ao ocupar uma cadeira no conselho do parceiro, passou a desfrutar de direitos de voto e participar da tomada de decisões. As práticas de risco corporativo da Intel, Cisco e outras sólidas empresas de alta tecnologia desempenham papel importante na orientação dos primeiros estágios do desenvolvimento de negócios.

As participações acionárias podem servir a vários propósitos. Podem ser investimentos independentes que proporcionam acesso preferencial a uma empresa-alvo – uma estratégia típica para projetos exploratórios e altamente incertos. Podem ser usadas como instrumentos para ajudar a alinhar os interesses de sua organização com os do parceiro. Podem reforçar os vínculos operacionais e financeiros que as duas empresas formam através de licenciamento ou de acordos de aliança. Esse alinhamento é especialmente importante quando sua empresa e o parceiro ficarão mutuamente dependentes por um longo ciclo de desenvolvimento. Na verdade, participações são comuns para licenças e parcerias entre grandes empresas farmacêuticas e de biotecnologia. A Genzyme, por exemplo, entrou em um acordo de licenciamento de US$325 milhões com a Isis Pharmaceuticals, a fim de comercializar o tratamento hipolipêmico da Isis para pacientes de alto risco cardiovascular; e também criou uma aliança para coliderar os testes clínicos. Como parte do acordo, a Genzyme comprou US$150 milhões de ações ordinárias da Isis.

Spin-Ins

Uma *spin-in* é uma operação em que uma empresa em busca de recursos e um inovador externo criam, em comum acordo, um conjunto de marcos que desencadearão uma aquisição caso o inovador atinja os objetivos especificados. Esse tipo de acordo financia projetos inovadores, dando-lhes a flexibilidade necessária para trabalhar de forma independente. Em 2001, a Cisco investiu US$84 milhões em uma nova empresa de switches de fibra ótica, chamada Andiamo. Três anos depois, a Cisco divulgou ter pagado US$750 milhões para exercer seu direito de adquirir a Andiamo. O acordo de *spin-in* especificava uma faixa de preço de compra (até US$2,5 bilhões) com base em uma fórmula que incluía fatores como os níveis de vendas da Andiamo.

Algumas novas transações de *spin-in* assumem a forma de uma sequência de "*spin-out* e *spin-in*". Suponha que um funcionário desenvolva uma ideia para um novo negócio e saia da empresa para se dedicar ao projeto. É mais provável isso acontecer com ideias de vanguarda absoluta, como tecnologias revolucionárias, nas quais o empregador ainda não está pronto para investir. Se o novo empreendimento do ex-funcionário mostrar algum sucesso inicial, o empregador poderá transformá-lo em um acordo de *spin-in* e trabalhar em estreita colaboração com esse profissional para levar o negócio adiante. Algumas empresas transformaram esse modelo em uma disciplina: por muito tempo, a DuPont Chemical seguiu a política de incentivar os funcionários a criar seus próprios negócios – usando a DuPont como fornecedor – se desenvolvessem inovações que a DuPont não quisesse comercializar imediatamente.

(Por exemplo, a W.L. Gore & Associates, mais conhecida por seus tecidos impermeáveis, desenvolveu diversas linhas de produtos usando o polímero PTFE da DuPont, que um de seus fundadores havia pesquisado enquanto trabalhava como químico da DuPont.) Além disso, muitos acordos recentes de *spin-in* da Cisco envolveram empresas que empregavam ou foram fundadas por ex-executivos da Cisco. (A Cisco e outras organizações de alta tecnologia incentivam ativamente as "associações de ex-alunos" que mantêm o contato entre as empresas e seus ex-funcionários. Isso cria uma comunidade ampliada de inovadores potenciais, em que é possível procurar novos recursos.)

Observe que as negociações de *spin-in* apresentam desafios importantes tanto para as empresas controladoras quanto para as adquiridas. O comprador precisa incentivar o inovador a criar recursos que agreguem valor à controladora. E o vendedor deve adequar suas atividades de desenvolvimento de recursos às necessidades de determinado comprador – o que pode limitar seu poder de negociação no futuro. Isso significa que transações de *spin-in* geralmente envolvem inovadores – incluindo ex-funcionários e consultores – que têm experiência com a empresa em busca de recursos.

Investindo em fundos de capital de risco

Em um estágio inicial do desenvolvimento de uma tecnologia ou em mercados desconhecidos, os investimentos em fundos destacados de capital de risco podem ajudar a identificar e beneficiar-se dos grandes avanços em novas áreas. No processo, também é possível dividir a responsabilidade sobre risco e gestão. Em 2008, a Cisco investiu no Almaz Capital Partners, empresa de capital de risco, para explorar o potencial das startups de tecnologia na Rússia. O Almaz Capital Partners enfoca pequenas e médias empresas de tecnologia, mídia e telecomunicações com grande possibilidade de crescimento; o Almaz verifica a existência de oportunidades de investimento e gerencia o portfólio de fundos.

Se seu foco está em segmentos geográficos ou de tecnologia especializada, os fundos de capital de risco podem ser uma boa maneira de aprofundar seu conhecimento sobre os ecossistemas locais, os recursos pretendidos e os parceiros viáveis. É uma boa oportunidade de aprendizado, pois a seleção e a gestão das startups ficam por conta da administração do fundo. No devido tempo, se os investimentos mostrarem-se promissores, você poderá avançar para participações acionárias diretas ou acordos mais substanciais de licenciamento, aliança ou aquisição.

Envolver-se com inovadores externos é um desafio, principalmente quando sua empresa não tem credibilidade como um *player* relevante no domínio dos recursos pretendidos ou quando o inovador não quer vender seus recursos. O inovador pode propor alguma forma de colaboração como alternativa. Mas se você não conseguir encontrar um meio satisfatório de participar com um terceiro, um ambiente investigativo interno poderá atender às necessidades de sua organização.

Ganhando experiência

Como acontece com qualquer atividade, a experiência leva ao aprimoramento. É muito melhor buscar experiência de modo proativo do que sentar e esperar que uma urgência competitiva o empurre para uma tarefa assustadoramente desconhecida, para a qual você está totalmente despreparado. Como parte de suas estratégias contínuas de crescimento, as empresas devem aproveitar ativamente oportunidades de exercitar seus músculos – buscando recursos em atividades que vão desde projetos e ambientes investigativos internos, contratos e alianças até grandes aquisições.

Em geral, o tamanho da empresa moldará a melhor forma de ganhar experiência. Com maior frequência, as empresas menores dependem de desenvolvimento interno, contratos e alianças, e têm dificuldade na aquisição de outras organizações. No entanto, mesmo um pequeno negócio pode aproveitar uma oportunidade de alto crescimento e buscar uma aquisição focada. Além disso, nossa pesquisa mostra que as empresas que aprendem a utilizar contratos e alianças para complementar suas atividades de desenvolvimento interno crescem mais rápido do que aquelas que contam apenas com desenvolvimento interno. Elas também atingem mais rapidamente o nível de competência e confiança necessários para alçar voos rumo a aquisições direcionadas.

A história e as práticas arraigadas de obtenção de recurso da empresa também importam. A maioria começa com desenvolvimento interno e depois parte para opções externas de obtenção de recursos. O desafio consiste em ir além das muralhas históricas antes de cair nas armadilhas. Algumas empresas, no entanto, começam suas atividades por meio de licenciamento ou parcerias de aliança e até podem rapidamente formar redes de parcerias. Nesses casos, o desafio está em construir uma força interna suficiente para complementar os recursos obtidos por meio de parcerias.

Para acumular proativamente a experiência de sua empresa na obtenção de recursos, é provável que você tenha de superar a resistência dos grupos e líderes entrincheirados. Como vimos, a resistência tem suas raízes nos pontos cegos discutidos nos capítulos anteriores: muitas vezes, as poderosas equipes de M&A se mostram relutantes em transformar um possível acordo de aquisição em aliança. Sua equipe de licenciamento talvez não veja o valor de uma aquisição completa. O pessoal interno pode ter dificuldade em aceitar a destacada qualidade de recursos de terceiros. Uma série de preconceitos do CEO e de outros integrantes da cúpula complica ainda mais as preferências históricas e também pode influenciar fortemente os caminhos que sua empresa seleciona. Alguns líderes são compradores compulsivos e usam seu know-how negocial para expandir suas empresas; outros, por outro lado, têm alma de inventor e engenheiro, e levam-nas a preferir o desenvolvimento interno e a integridade do crescimento orgânico.

Alcançando a coordenação

A maior parte das empresas de qualquer porte tem vários funcionários e grupos de linhas de negócios com responsabilidade formal ou informal por decidir sobre projetos de desenvolvimento interno, conduzir atividades de aquisição e gerenciar parcerias estabelecidas por contratos e alianças. Infeliz e frequentemente, esses grupos operam com coordenação interfuncional limitada. A gestão do desenvolvimento interno pode estar enraizada nas unidades operacionais, a liderança de M&A pode funcionar como um grupo de desenvolvimento corporativo e a tomada de decisões referentes à estratégia de parcerias pode estar espalhada em diversas unidades operacionais.

Apesar da existência de inúmeras combinações de estruturas e sistemas, este é o tema unificador: nenhuma autoridade designada presta total atenção à qualidade das decisões e atividades relacionadas à obtenção de recursos empresariais. Talvez fosse mais adequado intitulá-lo de "tema desunificador", já que, na maioria das organizações, ninguém vê o quadro completo.

A coordenação das decisões de obtenção de recursos no nível corporativo é coisa rara. Recentemente, o executivo de uma empresa global nos falou sobre a substancial fragmentação da liderança quanto à escolha dos modos de obtenção de recursos em sua empresa. Embora desse atenção especial às aquisições, o CEO não se envolvia nas decisões sobre alianças e licenças. Segundo nossa experiência, mesmo as empresas que usam ativamente todos os modos de obtenção de recursos muitas vezes enfrentam dificuldade para reconhecer qual método deve ser usado em determinados casos. Isso resulta na perda de grandes oportunidades na obtenção de recursos estratégicos. Se recursos poderosos são obtidos pelo método errado, o resultado geralmente traz problemas e decepções. Uma atividade descoordenada a esse ponto representa uma sentença de morte em qualquer tentativa de estabelecer um meio confiável de selecionar e equilibrar corretamente seu portfólio de recursos.

Para superar conflitos de interesses e hábitos arraigados, suas decisões de construção-empréstimo-compra requerem sólida supervisão. Um CSO ou outro líder sênior pode orientar e ajudar a julgar os prós e os contras dos diferentes aspectos das atividades de desenvolvimento da empresa. No entanto, como um único executivo raramente consegue coordenar todas as grandes decisões de obtenção de recursos em toda a corporação, você terá de desenvolver uma capacidade de seleção mais ampla, envolvendo vários responsáveis pelas decisões. Há duas formas principais de se conseguir isso: uma abordagem fortemente integrada e um método distribuído.

Algumas empresas criam um grupo de desenvolvimento corporativo integrado, responsável por todo o escopo de análise e implementação dos modos construir-tomar emprestado-comprar. Em uma empresa líder de TI com a qual trabalhamos, o responsável pelo desenvolvimento corporativo tem estimulado a colaboração entre os integrantes das equipes de estratégia, M&As e empreendimentos de capital de risco.

"Em muitas empresas, você veria uma divisão entre esses grupos", disse-nos o gestor. "Mantemos todos eles em minha equipe. Cada qual participa de todos os marcos ao longo do ciclo de vida em questão."

Na realidade, porém, a maioria das empresas mantém grupos distintos para cada atividade de obtenção de recursos. Na verdade, cada método requer tempo e atenção – além de um conjunto específico de habilidades de execução – suficientes para que, muitas vezes, seja interessante contar com funcionários e grupos distintos, em diferentes níveis operacionais e de pessoal, a fim de assumir a responsabilidade principal pelas estratégias de desenvolvimento interno, parcerias e M&As. Nesses casos bastante específicos, cada grupo deverá chegar a um sólido conjunto de regras de seleção e comunicar-se ativamente com os outros grupos, de preferência envolvendo-os na análise de seleção. Isso torna mais fácil, por exemplo, transferir a responsabilidade pela exploração de determinada oportunidade de uma unidade de negócios para outra, permitindo que sua empresa aja rapidamente, antes que a oportunidade desapareça.

A MTN, empresa sul-africana de telecomunicações, ilustra o poder da responsabilidade distribuída para identificar caminhos de obtenção de recursos. A MTN expandiu-se por toda a África através de uma série de aquisições cuidadosamente estudadas. A empresa percebeu que sua base sul-africana de conhecimento poderia ajudá-la a coordenar uma rede pan-africana de telefonia móvel, mas não podia fornecer, sozinha, o conhecimento básico necessário para uma expansão de tamanha proporção. Desse modo, a MTN tomou as seguintes medidas:

- Construiu sólidos relacionamentos com governos e órgãos reguladores em todo o continente. Quando uma onda de privatização passou por muitos países africanos, a empresa lançou mão do bom relacionamento que mantinha com os governos para comprar muitas empresas de telecomunicações locais.
- A MTN concentrou-se na criação de uma marca comum e um conjunto de sistemas operacionais coordenados em todo o continente.
- Também desenvolveu fortes organizações locais em cada país.
- A empresa usou sua presença maciça para introduzir serviços inovadores (como o internet banking via celular, desenvolvido em parceria com o Standard Bank).

A combinação entre direcionamento das aquisições, expansão da marca e dos sistemas operacionais (por meio do uso otimizado de uma robusta base de conhecimento), alianças focadas e desenvolvimento local têm sido um enorme sucesso.

Na identificação dos caminhos de crescimento adequados, a liderança começou na cúpula da MTN, com o presidente e o CEO, e depois passou para os executivos encarregados de especificar o mix adequado de métodos de crescimento para cada país. A MTN foi estrategicamente sábia ao resistir e impor uma abordagem de crescimento única e inflexível a toda a corporação, aplicável a todos os países da África.

Para ter sucesso ao escolher entre diferentes caminhos de obtenção de recursos, coordenar os diversos recursos recém-inseridos em toda a empresa e lidar com as tensões organizacionais resultantes dessas atividades, você terá de experimentar e aprender. No processo, estará ajudando os gestores a criar e refinar uma visão, priorizar os objetivos estratégicos e testar as metas em comparação com os recursos disponíveis e os caminhos para obtê-los. À medida que você e outros responsáveis pela tomada de decisões ganharem experiência com os critérios de seleção, ficará mais fácil para sua empresa manter um portfólio de recursos bem equilibrado.

Como ressaltamos no Capítulo 1, nenhuma capacidade de implementação pode compensar uma escolha equivocada do caminho para a obtenção de recursos. Ainda assim, é preciso levar em conta as habilidades de implementação ao escolher o caminho a seguir. Se implementar sem fazer a seleção adequada o levará a não trilhar o caminho certo – não importa quanto você se empenhe –, escolher certo, mas não contar com sólidas habilidades de implementação, acabará desviando você do caminho certo.

Desenvolver uma forte capacidade de seleção trará importante vantagem competitiva para sua empresa. Agora, cabe a você plantar as sementes dessa capacidade – e isso não acontecerá da noite para o dia. Assim como os agricultores preparam os campos, você deverá preparar sua organização.

Seu papel como líder

Você provavelmente já experimentou a frustração de retornar ao trabalho depois de uma empolgante conferência em que obteve um monte de ideias e descobriu que as pessoas não são conseguiram compartilhar seu entusiasmo. Afinal, enquanto você esteve fora, elas continuaram com a cabeça enterrada na rotina. Por mais que você tentasse explicar o que aprendeu, elas não conseguiam captar o "espírito da coisa". A estrutura conceitual dos caminhos para a obtenção de recursos terá o mesmo tipo de destino, a menos que você ajude suficientemente os responsáveis pela tomada de decisões a reconhecer o potencial da ideia para lhe dar uma chance. O primeiro passo é decisivo. Sua missão como líder é cultivar, passo a passo, a capacidade de sua empresa de usar a estrutura como um componente essencial de desenvolvimento corporativo.

Criando entendimento compartilhado: discussão, ação e difusão

Seu primeiro objetivo de liderança é criar entendimento compartilhado do poder da estrutura conceitual dos caminhos para obtenção de recursos, seguindo três etapas básicas: discussão, ação e difusão.

Primeiro, discuta a estrutura com os responsáveis pelas decisões de sua empresa. Seu foco deve ser pragmático. Procure convencer alguns líderes estratégicos – pessoas com influência, coragem e imaginação criativa suficiente para autorizar uma ou duas experiências que comprovem a validade do conceito. Portanto, o ideal é que esses líderes já tenham reconhecido que o problema de crescimento da empresa está relacionado ao desempenho insuficiente ou falta crônica de recursos estratégicos. A discussão deve ser formulada como um chamado à ação.

No Capítulo 6, descrevemos um grande laboratório farmacêutico que teve dificuldades para abastecer seu pipeline com medicamentos desenvolvidos internamente, um desafio que ameaçava a posição competitiva da empresa. Para resolver o problema, um executivo sênior reuniu um grupo de trabalho informal com integrantes da alta administração e os laboratórios de desenvolvimento. O executivo começou enunciando o problema: uma preferência-padrão pelo desenvolvimento interno havia sufocado valiosas ideias externas e conduzido à estagnação. Os principais concorrentes tinham ultrapassado a empresa usando um mix de desenvolvimento interno, licenças, alianças e aquisições. Os membros do grupo de trabalho – incluindo a liderança dos laboratórios – concordaram que a empresa precisava tornar-se mais aberta a ideias e ativos externos. Então, deram início a uma série de acordos de licenciamento, alianças e aquisições de pequena escala. No prazo de três anos, a organização havia conseguido reabastecer seu pipeline com medicamentos promissores em vários estágios de desenvolvimento clínico.

Quando a discussão ocorre no contexto de um problema conhecido, as empresas costumam entrar rapidamente em ação. Use a estrutura conceitual dos caminhos para a obtenção de recursos, a fim de colher frutos sem demora. O sucesso criará o compromisso. Identifique oportunidades que contribuam visivelmente para os objetivos estratégicos da empresa. As pessoas – em especial, aquelas acostumadas a mergulhar de cabeça nos projetos – muitas vezes ficam impacientes com as demandas de um novo processo. Portanto, você deve atribuir a orientação passo a passo fornecida pela estrutura para fazer a diferença entre o sucesso e mais uma decepção.

Não tente escalar um Everest logo de cara. Muitas vezes, as vitórias iniciais consistirão em empreendimentos de pequena escala que podem ser executados rapidamente com uma pequena equipe central. Às vezes, você terá a sorte de identificar oportunidades em pouco tempo, fazendo a estrutura exercer um impacto desproporcional. O segredo consiste em escolher projetos com grandes chances de sucesso. Em 1997, quando Steve Jobs voltou para a posição de CEO na Apple Computer, que então enfrentava dificuldades, rejeitou a ideia de efetuar uma longa e exaustiva análise. Em vez disso, simplificou as linhas de produtos e, em seguida, moveu-se rapidamente de uma estratégia de tecnologia interna padrão para outra, com poucas, porém importantes, oportunidades externas.

A difusão não vai acontecer de forma viral; ela precisará de ajuda. Para difundir a estrutura em toda a organização, você terá de propagar as chamas de suas primeiras vitórias. Aproveite as pessoas que participaram dos projetos de sucesso para ajudar a construir uma rede de colegas que vejam o potencial da ideia e fiquem ansiosos para encontrar oportunidades de usar a estrutura em seus departamentos. Quando bem-posicionada, uma rede de defensores pode fazer a ideia ganhar força rapidamente, mesmo dentro de uma grande organização – ainda mais quando as vitórias iniciais começam a ser espalhadas em conversas informais. Na Apple, o êxito inicial da plataforma Mac aprimorada levou ao aumento da participação de mercado iMac, o que, por sua vez, levou a avanços de branding (construção de marca) e desenvolvimento. Em última análise, essas etapas sólidas rumo à recuperação contribuíram para o sucesso posterior da Apple com o iPod e outros produtos.

Você precisará gerar um efeito cascata quando os líderes em toda a organização começarem a ver essa estrutura conceitual como um instrumento indispensável para suas atividades específicas – identificar projetos de desenvolvimento interno, liderar uma estratégia de aquisição ou designar determinado grupo funcional para assumir a liderança de um projeto. Além de suas finalidades específicas, os líderes individuais também precisam entender que uma forte capacidade de seleção requer que toda a organização compartilhe uma visão que busque a melhor solução para a empresa como um todo – e não para determinada função, atividade ou líder. Por exemplo, o ideal é que a equipe de aquisições entre em ação assim que identificar o que é mais adequado: se atribuir determinada oportunidade a uma equipe responsável pelas questões de desenvolvimento interno ou a parcerias.

Mas quão formalmente você deverá incorporar a capacidade de seleção em sua organização à medida que ela for difundida? Faz sentido começar de modo informal, talvez usando um Skunk Work, como descrito no Capítulo 2. Com o passar do tempo, à medida que você ganhar experiência e alcançar sucesso, poderá aumentar a formalidade das atividades. Você também poderá estabelecer a análise de seleção como parte de seus ciclos de planejamento estratégico – de preferência, com você ou seu grupo de pioneiros tendo um grau de responsabilidade substancial no processo de planejamento.

A transição para um uso formalizado da estrutura depende da velocidade com que se conseguirá difundi-la. Vários fatores afetam o ritmo: tamanho da organização, estrutura e dispersão geográfica. Naturalmente, as organizações menores difundem novas habilidades mais rapidamente do que as de grande porte, muitas vezes através de meios informais. As empresas geograficamente dispersas costumam levar mais tempo para difundir as competências e demandam maior formalidade – o que é útil para envolver as pessoas de regiões distantes. Novas competências tendem a se difundir mais rápido e permanecer na informalidade em organizações relativamente planas, enquanto, nas mais hierarquizadas, a difusão é mais lenta, e a formalidade, maior. A identificação dessas contingências o ajudará a estabelecer o caminho de difusão e o grau de formalidade mais adequado a seu caso.

Considere também como a rotatividade dos executivos pode afetar sua capacidade de usar a estrutura conceitual dos caminhos para a obtenção de recursos. Invariavelmente, líderes em organizações dinâmicas – e até mesmo equipes de liderança inteiras – costumam mudar de emprego com certa regularidade e, às vezes, são transferidos para diferentes partes da corporação. Essa rotatividade pode perturbar os sistemas e os processos, incluindo a divulgação da estrutura. Naturalmente, se você for a pessoa que está passando por uma transição, poderá levar a estrutura para a nova organização. Mas se, em vez disso, perder colegas que eram aliados importantes, enfrentará o desafio de encontrar e conquistar novos adeptos. É melhor agir rapidamente. Elos perdidos em uma rede de defensores podem prejudicar a difusão do conceito. Ressalte o papel que a estrutura tem desempenhado na geração de novos sucessos nos negócios.

Liderança em vários pontos de uma empresa

Seu papel de liderança no desenvolvimento de uma forte capacidade de seleção na empresa vai demandar abordagens diferentes, dependendo de sua posição. Se você for um gerente sênior, estará bem-posicionado para tornar a adoção da estrutura uma prioridade entre as habilidades de planejamento estratégico e implementação de sua empresa. Se você ocupar um cargo de nível médio ou trabalhar em uma unidade operacional, comece desenvolvendo uma capacidade de seleção local para ajudar a orientar as atividades estratégicas sob sua responsabilidade e, só mais tarde, comece a buscar oportunidades para ajudar a difundir essa competência de forma mais ampla no restante da empresa.

Não importa se você é um líder do alto escalão ou se trabalha no nível operacional, sua eficácia dependerá de uma profunda compreensão da dinâmica política e de liderança de sua empresa. Muitos executivos seniores desenvolvem esse nível de percepção ao longo da carreira. No entanto, se você for novo na empresa, terá de fazer um pouco de pesquisa local. Seu objetivo é identificar os canais mais receptivos à implementação de mudanças significativas na forma como a organização toma decisões importantes. Você também precisará saber quais pessoas e canais serão mais resistentes. Essas atividades implicam certo perigo. Portanto, procure saber quais de seus pares e superiores acolherão a mudança e quais oferecerão resistência – talvez a ponto de pisar fora da linha definida. É claro que você terá mais chances de evitar problemas profissionais se for eficaz e meticuloso ao discutir, agir e aproveitar os êxitos iniciais como uma plataforma para difundir a mudança.

Considerações finais

Vamos repetir a mensagem central: as empresas que selecionam as formas corretas de obter novos recursos ganham vantagem competitiva. A capacidade de seleção é uma disciplina que você deve cultivar e desenvolver ao longo do tempo. Não há soluções fáceis para problemas de seleção. Como salientado ao longo deste livro, não é possível superar erros de seleção apenas trabalhando com afinco para implementar maneiras imperfeitas de obtenção de recursos.

A falta de uma forte capacidade seleção cria problemas críticos para qualquer empresa. Por diversas vezes, executivos de corporações estabelecidas ressaltaram que, depois que suas empresas – antes líderes do setor em que atuam – ficaram presas a determinados padrões de seleção ou armadilhas de implementação, não mais conseguiram inovar com sucesso. E as empresas jovens, correndo para garantir posição de mercado, muitas vezes deixam de considerar um conjunto suficientemente amplo de opções de construção-empréstimo-compra. Em vez disso, lutam para avançar além de suas inovações de startup.

O passado pode ser um espelho retrovisor mortal. Para resolver problemas de concorrência, muitas vezes as empresas intensificam seu compromisso com os caminhos de crescimento conhecidos e trabalham com mais afinco para implementar seus projetos. O que acontece quando isso não funciona? Por falta de um processo de seleção organizado, podem delegar a missão de identificar e escolher novas oportunidades de obtenção de recursos a alguns executivos ou a uma força-tarefa assistemática. Mas mesmo a força-tarefa mais inteligente precisará de uma lente disciplinadora que a ajude a avaliar as opções de obtenção de recursos.

A estrutura conceitual dos caminhos para a obtenção de recursos é uma ferramenta poderosa para qualquer empresa de qualquer setor em qualquer parte do mundo. Ela pode prescrever os métodos mais eficazes para se reunirem os recursos-chave de forma rápida e eficiente, permitindo-lhe expandir seu negócio diante da concorrência acirrada. Como parte de seu kit de ferramentas estratégicas, a estrutura irá gerar vantagens sobre as empresas rivais que sucumbem à armadilha da implementação. (Veja o modelo completo da estrutura no Anexo A.)

Por fim, você precisa de liderança – daqueles que selecionam cada modo de obtenção de recursos; dos que conduzem as atividades de desenvolvimento interno, M&As, contratos e parcerias; daqueles que estão envolvidos em coordenar e assegurar a transparência de todas as atividades de obtenção de recursos; do CEO e do conselho – todos atuando como defensores e aprovadores de alto nível de uma disciplina de construir-tomar emprestado-comprar em toda a empresa. Sem liderança em todos esses níveis, a iniciativa vai afundar.

Como qualquer metodologia, a estrutura conceitual dos caminhos para a obtenção de recursos pode ser usada de modo negligente, ser mal interpretada ou praticada de maneira inadequada. Se assim for, sua capacidade de seleção irá patinar e levar ao caos, em vez de alcançar a competência. Portanto, como líder, você deverá entender o contexto. Existe algum problema empresarial para o qual a estrutura é uma peça indispensável que está faltando? A organização está pronta para desenvolver uma forte capacidade de seleção? Você consegue identificar as pessoas-chave que promovem mudanças na empresa e encontrar a melhor maneira de conseguir o apoio delas?

Se você responder afirmativamente a essas perguntas, irá promover e manter novas e vibrantes oportunidades estratégicas para sua empresa – além de trilhar uma carreira de sucesso para si mesmo.

ANEXO A

Estrutura conceitual dos caminhos para obtenção de recursos: modelo completo

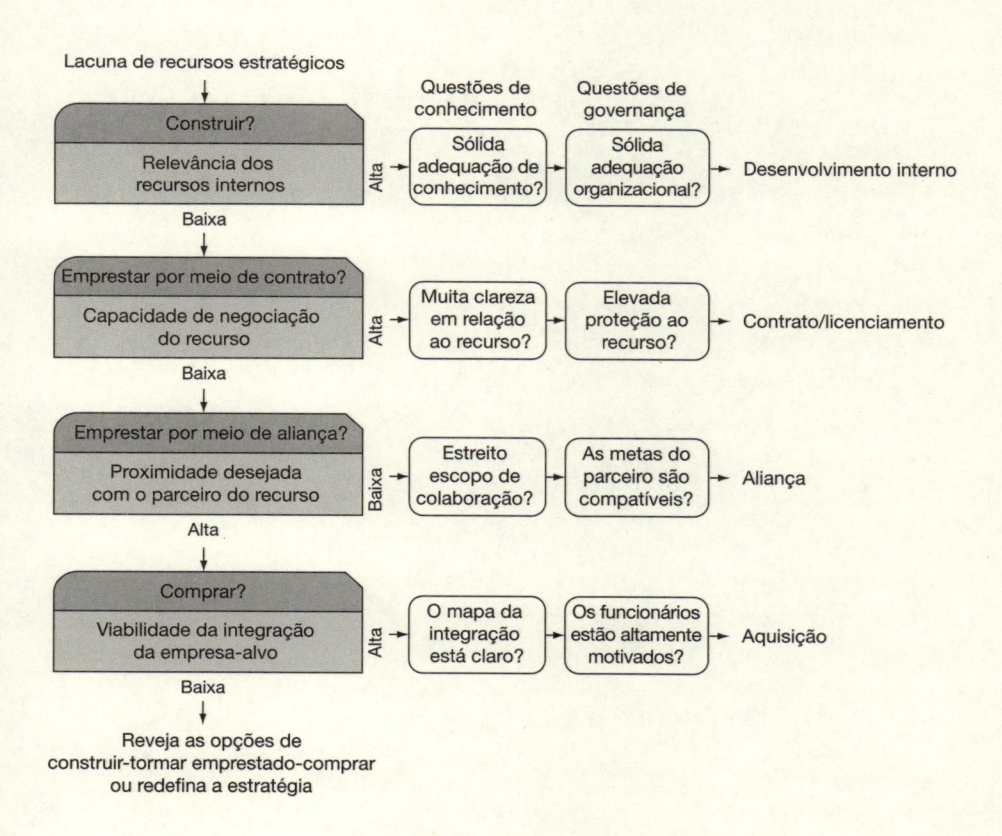

Lacuna de recursos estratégicos

Construir?
Relevância dos recursos internos
- Alta → Sólida adequação de conhecimento? → Sólida adequação organizacional? → Desenvolvimento interno
- Baixa ↓

Emprestar por meio de contrato?
Capacidade de negociação do recurso
- Alta → Muita clareza em relação ao recurso? → Elevada proteção ao recurso? → Contrato/licenciamento
- Baixa ↓

Emprestar por meio de aliança?
Proximidade desejada com o parceiro do recurso
- Baixa → Estreito escopo de colaboração? → As metas do parceiro são compatíveis? → Aliança
- Alta ↓

Comprar?
Viabilidade da integração da empresa-alvo
- Alta → O mapa da integração está claro? → Os funcionários estão altamente motivados? → Aquisição
- Baixa ↓

Reveja as opções de construir-tormar emprestado-comprar ou redefina a estratégia

Questões de conhecimento | Questões de governança

ANEXO B

O programa de pesquisa dos autores

Este livro baseia-se em duas décadas de nossa ampla pesquisa e experiência, e nos estudos de muitos outros acadêmicos em nossa área. As ideias e os dados que apresentamos aqui decorrem de vários estudos empíricos de larga escala e de muitas entrevistas com altos executivos de vários setores, entre os quais produção de automóveis, biociências, aeroespacial, bens de consumo e telecomunicações. Nossa pesquisa incluiu os seguintes estudos:

- Uma pesquisa estruturada de 162 empresas de telecomunicações em todo o mundo sobre o uso de diferentes modos de obtenção de recursos para preencher as lacunas, com acompanhamento através da análise de sobrevivência das organizações incluídas no estudo.
- Uma pesquisa estruturada com 253 aquisições na Europa e nos Estados Unidos em setores de produção para avaliar a eficácia da eliminação e reimplantação de recursos pós-fusão no início dos anos 1990.
- Estudos longitudinais de várias centenas de empresas farmacêuticas, de dispositivos médicos e serviços de saúde no setor global de biociências, abrangendo dados da década de 1950 até os anos 2000.
- Análise de dados em painel sobre a mudança nos negócios durante os anos 1990 e 2000 que afetam centenas de empresas sediadas na Ásia Oriental.
- Análise de dados que vão de algumas dezenas de casos até várias centenas de empresas nos segmentos globais de fornecedores e OEMs (fabricantes de peças originais) para a indústria automotiva; setores bancário, aeroespacial, de produção industrial e de e-commerce.

Os resultados desses estudos deram forma às ideias na estrutura conceitual dos caminhos para obtenção de recursos. Temos usado essas ideias em nossas aulas há mais de 10 anos e, vendo como nossos alunos se beneficiaram com esse método, ficamos motivados a desenvolver e refinar esses conceitos. De modo geral, também recorremos a uma ampla gama de pesquisas envolvendo estratégia, economia e aspectos organizacionais, conduzidas por vários outros estudiosos.

Se você quiser aprofundar seu conhecimento das questões propostas neste livro, recomendamos que escolha, entre as seguintes leituras, aquelas que melhor atendam às suas necessidades. A lista a seguir identifica alguns de nossos próprios estudos que ajudaram a moldar nossas ideias. Agradecemos imensamente e respeitamos a profundidade e a amplitude das pesquisas que outros acadêmicos têm gerado nesses domínios. Os trabalhos que forneceram os elementos básicos para a nossa pesquisa e ideias estão listados na seção de referências deste livro.

Leituras sobre gestão

Visão geral do modelo dos caminhos para obtenção de recursos
Capron, Laurence e Will Mitchell. "Finding the Right Path", *Harvard Business Review*, julho-agosto de 2010, 102–107.

Capron, Laurence, Will Mitchell e Joanne Oxley. "Organizing for Learning", *Financial Times Mastering Strategy Series*, 29 de novembro de 1999.

Sobre gestão de alianças
Mitchell, Will. "Alliances: Achieving Long-Term Value and Short-Term Goals", *Financial Times Mastering Strategy: The Complete MBA Companion in Strategy* (Londres: Pearson Education Limited, 2000), 351–356.

Dussauge, Pierre, Bernard Garrette e Will Mitchell. "How to Get the Best Results from Alliances", *European Business Forum 3*, 4º trimestre de 2000: 41–46.

Sobre gestão de M&As
Mitchell, Will e Laurence Capron. "Managing Acquisitions to Change and Survive", *European Business Forum 9*, 2º trimestre de (2002): 51–55.

Capron, Laurence e Kevin Kaiser. "Does Your M&A Add Value?" *Financial Times Managing in a Downturn*, 6 de fevereiro de 2009.

Capron, Laurence. "The Private M&A: Does the 'Private Firm' Discount Exist?", *Chief Executive*, 8 de outubro de 2008.

Capron, Laurence e Mauro Guillén. "Fighting Economic Nationalism in M&As", *Financial Times Mastering Strategy Series*, 13 de outubro de 2006.

Capron, Laurence e Karen Schnatterly. "How M&As Can Lead to Governance Failure", *Financial Times Mastering Corporate Governance Series*, 3 de junho de 2005.
Capron, Laurence. "Horizontal Acquisitions: The Benefits and Risk to Long-Term Performance", *Financial Times Mastering Strategy Series*, 8 de novembro de 1999.

Sobre gestão do desenvolvimento corporativo
Karim, Samina e Will Mitchell. "Innovation Through Acquisition and Internal Development: A Quarter-Century of Business Reconfiguration at Johnson & Johnson", *Long Range Planning* 37, n. 6 (2004): 525-547.

Estudos de caso

Capron, Laurence, Urs Peyer e Lori Einheiber. "The Bid for Bell Canada Enterprises". Fontainebleau: INSEAD, 2011. (Comprador estratégico *versus* financeiro; LBO.)
Hunter, Mark, Laurence Capron e Fares Boulos. "Lloyds-TSB Group: Business Portfolio Restructuring and Development". Fontainebleau: INSEAD, 2011. (Reestruturação de portfólio; o papel da controladora.)
Garrette, Bernard e Laurence Capron. "The Matra-Renault Alliance (A): Gearing Up to the 2002 Milestone". Jouy-en-Josas, França: HEC-INSEAD, 2010. (Gestão de alianças.)
Garrette, Bernard e Laurence Capron. "The Matra-Renault Alliance (B): Is There a Life after the Espace?" Jouy-en-Josas, França: HEC-INSEAD, 2010. (Gestão de alianças.)
Capron, Laurence e Nir Brueller. "Cisco Systems: New Millennium – New Acquisition Strategy?". Fountainebleau, França: INSEAD, 2010. (Integração de M&As.)
Capron, Laurence e Andrew Horncastle. "Acquisition Wave in the Fine Chemicals Industry (A): Clariant-BTP Acquisition". Fountainebleau, França: INSEAD, 2006. (Onda de M&As e modismos dos diferentes setores da economia.)
Capron, Laurence e Andrew Horncastle. "Acquisition Wave in the Fine Chemicals Industry (B): Rhodia-Chirex Acquisition". Fountainebleau, França: INSEAD, 2006. (Onda de M&As e modismos dos diferentes setores da economia.)
Capron, Laurence e Andrew Horncastle. "Acquisition Wave in the Fine Chemicals Industry (C): Degussa-Laporte". Fountainebleau, França: INSEAD, 2006. (Onda de M&As e modismos dos diferentes setores da economia.)
Mitchell, Will. "Change Strategy at General Electric, 1980-2006". Durham, NC: Duke University, 2008. (Mudança multimodal.)
Mitchell, Will. "Abbott International: Launching Kaletra in China in 2003". Durham, NC: Duke University, 2007. (Desenvolvimento interno em mercados não tradicionais.)
Mitchell, Will. "The CKD Clinic Proposal in Newark in 2003". Durham, NC: Duke University, 2007. (Desenvolvimento interno.)
Mitchell, Will. "Takeda Abbott Pharmaceuticals (TAP) in 2002". Durham, NC: Duke University, 2007. (Alianças.)
Santo-Rivera, Miguel, Pierre Dussauge e Will Mitchell. "The Amazon – Toys 'R' Us Alliance, 2000". Jouy-en-Josas, França: HEC-INSEAD, 2007. (Alianças.)

Mitchell, Will. "Pharmaceutical Introduction: Launching Eli Lilly's Sarafem in 2000 (A & B)". Durham, NC: Duke University, 2003. (Desenvolvimento interno.)
Mitchell, Will. "The Evolution of Astra Merck Inc., 1982–1999". Ann Arbor, MI: University of Michigan at Ann Arbor, 1998/2007. (Alianças.)
Mitchell, Will. "United States Office Products in 1998". Ann Arbor, MI: University of Michigan at Ann Arbor, 1998. (Aquisições.)
Mitchell, Will. "Comparing Two Acquisitions: Marion Merrell Dow (1989) and Glaxo Wellcome (1995)". Durham, NC: Duke University, 2009. (Aquisições.)
Mitchell, Will. "Playing Leapfrog with Elephants: EMI, Ltd. and CT Scanner Competition in the 1970s". Ann Arbor, MI: University of Michigan at Ann Arbor, 1997/2005. (Ciclos de vida dos diferentes setores da economia.)
Mitchell, Will. "Remora Among the Sharks: Imatron, Inc. and CT Scanner Competition in the 1980s." Ann Arbor, MI: University of Michigan at Ann Arbor, 1997. (Ciclos de vida dos diferentes setores da economia.)

Leituras acadêmicas

Capacidade de seleção: escolhendo entre desenvolvimento interno e obtenção de recursos externos
Capron, Laurence e Will Mitchell. "Selection Capability: How Capability Gaps and Internal Social Frictions Affect Internal and External Strategic Renewal", *Organization Science 20*, n. 2 (2009): 294–312.
Capron, Laurence e Will Mitchell. "Where Firms Change: Internal Development Versus External Capability Sourcing in the Global Telecommunications Industry", *European Management Review* 1, n. 2 (2004): 157–174.

Sobre gestão do desenvolvimento interno
Mukherjee, Ashok, Brian Talbot e Will Mitchell. "The Impact of New Manufacturing Requirements on Production Line Productivity and Quality at a Focused Factory", *Journal of Operations Management* 18, n. 2 (2000): 139–168.

Sobre gestão de contratos
Mulotte, Louis, Pierre Dussauge e Will Mitchell. "Does Collaboration Induce Spurious Learning and Overconfidence? Evidence from Independent versus Collaborative Entry in the Global Aerospace Industry, 1944–2000", *Strategic Management Journal* (a ser publicado em 2012).
Parmigiani, Anne e Will Mitchell. "The Hollow Corporation Revisited: Can Governance Mechanisms Substitute for Technical Expertise in Managing Buyer-Supplier Relationships?", *European Management Review* 7, n. 1 (2010): 46–70.

Sobre gestão de alianças
Singh, Kulwant e Will Mitchell. "Growth Dynamics: The Bi-Directional Relationship between Interfirm Collaboration and Business Sales in Entrant and Incumbent Alliances", *Strategic Management Journal* 26 (2005): 497–522.

Singh, Kulwant e Will Mitchell. "Precarious Collaboration: Business Survival after Partners Shut Down or Form New Partnerships", Edição especial, *Strategic Management Journal* 17, n. 1 (1996): 99-115.

Mitchell, Will, Pierre Dussauge e Bernard Garrette. "Alliances with Competitors: How to Combine and Protect Key Resources", Edição especial, *Journal of Creativity and Innovation Management* 11, n. 3 (2002): 202-223.

Dussauge, Pierre, Bernard Garrette e Will Mitchell. "Learning from Competing Partners: Outcomes and Durations of Scale and Link Alliances in Europe, North America, and Asia", *Strategic Management Journal* 21, n. 2 (2000): 99-126.

Sobre M&A, criação de valor e dividendos

Capron, Laurence. "The Long-Term Performance of Horizontal Acquisitions", *Strategic Management Journal* 20, n. 11 (1999): 987-1018.

Capron, Laurence e Jung-Chin Shen. "Acquisitions of Private versus Public Firms: Private Information, Target Selection and Acquirer Returns", *Strategic Management Journal* 28, n. 9 (2007): 891-911.

Capron, Laurence, and Nathalie Pistre. "When Do Acquirers Earn Abnormal Returns?", *Strategic Management Journal* 23, n. 9 (2002): 781-794.

Mitchell, Will e Annetta Fortune. 2012. "Unpacking the Firm Exit at the Firm and Industry Levels: The Adaptation and Selection of Firm Capabilities", *Strategic Management Journal*.

Sobre gestão da integração e eliminação de recursos pós-fusão

Capron, Laurence, Pierre Dussauge e Will Mitchell. "Resource Redeployment Following Horizontal Mergers and Acquisitions in Europe and North America, 1988-1992", *Strategic Management Journal* 19, n. 7 (1998): 631-661.

Capron, Laurence, Anand Swaminathan e Will Mitchell. "Asset Divestiture Following Horizontal Acquisitions: A Dynamic View", *Strategic Management Journal* 22, n. 9 (2001): 817-844.

Capron, Laurence e Will Mitchell. "Bilateral Resource Redeployment and Capabilities Improvement Following Horizontal Acquisitions", *Industrial and Corporate Change* 7, n. 3 (1998): 453-484.

Capron, Laurence e Will Mitchell. "The Role of Acquisitions in Reshaping Business Capabilities in the International Telecommunications Industry", Edição especial, *Industry and Corporate Change* 7, n. 4 (1998): 715-730.

Karim, Samina e Will Mitchell. "Path-Dependent and Path-Breaking Change: Reconfiguring Business Resources Following Acquisitions in the U.S. Medical Sector, 1978-1995", Edição especial, *Strategic Management Journal* 21, n. 10-11 (2000): 1.061-1.081.

Role of Institutional Environment on M&A and Other Growth Paths

Capron, Laurence e Mauro Guillén. "National Corporate Governance Institutions and Post-Acquisition Target Reorganization", *Strategic Management Journal* 30, n. 8 (2009): 803-833.

Chakrabarti, Abhirup, Elena Vidal e Will Mitchell. "Business Transformation in Heterogeneous Environments: The Impact of Market Development and Firm Strength on Growth and Retrenchment Reconfiguration", *Global Strategy Journal* 1, n. 1 (2011): 6-26.

Referências

Capítulo 1

Amit, R. e Schoemaker, P. "Strategic Assets and Organizational Rent", *Strategic Management Journal* 14, n. 1 (1993): 33–46.

Barney, J. "Firm Resources and Sustained Competitive Advantage", *Journal of Management* 17, n. 1 (1991): 99–120.

Carroll, G. R. e M. T. Hannan (orgs.). *Organizations in Industry: Strategy, Structure, and Selection*. Nova York: Oxford University Press, 1995.

Cohen, W. M. e D. Levinthal. "Absorptive Capacity: A New Perspective on Learning and Innovation", *Administrative Science Quarterly* 35, n. 1 (1990): 128–152.

Cusumano M. A. *Staying Power: Six Enduring Principles for Managing Strategy and Innovation in an Uncertain World*. Nova York: Oxford University Press, 2010.

Cyert, R. M. e J. G. March. *A Behavioral Theory of the Firm*. Englewood Cliffs, NJ: Prentice-Hall, 1963.

De Wit, F. R. C., L. L. Greer e K. A. Jehn. "The Paradox of Intragroup Conflict: A Meta-Analysis", *Journal of Applied Psychology* 97, n. 2 (2012): 360–390.

Dosi, G. "Technological Paradigms and Technological Trajectories", *Research Policy* 11, n. 3 (1982): 147–162.

Eisenhardt, K. M. e J. A. Martin. "Dynamic Capabilities: What Are They?" *Strategic Management Journal* 21 (2000): 1.105–1.121.

Galunic, D. C. e S. Rodan. "Resource Recombinations in the Firm: Knowledge Structures and the Potential for Schumpetarian Recombination", *Strategic Management Journal* 19, n. 12 (1998): 1193–1201.

Hannan, M. T. e J. Freeman. "Structural Inertia and Organizational Change", *American Sociological Review* 49, n. 2 (1984): 149–164.

Helfat, C. E., S. Finkelstein, W. Mitchell, M. A. Peteraf, H. Singh, D. J. Teece e S. G. Winter. *Dynamic Capabilities: Understanding Strategic Change in Organizations*. Malden, MA: Blackwell, 2007.

Kaplan, S. "Cognition, Capabilities, and Incentives: Assessing Firm Response to the Fiber-Optic Revolution", *Academy of Management Journal* 51, n. 4 (2008): 672–695.

Kriauciunas, A. e P. Kale. "The Impact of Environmental Imprinting and Search on Resource Change: A Study of Firms in Lithuania", *Strategic Management Journal* 27, n. 7 (2006): 659-679.

Leonard, D. *Wellsprings of Knowledge: Building and Sustaining the Sources of Innovation.* Boston: Harvard Business School Press, 1995.

Levinthal, D. "Organizational Adaptation and Environmental Selection: Interrelated Processes of Change", *Organization Science* 2, n. 1 (1991): 140-146.

Liebeskind, J. P. "Knowledge, Strategy, and the Theory of the Firm", *Strategic Management Journal* 17, Winter (1996): 93-107.

Mahoney, J. T. e J. R. Pandian. "The Resource-Based View Within the Conversation of Strategic Management", *Strategic Management Journal* 13, n. 5 (1992): 363-380.

Nelson, R. R. e S. G. Winter. *An Evolutionary Theory of Economic Change.* Cambridge, MA: Belknap Press of Harvard University Press, 1982.

Penrose, E. T. *The Theory of the Growth of the Firm.* Nova York: John Wiley, 1959. [No Brasil, publicado como *A teoria do crescimento da firma.* Ed. Unicamp, 2006.]

Pisano, G. "The R&D Boundaries of the Firm: An Empirical Analysis", *Administrative Science Quarterly* 35, n. 1 (1990): 153-176.

Schumpeter, J. A. *The Theory of Economic Development: An Inquiry into Profits, Capital, Credit, Interest, and the Business Cycle.* Cambridge, MA: Harvard University Press, 1934.

Teece, D. J., G. Pisano e A. Shuen. "Dynamic Capabilities and Strategic Management", *Strategic Management Journal* 18, n. 7 (1997): 509-533.

Tripsas, M. e G. Gavetti. "Capabilities, Cognition, and Inertia: Evidence from Digital Imaging", *Strategic Management Journal* 21, n. 10-11 (2000): 1147-1161.

Tushman, M. L. e C. A. O'Reilly. "The Ambidextrous Organization: Managing Evolutionary and Revolutionary Change", *California Management Review* 38, n. 4 (1996): 8-30.

Tushman, M. L. e P. Anderson. "Technological Discontinuities and Organizational Environments", *Administrative Science Quarterly* 31, n. 3 (1986): 439-465.

Winter, S. "Survival, Selection, and Inheritance in Evolutionary Theories of Evolution", In *Organizational Evolution: New Directions,* edited by J. V. Singh, 269-296. Newbury Park, CA: Sage Publications, 1990.

Winter, S. G. "Understanding Dynamic Capabilities", *Strategic Management Journal* 24, n. 10 (2003): 991-995.

Zollo, M. e S. G. Winter. "Deliberate Learning and the Evolution of Dynamic Capabilities", *Organization Science* 13, n. 3 (2002): 339-351.

Capítulo 2

Argote, L. *Organizational Learning: Creating, Retaining, and Transferring Knowledge.* Boston: Kluwer Academic, 1999.

Barnett, W. P. e G. R. Carroll. "Modeling Internal Organizational Change", In X. Hagan (org.), *Annual Review of Sociology,* v. 21 (1995): 217-236.

Barney, J. "How a Firm's Capabilities Affect Boundary Decisions", *Sloan Management Review* 40, n. 3 (1999): 137-145.

Burgelman, R. "Corporate Entrepreneurship and Strategic Management: Insights from a Process Study", *Management Science* 29, n. 12 (1983): 1.349-1.364.

Chatterjee, S. "Excess Capabilities, Utilization Costs, and Mode of Entry", *Academy of Management Journal* 33, n. 4 (1990): 780-800.

Chesbrough, H. "The Governance and Performance of Xerox's Technology Spin-off Companies", *Research Policy* 32, n. 3 (2003): 403-421.

Christensen, C. M. *The Innovator's Dilemma: When New Technologies Cause Great Firms to Fail*. Boston: Harvard Business School Press, 1997. [No Brasil, publicado como *O dilema da inovação*. São Paulo: Makron Books, 2001.]

Delmas, M. "Exposing Strategic Assets to Create New Competencies: The Case of Technological Acquisition in the Waste Management Industry in Europe and North America", *Industrial and Corporate Change* 8, n. 4 (1999): 635-671.

Dierickx, I. e K. Cool. "Asset Stock Accumulation and Sustainability of Competitive Advantage", *Management Science* 35, n. 12 (1989): 1.504-1.514.

Gawer, A. e R. Henderson. "Platform Owner Entry and Innovation in Complementary Markets: Evidence from Intel", *Journal of Economics & Management Strategy* 16, n. 1 (2007): 1-34.

Hargadon, A. e R. I. Sutton. "Technology Brokering and Innovation in a Product Development Firm", *Administrative Science Quarterly* 42, n. 4 (1997): 716-749.

Helfat, C. E. "Evolutionary Trajectories in Petroleum Firm R&D", *Management Science* 40, n. 12 (1994): 1.720-1.747.

Helfat, C. E. e M. B. Lieberman. "The Birth of Capabilities: Market Entry and the Importance of Pre-History", *Industrial and Corporate Change* 11, n. 4 (2002): 725-760.

Helfat, C. E. e M. Peteraf. "The Dynamic-Resource-Based View: Capability Lifecycles", *Strategic Management Journal* 24, n. 10 (2003): 997-1010.

Henderson, R. M. e K. B. Clark. "Architectural Innovation: The Reconfiguration of Existing Product Technologies and the Failure of Established Firms", *Administrative Science Quarterly* 35, n. 1 (1990): 9-30.

Hennart, J. F. e Y. Park. "Greenfield vs. Acquisition: The Strategy of Japanese Investors in the United States", *Management Science* 39, n. 9 (1993): 1.054-1.070.

Jacobides, M. e S. Winter. "The Co-evolution of Capabilities and Transaction Costs: Explaining the Institutional Structure of Production", *Strategic Management Journal* 26, n. 5 (2005): 395-413.

Jacobides, M. e S. Billinger. "Designing the Boundaries of the Firm: From 'Make, Buy, or Ally' to the Dynamic Benefits of Vertical Architecture", *Organization Science* 17, n. 2 (2006): 249-261.

Katila, R. e A. Ahuja. "Something Old, Something New: A Longitudinal Study of Search Behavior and New Product Introduction", *Academy of Management Journal* 45, n. 6 (2002): 1183-1194.

Kogut, B. e U. Zander. "Knowledge of the Firm, Combinative Capabilities, and the Replication of Technology", *Organization Science* 3, n. 3 (1992): 383-397.

Kogut, B. e U. Zander. "What Firms Do? Coordination, Identity and Learning", *Organization Science* 7, n. 5 (1996): 502-518.

Lavie, D. "Capability Reconfiguration: An Analysis of Incumbent Responses to Technological Change", *Academy of Management Review* 31, n. 1 (2006): 153-174.

Markides, C. C. e P. J. Williamson. "Related Diversification, Core Competencies, and Corporate Performance", *Strategic Management Journal* 15, n. 2 (1994): 149-165.

Menon, T. e J. Pfeffer. "Valuing Internal vs. External Knowledge: Explaining the Preference for Outsiders", *Management Science* 49, n. 4 (2003): 497-514.

Palepu, K. e T. Khanna. "Why Focused Strategies May Be Wrong for Emerging Markets", *Harvard Business Review*, julho-agosto de 1997, 41-51.

Peteraf, M. A., "The Cornerstones of Competitive Advantage: A Resource-Based View", *Strategic Management Journal* 14, n. 3 (1993): 179-191.
Raisch, S., J. M. Birkinshaw, G. Probst e M. Tushman. "Organizational Ambidexterity: Balancing Exploration for Sustained Corporate Performance", *Organization Science* 20, n. 4 (2009): 685-695.
Rosenkopf, L. e A. Nerkar. "Beyond Local Search: Boundary-Spanning, Exploration e Impact in the Optical Disc Industry", *Strategic Management Journal* 22, n. 4 (2001): 287-306.
Santos, F. M. e K. K. Eisenhardt. "Organizational Boundaries and Theories of Organization", *Organization Science* 16, n. 5 (2005): 491-508.
Shaver, J. M. "Accounting for Endogeneity When Assessing Strategy Performance: Does Entry Mode Choice Affect FDI Survival?", *Management Science* 44, n. 4 (1998): 571-585.
Siggelkow, N. "Change in the Presence of Fit: The Rise, the Fall e the Renaissance of Liz Claiborne", *Academy of Management Journal* 44, n. 4 (2001): 838-858.
Silverman, B. "Technological Resources and the Direction of Corporate Diversification: Toward an Integration of the Resource-Based View and Transaction Cost Economics", *Management Science* 45, n. 8 (1999): 1109-1124.
Stuart, T. E. e J. M. Podolny. "Local Search and the Evolution of Technological Capabilities", *Strategic Management Journal* 17, Evolutionary Perspectives on Strategy Supplement (1996): 21-38.
Szulanski, G. "Exploring Internal Stickiness: Impediments to the Transfer of the Best Practice Within the Firm", *Strategic Management Journal* 17, edição especial de inverno (1996): 27-44.
Von Hippel, E. "Innovation by User Communities: Learning from Open-Source Software", MIT *Sloan Management Review* 42, n. 4 (2001): 82.
Wernerfelt, B. "A Resource-Based View of the Firm", *Strategic Management Journal* 5, n. 2 (1984): 171-180.
White, S. "Competition, Capabilities, and the Make, Buy, or Ally Decisions of Chinese State-Owned Firms", *Academy of Management Journal* 43, n. 3 (2000): 324-341.
Yip, G. "Diversification Entry: Internal Development versus Acquisition", *Strategic Management Journal* 3, n. 4 (1982): 331-345.

Capítulo 3

Anand, B. e T. Khanna. "The Structure of Licensing Contracts", *Journal of Industrial Economics* 48, n. 1 (2000): 103-135.
Argyres, N. S. e K. J. Mayer. "Contract Design as a Firm Capability: An Integration of Learning and Transaction Cost Perspectives", *Academy of Management Review* 32, n. 4 (2007): 1060-1077.
Arora, A., A. Fosfuri e A. Gambardella. *Markets for Technology: The Economics of Innovation and Corporate Strategy*. Cambridge, MA: MIT Press, 2001.
Arora, A., A. Fosfuri e A. Gambardella. "Markets for Technology and Corporate Strategy", *Industrial and Corporate Change* 10, n. 2 (2001): 419-451.
Arora, A. e A. Gambardella. "Complementary and External Linkages: The Strategies of the Large Firms in Biotechnology", *Journal of Industrial Economy* 3, n. 4 (1990): 361-379.
Barney, J. B. "Strategic Factor Markets: Expectations, Luck, and Business Strategy", *Management Science* 32, n. 10 (1986): 1.231-1.240.

Cassiman, B. e R. Veugelers. "In Search of Complementarity in Innovation Strategy: Internal R&D and External Knowledge Acquisition", *Management Science* 52, n. 1 (2006): 68–82.

Chi, T. "Trading in Strategic Capabilities: Necessary Conditions, Transaction Cost Problems, and Choice of Exchange Structure", *Strategic Management Journal* 15, n. 4 (1994): 271–290.

Gans, J. S. e S. Stern. "The Product Market and the Market for Ideas: Commercialization Strategies for Technology Entrepreneurs", *Research Policy* 32, n. 2 (2003): 333–350.

Kale, P. e P. Puranam. "Choosing Equity Stakes in Technology Sourcing Relationships: An Integrative Framework", *California Management Review* 46, 2º trimestre (2004): 77–99.

Mathews, J. "Strategizing by Firms in the Presence of Markets for Resources", *Industrial and Corporate Change* 12, n. 6 (2003): 1.157–1.193.

Mayer, K. J. e R. Salomon. "Capabilities, Contractual Hazard and Governance: Integrating Resource-Based and Transaction Cost Perspectives", *Academy of Management Journal* 49, n. 5 (2006): 942–959.

Teece, D. J. "Profiting from Technological Innovation: Implications for Integration, Collaboration, and Public Policy", *Research Policy* 15, n. 6 (1986): 285–305.

Van de Vrande, V., C. Lemmens e W. Vanhaverbeke. "Choosing Governance Modes for External Technology Sourcing", *R&D Management* 36, n. 3 (2006): 347–363.

Vanneste, B. S. e P. Puranam. "Repeated Interactions and Contractual Detail: Identifying the Learning Effect", *Organization Science* 21, n. 1 (2010): 186–201.

Williamson, O. E. *Markets and Hierarchies, Analysis and Antitrust Implications: A Study in the Economics of Internal Organization*. Nova York: Free Press, 1975.

Williamson, O. E. *The Economic Institutions of Capitalism: Firms, Markets, Relational Contracting*. Nova York: Free Press, 1985. [No Brasil, publicado como *As instituições econômicas do capitalismo*. São Paulo: Pezco Editora, 2011.]

Ziedonis, R. "Don't Fence Me In: Fragmented Markets for Technology and the Patent Acquisition Strategies of Firms", *Management Science* 50, n. 6 (2004): 804–820.

Capítulo 4

Anderson, E. e H. Gatignon. "Models of Foreign Entry: A Transaction Cost Analysis and Propositions", *Journal of International Business Studies* 17, n. 3 (1986): 1–26.

Balakrishnan, S. e M. P. Koza. "Information Asymmetry, Adverse Selection and Joint Ventures", *Journal of Economic Behavior and Organization* 20, n. 1 (1993): 99–117.

David, J. P. e K. M. Eisenhardt. "Rotating Leadership and Collaborative Innovation: Recombination Processes in Symbiotic Relationships", *Administrative Science Quarterly* 56, n. 2 (2011): 159–201.

Doz, Y. "The Evolution of Cooperation in Strategic Alliances: Initial Conditions, or Learning Processes?", *Strategic Management Journal* 17, Summer (1996): 175–183.

Doz, Y. e G. Hamel. *Alliance Advantage: The Art of Creating Value through Partnering*. Boston: Harvard Business School Press, 1998. [No Brasil, publicado como *A vantagem das alianças*. Rio de Janeiro: Ed. Qualitymark, 2000.]

Dussauge, P. e B. Garrette. *Cooperative Strategy: Competing Successfully Through Strategic Alliances*. Nova York: John Wiley, 1999.

Dyer, J. H., P. Kale e H. Singh. "When to Ally and When to Acquire", *Harvard Business Review*, julho-agosto de 2004, 109–115.

Dyer, J. H. e H. Singh. "The Relational View: Cooperative Strategy and Sources of Interorganizational Competitive Advantage", *Academy of Management Review* 23, n. 4 (1998): 660–674.

Folta, T. B. "Governance and Uncertainty: The Tradeoff Between Administrative Control and Commitment", *Strategic Management Journal* 19, n. 11 (1998): 1.007–1.028.

Garrette, B. e P. Dussauge. "Alliances versus Acquisitions: Choosing the Right Option", *European Management Journal* 18, n. 1 (2000): 63–69.

Garrette, B., X. Castañer e P. Dussauge. "Horizontal Alliances as an Alternative to Autonomous Production: Product Expansion Mode Choice in the Worldwide Aircraft Industry 1945–2000", *Strategic Management Journal* 30, n. 8 (2009): 885–894.

Gulati, R. e H. Singh. "The Architecture of Cooperation: Managing Coordination Costs and Appropriation Concerns in Strategic Alliances", *Administrative Science Quarterly* 43, n. 4 (1998): 781–814.

Hamel, G. "Competition for Competence and Inter-Partner Learning Within International Strategic Alliances", Strategic Managment Journal 12, n. 1 (1991): 83–103.

Hennart, J.F. "A Transaction Costs Theory of Equity Joint Ventures", *Strategic Management Journal* 9, n. 4 (1988): 361.

Inkpen, A. C. e P. W. Beamish. "Knowledge, Bargaining Power, and the Instability of International Joint Ventures", *Academy of Management Review* 22, n. 1 (1997): 177–202.

Kale, P. e J. Anand. "The Decline of Emerging Economy Joint Ventures: The Case of India", *California Management Review* 48, n. 3 (2006): 61–76.

Kale, P., J. H. Dyer e H. Singh. "Alliance Capability, Stock Market Response, and Long-term Alliance Success: The Role of the Alliance Function", *Strategic Management Journal* 23, n. 8 (2002): 747–767.

Kale, P. e M. Zollo. "Understanding Partnering Processes and Outcomes: The Contribution of Evolutionary Theory", In *Handbook of Strategic Alliances*, editado por O. Shenkar e J. J. Reuer, 81–99. Londres: Sage Publications, 2005.

Khanna, T., R. Gulati e N. Nohria. "The Dynamics of Learning Alliances: Competition, Cooperation, and Relative Scope", *Strategic Management Journal* 19, n. 3 (1998): 193–210.

Kogut, B. "Joint Ventures: Theoretical and Empirical Perspectives", *Strategic Management Journal* 9, n. 4 (1988): 319–332.

Kogut, B. "Joint Ventures and the Option to Expand and Acquire", *Management Science* 37, n. 1 (1991): 19–33.

Lavid, D. e L. Rosenkopf. "Balancing Exploration and Exploitation in Alliance Formation", *Academy of Management Journal* 49, n. 4 (2006): 797–818.

Mesquita, L. F., J. Anand e T. H. Brush. "Comparing the Resource-Based and Relational Views: Knowledge Transfer and Spillover in Vertical Alliances", *Strategic Management Journal* 29, n. 9 (2008): 913–941.

Mowery, D., J. Oxley e B. Silverman. "Strategic Alliances and Interfirm Knowledge Transfer", *Strategic Management Journal* 17, Winter Special Issue (1996): 77–91.

Oxley, J. E. "Institutional Environment and the Mechanisms of Governance: The Impact of Intellectual Property Protection on the Structure of Inter-Firm Alliances", *Journal of Economic Behavior and Organization* 38, n. 3 (1999): 283–309.

Oxley, J. E. e R.C. Sampson. "The Scope and Governance of International R&D Alliances", *Strategic Management Journal* 25, n. 8–9 (2004): 723–749.

Reuer, J. e A. Arinº. "Strategic Alliance Contracts: Dimensions and Determinants of Contractual Complexity", *Strategic Management Journal* 28, n. 3 (2007): 313–330.
Reuer, J. e M. P. Koza. "On Lemons and Indigestibility: Resource Assembly Through Joint Ventures", *Strategic Management Journal* 21, n. 2 (2000): 195–197.
Rosenkopf, L. e P. Almeida. "Overcoming Local Search Through Alliances and Mobility", *Management Science* 49, n. 6 (2003): 751–766.
Rothaermel, F. "Incumbent's Advantage Through Exploiting Complementary Assets via Interfirm Cooperation", *Strategic Management Journal* 22, n. 6–7 (2001): 687–699.
Simonin, B. L. "The Importance of Collaborative Know-how: An Empirical Test of the Learning Organization", *Academy of Management Journal* 40, n. 5 (1997): 1150–1174.
Singh, Kulwant. "The Impact of Technological Complexity and Interfirm Cooperation on Firm Survival", *Academy of Management Journal* 40, n. 2 (1997): 339–367.
Vanhaverbeke, W., G. Duysters e N. Noorderhaven. "External Technology Sourcing Through Alliances or Acquisitions: An Analysis of the Application-Specific Integrated Circuits Industry", *Organization Science* 13, n. 6 (2002): 714.
Wang, L. e E. Zajac. "Alliance or Acquisition? A Dyadic Perspective on Interfirm Resource Combinations", *Strategic Management Journal* 28, n. 13 (2007): 89–105.

Capítulo 5
Ahuja, G. e R. Katila. "Technological Acquisitions and the Innovation Performance of Acquiring Firms: A Longitudinal Study", *Strategic Management Journal* 22, n. 3 (2001): 197–220.
Anand, J. e A. Delios. "Absolute and Relative Resources as Determinants of International Acquisitions", *Strategic Management Journal* 23, n. 2 (2002): 119–134.
Anand J. e H. Singh. "Asset Redeployment, Acquisitions e Corporate Strategy in Declining Industries", *Strategic Management Journal* 18, n. 1 (1997): 99–118.
Barkema, H. G. e M. Schijven. "How Do Firms Learn to Make Acquisitions? A Review of Past Research and an Agenda for the Future", *Journal of Management* 34, n. 3 (2008): 594–634.
Barkema, H. G. e M. Schijven. "Toward Unlocking the Full Potential of Acquisitions: The Role of Organizational Restructuring", *Academy of Management Journal* 51, n. 4 (2008): 696–722.
Birkinshaw, J. "Acquiring Intellect: Managing the Integration of Knowledge-Intensive Acquisitions", *Business Horizons*, maio de 1999, 33–40.
Brannen, M. Y. e M. F. Peterson. "Merging Without Alienating: Interventions Promoting Cross-Cultural Organizational Integration and Their Limitations", *Journal of International Business Study* 40, n. 3 (2009): 468–489.
Buono, A. F. e J. L. Bodwitch. *The Human Side of Mergers and Acquisitions: Managing Collisions Between People, Cultures, and Organizations*. São Francisco: Jossey-Bass, 1989.
Chaudhuri, S. e B. Tabrizi. "Capturing the Real Value in High-Tech Acquisitions", *Harvard Business Review*, setembro-outubro 1999, 123–130.
Coff, R. "Bidding Wars over R&D Intensive Firms: Knowledge, Opportunism, and the Market for Corporate Control", *Academy of Management Journal* 46, n. 1 (2003): 74–85.
Graebner, M. E. e M. K. Eisenhardt. "The Seller's Side of the Story: Acquisition as Courtship and Governance as Syndicate in Entrepreneurial Firms", *Administrative Science Quarterly* 49, n. 3 (2004): 366–403.

Graebner, M. E., M. K. Eisenhardt e F. T. Roundy. "Success and Failure in Technology Acquisitions: Lessons for Buyers and Sellers", *The Academy of Management Perspectives* 24, n. 3 (2010): 73–92.

Haleblian, J. e S. Finkelstein. "The Influence of Organizational Acquisition Experience on Acquisition Performance: A Behavioral Learning Perspective", *Administrative Science Quarterly* 44, n. 1 (1999): 29–56.

Haspeslagh, P. C. e D. B. Jemison. *Managing Acquisitions: Creating Value Through Corporate Renewal*. Nova York: Free Press, 1991.

Haunschild, P. R., A. Davis-Blake e M. Fichman. "Managerial Overcommitment in Corporate Acquisition Processes", *Organization Science* 5, n. 4 (1994): 528–540.

Hayward, M. L. A. "Professional Influence: The Effects of Investment Banks on Clients' Acquisition Financing and Performance", *Strategic Management Journal* 24, n. 9 (2003): 783–801.

Hayward, M. L. A. e D. C. Hambrick. "Explaining the Premium Paid for Larger Acquisitions: Evidence of CEO Hubris", *Administrative Science Quarterly* 42, n. 1 (1997): 103–127.

Jensen, M. C. "Agency Costs of Free Cash Flow, Corporate Finance e Takeovers", *American Economic Review* 76, n. 2 (1986): 323–329.

Karim, S. "Modularity in Organizational Structure: The Reconfiguration of Internally Developed and Acquired Business Units", *Strategic Management Journal* 27, n. 9 (2006): 799–823.

Larsson R. e S. Finkelstein. "Integrating Strategic, Organizational, and Human Resource Perspectives on Mergers and Acquisitions: A Case Survey of Synergy Realization", *Organization Science* 10, n. 1 (1999): 1–26.

Lee, G. K. e M. B. Lieberman. "Acquisitions vs. Internal Development as Modes of Market Entry", *Strategic Management Journal* 31, n. 2 (2010): 140–158.

Lubatkin, M. "Merger Strategy and Stockholder Value", *Strategic Management Journal* 8, n. 1 (1987): 39–54.

Marks, M. L. e P. H. Mirvis", Making Mergers and Acquisitions Work: Strategic and Psychological Preparation", *Academy of Management Executive* 15, n. 2 (2001): 80–92.

Pangarkar, N. e J. R. Lie. "The Impact of Market Cycle on the Performance of the Singapore Acquirers", *Strategic Management Journal* 25, n. 12 (2004): 1.209–1.216.

Puranam, P., H. Singh e M. Zollo. "Organizing for Innovation: Managing the Autonomy Dilemma in Technology Acquisitions", *Academy of Management Journal* 49, n. 2 (2006): 263–280.

Puranam, P. e K. Srikanth. "What They Know versus What They Do: How Acquirers Leverage Technology Acquisitions", *Strategic Management Journal* 28, n. 8 (2007): 805–825.

Ranft, A. L. e M. D. Lord. "Acquiring New Technologies and Capabilities: A Grounded Model of Acquisition Implementation", *Organization Science* 13, n. 4 (2002): 420–441.

Schneper, W. D. e M. F. Guillén. "Stakeholder Rights and Corporate Governance: A Cross-National Study of Hostile Takeovers", *Administrative Science Quarterly* 49, n. 2 (2004): 263–295.

Seth, A. "Value Creation in Acquisitions: A Reexamination of Performance Issues", *Strategic Management Journal* 11, n. 2 (1990): 99–115.

Vermeulen, F. e H. Barkema. "Learning Through Acquisitions", *Academy of Management Journal* 44, n. 3 (2001): 457–476.
Zollo, M. e H. Singh. "Deliberate Learning in Corporate Acquisitions: Post-Acquisition Strategies and Integration Capability in U.S. Bank Mergers", *Strategic Management Journal* 25, n. 12 (2004): 1233–1256.

Capítulo 6
Agarwal, R., R. Echambadi, A. Franco e M. B. Sarkar. "Knowledge Transfer Through Inheritance: Spin-out Generation, Growth and Survival", *Academy of Management Journal* 47, n. 4 (2004): 501–522.
Bergh, D., R. Johnson e R. Dewitt. "Restructuring Through Spin-off or Sell-off: Transforming Information Asymmetries into Financial Gain", *Strategic Management Journal* 29, n. 2 (2008): 133–148.
Berry, H. "Why Do Firms Divest?" *Organization Science* 21, n. 2 (2009): 380–398.
Burgelman, R. "Fading Memories: A Process Theory of Strategic Business Exit in Dynamic Environments", *Administrative Science Quarterly* 39, n. 1 (1994): 24–56.
Chang, S. J. "An Evolutionary Perspective on Diversification and Corporate Restructuring: Entry, Exit, and Economic Performance During 1981–89", *Strategic Management Journal* 17, n. 8 (1996): 587–611.
Helfat, C. E. e Peteraf, M. A. "The Dynamic-Resource-Based View: Capability Lifecycles", *Strategic Management Journal* 24, n. 10 (2003): 997–1010.
Helfat, C. E. e K. M. Eisenhardt. "Inter-Temporal Economies of Scope, Organizational Modularity, and the Dynamics of Diversification", *Strategic Management Journal* 25, n. 13 (2004): 1217–1232.
Hoetker, G. e R. Agarwal. "Death Hurts, but It Isn't Fatal: The Post-Exit Diffusion of Knowledge Created by Innovative Companies", *Academy of Management Journal* 50, n. 2 (2007): 446–467.
Kaul, A. "Technology and Corporate Scope: Firm and Rival Innovation as Antecedents of Corporate Transactions", *Strategic Management Journal* 33, n. 4 (2012): 347–367.
Kumar, S. "The Value from Acquiring and Divesting a Joint Venture: A Real Options Approach", *Strategic Management Journal* 26, n. 4 (2005): 321–331.
Levinthal, D. e B. Wu. "Opportunity Costs and Non-Scale Free Capabilities: Profit Maximization, Corporate Scope, and Profit Margins", Strategic Management Journal 31, n. 7 (2010): 780–801.
Markides, C. C. *Diversification, Refocusing, and Economic Performance.* Cambridge, MA: MIT Press, 1996.
McKendrick, D., J. Wade e J. Jaffee. "A Good Riddance? Spin-offs and the Technological Performance of Parent Firms", *Organization Science* 20, n. 6 (2009): 979–992.
Moliterno, T. P. e M. F. Wiersema. "Firm Performance, Rent Appropriation, and the Strategic Resource Divestment Capability", *Strategic Management Journal* 28, n. 11 (2007): 1.065–1.087.
Montgomery, C. A. e A. R. Thomas. "Divestment: Motives and Gains", *Strategic Management Journal* 9, n. 1 (1988): 93–97.
Moschieri, C. "The Implementation and Structuring of Divestitures: The Unit's Perspective", *Strategic Management Journal* 32, n. 4 (2011): 368–401.

Moschieri, C. e J. Mair. "Research on Corporate Divestitures: A Synthesis", *Journal of Management & Organization* 14, n. 4 (2008): 399-422.

Penner-Hahn, J. e J. M. Shaver. "Does International Research and Development Increase Patent Output? An Analysis of Japanese Pharmaceutical Firms", *Strategic Management Journal* 26, n. 2 (2005): 121-140.

Reuer, R. e M. Zollo. "Termination Outcomes of Research Alliances", *Research Policy* 34, n. 1 (2005): 101-115.

Salomon, R. e X. Martin. "Learning, Knowledge Transfer, and Technology Implementation Performance: A Study of Time-to-Build in the Global Semiconductor Industry", *Management Science* 54, n. 7 (2008): 1.266-1.280.

Villalonga, B. e A. M. McGahan. "The Choice Among Acquisitions, Alliances, and Divestitures", *Strategic Management Journal* 26, n. 13 (2005): 1.183-1.208.

Zuckerman, E. "Focusing the Corporate Product: Securities Analysts and De-diversification", *Administrative Science Quarterly* 45, n. 3 (2000): 591-619.

Capítulo 7

Arikan, A. M. e R. M. Stulz. "Corporate Acquisitions, Diversification, and the Firm's Lifecycle", Working Paper 17463, National Bureau of Economic Research, 2011.

Barkema, H. e F. Vermeulen. "International Expansion Through Start-up or Acquisition: A Learning Perspective", *Academy of Management Journal* 41 (1998): 7-26.

Benson, D. e R. Ziedonis. "Corporate Venture Capital and the Returns to Acquiring Portfolio Companies", *Journal of Financial Economics* 8, n. 3 (2010): 478-499.

Chesbrough, H. *Open Innovation: The New Imperative for Creating and Profiting from Technology*. Boston: Harvard Business School Press, 2003. [No Brasil, publicado como *Inovação aberta, como criar e lucrar com a tecnologia*. Ed. Bookman, 2011.]

Dowell, G. W. S. e A. Swaminathan. "Entry Timing, Exploration, and Firm Survival in the Early Years of the U.S. Bicycle Industry", *Strategic Management Journal* 27, n. 12 (2006): 1.159-1.182.

Dushnitsky, G. e M. J. Lenox. "When Do Incumbents Learn from Entrepreneurial Ventures? Corporate Venture Capital and Investing Firm Innovation Rates", *Research Policy* 34, n. 5 (2005): 615-639.

Kim, J.-Y., J. Haleblian e S. Finkelstein. "When Firms Are Desperate to Grow via Acquisition: The Effect of Growth Patterns and Acquisition Experience on Acquisition Premiums", *Administrative Science Quarterly* 56, n. 3 (2011): 26-60.

Laamanen, T. e T. Keil. "Performance of Serial Acquirers: Toward an Acquisition Program Perspective", *Strategic Management Journal* 29, n. 6 (2008): 663-672.

Zollo, M. e J. Reuer. "Experience Spillover Across Corporate Development Activities", *Organization Science* 21, n. 6 (2010): 1195-1212.

Índice

Observação: Os números de página seguidos por *f* referem-se às figuras, e os seguidos por *t*, às tabelas.

A&O Surgical, 127
Abbott Laboratories, 53–54
acordos de fornecimento vertical, 98
acordos entrelaçados, 84f, 87–88
acordos modulares, 84f, 85
acordos não protegidos, 84f, 85–87
adequação do conhecimento no desenvolvimento interno
   definição de, 44
   desenvolvimento interno e, 35, 45–48, 45f
   estrutura conceitual dos caminhos para obtenção de recursos com, 195f
   exemplo da Coca-Cola FEMSA, 36–38
   ferramenta de avaliação para, 62–63, 63t
   força em relação às outras empresas, 44, 48, 63t
   projetos coesos (close-knit) e, 53f, 53, 54
   projetos desalojados (homeless) e, 53f, 55, 57
   projetos não relacionados e, 53f, 54
   projetos sem recursos e, 53f, 55–56
   proximidade dos recursos pretendidos na, 44, 47–48, 63t
adequação organizacional
   concorrência interna e, 50–51, 63t
   definição de, 44
   desafios de implementação e, 51–52, 63t
   desenvolvimento interno e, 35, 44, 45f, 48–52, 53f
   exemplo da Coca-Cola FEMSA, 35–40
   ferramenta de avaliação para, 62–63, 63t
   projetos coesos (close-knit) e, 53f, 53, 54
   projetos desalojados (homeless) e, 53f, 55, 57
   projetos não relacionados e, 53f, 54

projetos sem-recursos e, 53f, 55–56
sistemas atuais e, 48–50, 63t
unidades semiautônomas e, 61–62
Veja também questão de governança
AdSense, 58
África do Sul, 82, 95, 144, 188
África, 42, 95, 107, 144, 188–189
Air Asia, 107
Airbus, 112
Al Safi, 168
Alemanha, 109, 133
aliança para exploração de petróleo, 109–110, 111
alianças, 91–115
   acordos de fornecimento vertical nas, 98
   ambientes investigativos internos e, 61
   busca externa para identificar, 182
   capacidade de negociação do recurso e opções de obtenção de recursos e, 29, 83, 84f
   ciclo da capacidade de seleção com, 172, 172f
   codesenvolvimento com, 67, 69, 87–88, 111
   colaboração e, 6, 8, 30, 31, 79, 91–92, 94–95, 96f, 97, 98, 106–107, 109, 111–111, 114t, 172, 177
   como atalho, 71–72
   como forma de tomar emprestado recursos, 68, 69, 162
   compatibilidade de objetivos nas, 106, 106f, 113
   complexidade dos projetos e, 30, 74, 78, 93, 110–111, 111, 112, 115
   confiança entre os participantes nas, 93, 99, 104
   contratos em condições normais de mercado *versus*, 85, 91, 92, 113–114
   contratos nas, 8, 9, 29, 91
   contratos que demandam combinação *versus*, 85
   contribuições equilibradas de recursos nas, 100–101, 114t
   controle compartilhado nas, 94–95
   controle sobre os recursos nas, 162, 167
   coordenação das, 98–99, 113, 114t, 115, 186, 189
   custos das, 94, 98, 106, 120
   decisão entre aliança e aquisição e, 95, 96f
   decisão entre contrato básico e aliança, 74, 75f
   definição de, 8–9
   desafios de gestão nas, 31, 66, 111, 114t
   desenvolvimento interno e, 185–186
   entre multinacionais e parceiros locais, 102–103
   equilíbrio do portfólio de desenvolvimento com, 175, 176, 179
   escopo da colaboração e, 97–99, 106, 106f, 114t
   estratégia de crescimento com, 179
   estrutura conceitual dos caminhos para obtenção de recursos para, 25, 25f, 29–31, 106, 106f, 195f
   exemplos de, 8, 69, 71–72, 74, 78, 79, 87
   ferramenta de avaliação para, 113–115, 114t
   gama limitada de atividades nas, 97–98, 114t
   gerenciabilidade das, 103–105
   habilidades de execução de alianças nas, 103–106, 114t
   habilidades de execução e, 103–106, 111, 113, 114t
   incentivos nas, 29, 30, 31, 92, 93, 104, 108, 109–110, 111, 111, 115

Índice 215

licenças e, 69, 78–79, 110, 174, 186
mistura de modos de obtenção de recursos com, 174
modelo compatível porém abrangente nas, 111–113
modelo focado e compatível nas, 106–108
modelo focado mas compatível nas, 109–111
modelo que demanda integração, 108–109
necessidade de controle estratégico e, 28, 30, 32
necessidade de equilíbrio nas, 173
negociação de, 79, 92, 94, 103–105, 109, 110–111, 120
obtenção de recursos externos usando, 8, 65, 88
oportunidades de aprendizado nas, 7, 72, 95, 99, 101–102, 103, 111–112, 114t
participação acionária nas, 183
pesquisa no setor de telecomunicações sobre, 30–31
projetos entrelaçados com, 87–88
proteção dos recursos e, 86, 87
proximidade com os parceiros de recursos nas, 97, 106f
quando usar, 91–115
realinhamento do portfólio de recursos e, 150–151, 154, 167, 169t
relacionamentos transitórios nas, 93
relutância dos executivos em usar, 92–93, 94, 95
retorno financeiro compartilhado nas, 94
risco de perda de propriedade intelectual em, 68
sobreposição competitiva nas, 94–95, 99–100, 169t
sucesso das, 97, 100, 104, 107, 110, 111

tendência a exagerar no uso de contratos, 70
terminando a participação nas, 164–165
tipos de, 29, 91
uso de aquisições *versus*, 6, 31, 91, 92, 98, 108, 109, 111, 114–115, 119–120, 186
alianças de codesenvolvimento, 67, 69, 87–88, 111
alianças estratégicas. *Veja* planejamento de alianças estratégicas
controle compartilhado nas alianças e, 95
tomada de decisões relativas aos recursos e, 23, 25
Almaz Capital Partners, 185
Alquería, 168
altos executivos/executivos seniores. *Veja* executivos
Amazon.com, 71–72
ambientes investigativos internos
baixo índice de uso dos, 61–62
definição de, 8
estrutura conceitual dos caminhos para obtenção de recursos para, 25f, 195f
exemplos de, 57–58
gerenciando, 62
projetos desalojados (homeless) e, 53f, 55, 57
Skunk Works e, 57–58, 62
sucessos usando, 62
unidades semiautônomas e, 57, 59–61, 61–62
usos de, 56–57, 66
AMD Graphics Products Group, 55
AMD, 55
AMEC, 118
América do Sul, 109
Amylin Pharmaceuticals, 162
Andiamo, 183

Android, 18, 25
AOL, 143
Apple, 18, 24, 66, 156, 191
aprendizado
  ambientes investigativos internos e, 8
  aquisições e, 54, 182
  capacidade de seleção e, 173
  fundos de capital de risco e, 185
  integração nas aquisições e, 127
  joint ventures e, 142
  oportunidades de aliança para, 7, 72, 95, 99, 101–102, 103, 111–112, 114t
  realinhamento do portfólio para, 169t
  recursos externos e oportunidades de, 53, 56
  transferência de crescimento e, 79
  vazamento de recursos e, 89t, 169t
Aqua, 167
aquisições, 117–147
  ambientes investigativos internos e, 61
  aquisições arriscadas, 140f, 141–142
  aquisições com uma luz no fim do túnel, 140f, 143–145
  aquisições exploratórias, 130, 131, 132
  aquisições extensas, 130, 131
  aquisições investigativas, 131, 132
  aquisições parciais, 182–183
  aquisições sem direcionamento, 140f, 142–143
  aquisições tranquilas, 140f, 141
  busca externa para identificar, 182
  complexas, 134, 140, 140f, 142–143, 147
  comprometimento excessivo e, 123–124
  contratos em condições normais de mercado *versus*, 117
  controle de recursos nas, 28, 119, 121, 158, 167
  coordenação de, 186, 189
  criação de conhecimento após, 134–140
  criação de *milestones* (marcos) nas, 88, 118, 133, 145, 183
  custos colaborativos e, 98
  custos de, 70, 117, 118, 120, 139
  decisão entre aliança ou aquisição, 95, 96f
  decisão entre aquisição e outras alternativas e, 125f
  definição de, 8
  desafios nas, 32
  eliminação de recursos após, 159, 160–161
  equilíbrio no portfólio de desenvolvimento com, 176, 179
  escopo da combinação de recursos nas, 129–132
  escopo da eliminação de recursos nas, 132
  estratégia de bloqueio usando, 124
  estratégia de crescimento dependente do caminho na Merlin Manufacturing usando, 3–4
  estratégia de crescimento usando, 118, 119, 122, 123, 138, 139, 179
  estratégia de obtenção de recursos e, 140–145, 140f
  estrutura conceitual dos caminhos para obtenção de recursos para, 25, 25f, 31–33, 195f
  exemplos de, 123–124, 125–128, 131–132, 133–134, 136, 138–139, 141–142, 144, 167
  falta de capacidade de negociação do recurso e uso de, 29
  ferramenta de avaliação para, 145–147, 146t
  incentivos para, 122, 123

índice de fracasso nas, 121-122
integração das empresas-alvo após, 31-33, 119, 120-121, 124, 125-140, 125f
licenças e, 67, 186
mix de estratégias de comprar e construir da Johnson & Johnson's nas, 125-128
motivação dos funcionários nas, 128, 136, 137-138, 140f, 141, 142-143, 146t, 147
obtenção de recursos externos usando, 8, 65
oportunidades de aprendizado nas, 54, 182
PepsiCo New Ventures e, 61
pesquisa no setor de telecomunicações sobre, 122, 124, 125
pressões de tempo sentidas nas, 125
quando usar, 117-147147
realinhamento do portfólio de recursos e, 154
redefinição do alvo após fracasso nas, 147
relevância dos recursos internos e uso de, 26
sinergia nas, 127-128
sucesso das, 109, 120, 141, 160, 176
tendência a exagerar no uso de contratos, 70
termos de indenização nas, 143
transações de *spin-in* nas, 183-184
uso de aliança *versus*, 6, 31, 91, 92, 98, 108, 109, 111, 114-115, 119-120, 186
Veja também Fusões e Aquisições (M&A)
Argentina, 109
árvore de decisões, estrutura conceitual dos caminhos para obtenção de recursos como, 25, 25f, 195f

Ásia, 95, 167, 174
assistente digital pessoal (PDA) Palm, 18
Assistente Digital Pessoal (PDA), 18
Associated Press, 19
Astellas, 17
Astra, 78, 99
AstraZeneca, 74
Atari, 40
ATI Technologies, 55
AuFeminin.com, 19
Austrália, 107, 109
Autoeuropa, 99-100
automóveis Lexus, 20
autonomia da empresa-alvo, 137, 142, 156, 169t
Autonomy Corporation, 15
Avesthagen, 167
avião F-86 Sabre, 74
avião P-80/T-33, 74
Avis, 160
Axel Springer, 19

Banco Itaú, 138-139, 143
bancos de dados de melhores práticas, 120, 179
Bank One, 128
base de conhecimento
 coordenação da, 187, 189
 equilíbrio do portfólio de desenvolvimento e, 179-181
Bayer, 165
Ben & Jerry's, 143, 160, 161
BMW Peugeot Citroën Electrification, 20
Body Shop, The, 143
Boehringer Ingelheim, 163
Bolsa Brasileira de Mercadorias & Futuros, 87
Bombardier, 70
Bosch, 78
Boston Scientific, 123-124
Brasil, 70, 87, 109, 138, 168

Bristol-Myers Squibb, 77
British Petroleum (BP), 109-110, 111
Budget (aluguel de veículos), 160
Burt's Bees, 143
busca externa, 181-182
busca interna do pipeline do portfólio de desenvolvimento, 179-181

C.V. (FEMSA), 35
cadeias de suprimentos
  adequação do conhecimento em desenvolvimento interno e, 36
  alianças e, 95, 103, 111
  mudanças tecnológicas desafiadoras e, 157
câmeras de vídeo da marca Flip, 161
Canadá, 109
Canadair, 74
canais de vendas
  aquisições e, 72, 121
  obtenção de recursos externos e, 49
Canon, 60
capacidade de negociação do recurso, 25f, 27-29, 195f
capacidade de negociação dos recursos
  contratos e, 76-77
  definição de, 27, 76
  determinando a, 76-77
  estrutura conceitual dos caminhos para obtenção de recursos na, 25f, 27-29, 195f
capacidade de seleção, 171-194
  busca externa e, 181-182
  busca interna e, 179-181
  ciclo da, 171-173, 172f
  coordenação na, 186-189
  definição de, 8
  desenvolvimento interno e, 64-66
  equilíbrio necessário na, 173-179
  estrutura conceitual dos caminhos para obtenção de recursos para, 171, 194

exemplo da Cisco, 176-178, 179, 183
exemplo da MTN, 188-189
ganhando experiência na, 185-186
habilidades de implementação e, 189
local, em vários pontos da empresa, 193
modo de obtenção de recursos e, 64
papel da liderança na, 173, 187-188, 189-193, 193-194
problemas críticos de falta de, 194
transição para o uso formalizado da, 192
vantagem competitiva com, 189, 194
visão compartilhada em toda a organização necessária na, 192
capital de risco
  alianças em, 8
  corporativo, 182, 183, 187
  portfólio de desenvolvimento com, 177, 181, 184-185
Cardio Systems, 128
Carrefour, 147
Carrier, 49
caso da Maverick Publishing, 4-5
caso da Merlin Manufacturing, 2-4
caso da Panacea Pharmaceuticals, 5-74
Cendant Corp., 159-160
centralização, 153
centros de conhecimento, 179
CEOs
  aquisições por, 119, 123
  experiência de obtenção de recursos e, 186
  portfólio de desenvolvimentos e, 178
  relevância dos recursos internos e, 26
  uso da estrutura conceitual dos caminhos para obtenção de recursos por, 85
  Veja também executivos
CFM, 98-99
Chicago Mercantile Exchange, 87

Chief Executive Officers. *Veja* CEOs
Chief Innovation Officers (CIOs), 182
Chief Strategy Officers (CSOs), 187
Chief Technology Officers (CTOs), 182
China, 20, 42, 54, 79, 86, 129, 159, 165, 167, 168
Ciena, 142
Cisco
    acordo de *spin-in* usado pela, 183, 184
    alianças e, 87
    aquisições da, 128, 141, 160
    controle dos recursos-chave, 157
    descontinuação da divisão de câmera de vídeo Flip pela, 161
    investimentos em fundos de capital de risco e, 185
    licenciamentos pela, 74
    portfólio de desenvolvimento da, 176–178, 179, 183
Citigroup, 71
clareza
    aquisições arriscadas, 140f, 141–142
    do caminho de integração, 128–129, 130, 131, 132, 133, 141, 143, 146t, 147
    dos recursos em contratos básicos, 77–80, 89t, 195f
clareza em relação aos recursos, 77–80, 89t, 195f
clareza na integração, 128–129, 130, 131, 132, 133, 141, 143, 146t, 147
Clorox, 142
cloud computing, 49
CME Group, 87
coaprendizado, 111–112, 114t
Coca-Cola Company, 35
Coca-Cola FEMSA, 35–40
colaboração
    alianças e, 6, 8, 30, 31, 79, 91–92, 94–95, 96f, 97, 98, 106–107, 109, 111–111, 114t, 172, 177

aquisição de recursos por meio de, 16, 21, 35
compatibilidade de objetivos e, 106, 106f
complexidade da, 30, 114t
concorrência e, 99, 100
construção de capacidade e, 169t
custos da, 98, 113
desconfiança dos executivos em relação à, 30
escopo da, 114t, 195f
estrutura conceitual dos caminhos para obtenção de recursos e, 106, 106f
foco da, 97
gama limitada de atividades na, 98, 114t
implementação e, 52
incentivos para, 52
joint ventures e, 111, 112
M&A e, 29
P&D e, 52, 166
parceiros de recursos e, 52, 73, 79
parcerias e, 113
proximidade com o parceiro de recursos em, 97
responsabilidade corporativa pela, 187–188
valor estratégico da, 169t
Compaq Computer Corporation, 13–14, 40, 133–134, 138
compatibilidade de objetivos, e alianças, 106, 106f, 113
complexidade
    das alianças, 30, 74, 78, 93, 110–111, 111, 112, 115
    de coordenação, 30, 114t
compras
    ciclo da capacidade de seleção com, 172, 172f

estrutura conceitual dos caminhos
para obtenção de recursos para,
1–2, 25, 25f, 195f
integração da empresa-alvo, 32
ponto de vista expresso, 2
projetos do portfólio de
desenvolvimento e, 175, 176
quando usar, 117–147
realinhamento do portfólio de
recursos e, 154–155
Veja também aquisições
comprometimento excessivo com o
passado, 152–153
concorrência
alianças e, 92, 94–95, 99–100, 169t
aquisições e, 124
avaliação dos recursos internos e, 49
colaboração e, 99, 100
desenvolvimento interno na decisão
de construção e, 39–40, 41
posse dos recursos e, 34, 158
reconhecer as lacunas de recursos e,
23–24
condições de garantia, 86–87, 88, 110
condições de indenização nas
aquisições, 143
confiança
aquisições e, 142
contratos e, 28, 73, 80, 83, 85, 88
oportunismo do parceiro e, 89t
participantes de alianças e, 93, 99,
104
consórcio de várias entidades, 8, 17–19,
66, 91–92, 100, 112, 159
consórcios, 8, 17–19, 66, 91–92, 100,
112, 159
construção de capacidade, 166, 169t
construções
adequação aos sistemas atuais e,
48–49, 63t
adequação do conhecimento e,
36–38, 45f, 45–48, 53f

adequação organizacional dos
recursos e, 35, 35–40, 45f, 45,
48–52, 53f
arrogância e opiniões muito
exageradas sobre as aptidões nas,
41–42
ciclo da capacidade de seleção com,
171, 172f
concorrência interna pelos recursos
e, 50–51, 63t
desafios de implementação e, 51–52,
63t
desenvolvimento interno e, 26,
39–40, 34–66
escolha automática do
desenvolvimento interno nas,
41
estrutura conceitual dos caminhos
para obtenção de recursos para,
1–2, 25, 25f, 195f
exemplo de reimplantação de
recursos da Coca-Cola FEMSA
nas, 35–41
falta de habilidades na obtenção de
recursos externos e, 44
ferramenta de avaliação para, 62–63,
63t
força do recurso em relação às outras
empresas e, 45, 48, 63t
obtenção de recursos externos nas,
34–35, 42–43, 44–45, 45f, 52–53,
53f
ponto de vista expresso nas, 1–2
portfólio de desenvolvimento com,
177
proximidade dos recursos-alvo nas,
45, 47–48, 63t
quando usar, 34–66
realinhamento do portfólio de
recursos e, 154–155
relevância dos recursos internos
para, 44–52, 53f

sensação de conveniência, e rápida
decisão de adoção, 39, 40, 41
tendência a usar o desenvolvimento
interno nas, 42-43, 43
visão e horizontes limitados nas,
43-44
consultores financeiros, 123, 152, 181,
182
contratos, 65-90
alianças e, 8, 9, 29, 85, 91
ambientes investigativos internos e,
61
básicos. *Veja* contratos básicos
capacidade de negociação dos
recursos in, 27
como uma abordagem mais simples
ou barata, 66, 68
condições de garantia nos, 86-87,
88, 110
controle sobre os recursos nos, 32,
162, 164, 169t
custos dos, 68
definição de, 8
desenvolvimento interno e, 185-186
estratégia de crescimento com, 179
estrutura conceitual dos caminhos
para obtenção de recursos para,
25, 25f, 27-29, 195f
habilidades de execução e, 80, 83, 89t
licenciamento e, 68-69, 75f, 88
necessidade de controle estratégico
e, 28
obtenção de recursos externos
usando, 8, 65, 88
pesquisa no setor de
telecomunicações sobre, 29
quando usar, 65-90
questões de confiança nos, 28, 73, 80,
83, 85, 88
risco de perda de propriedade
intelectual nos, 68
término da participação em, 164-165

trade-offs (prós e contras) no uso de,
65-66
variedade de contratos, 8
Veja também contratos/acordos
contratos/acordos
entrelaçados, 84f, 87-88
modulares, 84f, 85
não protegidos, 84f, 85-87
que demandam combinação, 84f, 85
Veja também contratos
contratos básicos, 65-90
benefícios no uso de, 66
ciclo da capacidade de seleção com,
172, 172f
clareza do recurso e, 77-80, 89t, 195f
como forma de tomar emprestado
recursos, 68, 162
como uma abordagem mais simples
e barata, 66, 68
condições que favorecem, 69
copiar *versus* usar recursos, 73
custos dos, 68
decisão entre aliança e contrato
básico, 74, 75f
estratégia de crescimento com, 66
estratégia de obtenção de recursos e,
83-88, 84f
estrutura conceitual dos caminhos
para obtenção de recursos para,
25, 25f, 195f
exemplos de, 68-69
ferramenta de avaliação para, 88-91,
89t
fortes capacidades internas
necessárias com, 66
fracassos ao usar, 74
habilidades de execução de contratos
e, 83-86
licenciamento com, 68-69, 75f, 88
mercados emergentes e, 69
motivos para ignorar, 70-74
obsessão sobre controle e, 70-71

oportunismo dos parceiros e, 80–82
portfólio de desenvolvimento com, 177
preocupações com atritos como barreira aos, 72–74
proteção dos recursos e, 80–83, 84f, 89t
relacionamento de trabalho com o parceiro de recursos nos, 79–80
valor futuro dos recursos e, 78–79
vazamento de recursos nos, 82, 169t
contratos com vários estágios, 8, 29, 91
contratos de cessão de direitos, 8, 91
contratos de licenciamento de tecnologia. *Veja* licenças e licenciamento
contratos de outsourcing (terceirização), 8
contratos em condições normais de mercado
  alianças *versus*, 85, 91, 92, 113–114
  aquisições *versus*, 117
  caminho de empréstimo com, 8, 66
  descrição de, 8
  evolução do uso dos recursos e, 87
  exemplo de, 19
  flexibilidade de usar, 90
  obtenção de recursos usando, 27, 66
  perda de controle sobre os recursos nas, 164
contratos que demandam combinação, 84f, 85
Cooper Labs, 139
coordenação
  alianças e, 98–99, 113, 114t, 115, 186
  base de conhecimento e, 187, 189
  capacidade de seleção e, 186–189
copyright (direitos autorais), 69, 80
Cordis, 128
Corning, 88, 101
crescimento
  alianças e, 102

aquisições e, 118, 119, 122, 123, 138, 139
caso de estratégia de construir-tomar emprestado-comprar visando ao, 5–74
caso de estratégia dependente do caminho, 2–4
caso de estratégia oportunista, 4–5
desenvolvimento interno e, 41, 44
desinvestimentos e, 161–162
estratégia de construir-tomar emprestado-comprar para alcançar, 7, 179
estrutura conceitual para decidir entre construir, tomar emprestado e comprar, 1–2
ganhando experiência no, 185
importância da decisão sobre o caminho certo para, 1
licenças e contratos básicos no, 66
liderança e, 189
mistura de modos de obtenção de recursos e, 174
necessidade de equilíbrio no, 173–174
recursos necessários no, 1, 2
tendência a focar apenas o futuro com relação ao, 151
criação de conhecimento pós-aquisições, 134–140
cronologia do processo de integração, 129, 132–134, 146t
cross-equity holdings (holdings com acionária cruzada), 86, 87, 110, 111
crowdsourcing, 56, 178
cultura corporativa. *Veja* cultura da empresa
cultura da empresa
  adequação organizacional e, 49, 63t
  ambientes investigativos internos e, 55
  aquisições e, 16, 137, 142–143

concorrência interna pelos recursos
e, 51, 179
divisão do conhecimento e, 179
fragmentação organizacional e, 153
integração após aquisições e, 135,
142-143
P&D e, 21-22
projetos internos competitivos e, 51
custos
alianças e, 94, 98, 106, 120
aquisições e, 70, 117, 120, 139
colaboração e, 98, 113
contratos e, 66, 68, 70-71
M&As e, 70, 118

Dacia, 20, 35
Daewoo Motors, 118
Danone, 142, 166-168
decisões relativas aos recursos
armadilha da implementação nas,
20-23
caso de estratégia de construir, tomar
emprestado ou comprar, 5-74
caso de estratégia dependente do
caminho nas, 2-4
caso de estratégia oportunista nas,
4-5
estrutura conceitual para, 1-2, 24-25.
Veja também estrutura conceitual
dos caminhos para obtenção de
recursos
importância sobre o caminho certo, 1
lacunas de recursos e, 23, 23-24
declaração de missão, 166-168
Denso, 78
descentralização, 153
desenvolvimento de novos produtos
adequação do conhecimento em
desenvolvimento interno e, 36
aquisições for, 130
lead users e, 56
licenciamento e, 81-82

M&A e, 117-118
obtenção de recursos externos e, 49
projetos coesos (close-knit) e, 54
reconhecer as lacunas de recursos
e, 24
Skunk Works e, 57
tendência para o desenvolvimento
interno e, 43
desenvolvimento interno
abordagem multidimensional ao, 44
adequação aos sistemas atuais e,
48-49, 63t
adequação do conhecimento in,
36-38, 45-48, 45f, 53f
adequação organizacional dos
recursos no, 35, 35-40, 45f, 45,
48-52, 53f
arrogância e opiniões muito
exageradas sobre as aptidões no,
41-42
benefícios do, 34-35
coordenação no, 186
definição de, 8
equilíbrio do portfólio de
desenvolvimento e, 175, 179
escolha automática, 41
estratégia de crescimento com, 179
estrutura conceitual dos caminhos
para obtenção de recursos para,
25, 25f, 26-27, 195f
exemplo de reimplantação de
recursos a Coca-Cola FEMSA no,
35-40
exemplos de fracasso no, 40-41
falta de habilidade de obtenção de
recursos externos e, 44
ferramenta de avaliação para decisão
sobre, 62-66
ganhando experiência no, 185-186
gestores e, 39-40, 42, 42, 186
horizontes limitados e escolha do,
43-44

licenças como complemento ao, 68
mistura de modos de obtenção de
   recursos com, 174
obtenção de recursos externos *versus*,
   34–35, 42, 44–45, 45f, 52–53, 53f,
   62–66, 67, 186
oportunidades de novos negócios e,
   43
pesquisa no setor de
   telecomunicações sobre, 26–27,
   34
quando usar, 34–66
realinhamento do, 169t
relevância dos recursos internos
   para, 44–52, 53f
responsabilidade principal pelo, 188
tendência, 42, 43
desinvestimentos/eliminações/
   descontinuações
   definição de, 9
   erros do passado e, 159, 161–162
   escopo dos, 129, 132
   exemplo da Danone, 167–168
   recursos desnecessários e, 159,
      160–161
   recursos emprestados e, 155t,
      164–165
   recursos internalizados e, 155t,
      159–162
   recursos obsoletos e, 159
   recursos redundantes e, 159, 160
   recursos sufocados e, 159–160
desregulamentação, 124
devida diligência, na integração pós-
   aquisições, 128–129, 130
Diasonics, 58
Digital Equipment Corporation (DEC),
   13
direitos de continuação, 164–165
direitos de propriedade, 68, 77, 86, 92,
   162–163, 181
diversificação, 153

Dow Chemical, 141, 145, 164, 174
Dow Corning, 164
DuPont Chemical, 27, 184

EADS, 112
eBay, 131, 156
EDS, 143
Eli Lilly, 17, 53, 56, 85, 101, 108,
   162–163
Embraer, 70
empreendedores
   controle dos recursos-chave e,
      157
   estratégia de aquisição da Cisco e,
      176, 177
   lacunas de recursos e, 11
   oportunidades de aprendizado em
      alianças e, 101
empresa de semicondutores, 56
empresas de biociências, 66, 129, 135,
   136, 145, 158, 174
empresas de equipamentos médicos, 58,
   110–111, 144, 151–152
empresas de mídia, 50, 151
empresas de participação acionária
   em negócios de capital fechado, 26,
      28–29, 30, 32
empresas de serviços financeiros, 128
empresas de TI, 49, 181, 187
empresas farmacêuticas
   alianças usadas pelas, 30, 190
   aquisições feitas pelas, 129, 141, 190,
      191
   colaboração, 98
   controle dos recursos nas, 158, 163
   desafios de implementação nas, 52
   desenvolvimento interno nas, 42
   encerramento da participação em
      contratos por parte das, 165
   equilíbrio do portfólio de
      desenvolvimento e, 179, 190–191
   joint ventures nas, 78–79, 99

licenciamento usado pelas, 27, 30, 42,
  66, 67–68, 74, 76, 77, 78, 82, 85,
  88, 174, 183, 190–191
  mistura dos modos de obtenção de
    recursos nas, 174
  obtenção de recursos externos nas,
    67–68
  participações acionárias usadas pelas,
    183
  projetos coesos (close-knit) nas,
    54
  projetos não relacionados nas, 54
empréstimos
  ciclo da capacidade de seleção com,
    172, 172f
  decisão entre contrato básico e
    aliança nos, 74, 75f
  estrutura conceitual dos caminhos
    para obtenção de recursos para,
    1–2, 25, 25f, 195f
  formas de, 8, 65, 68–69
  ponto de vista expresso nos, 2
  portfólio de desenvolvimento com,
    177–178
  realinhamento do portfólio de
    recursos e, 154–155
  Veja também alianças; contratos
Endo Pharmaceuticals, 174
equipe de alta administração. *Veja*
  CEOs; executivos; gestão
equipes de desenvolvimento
  corporativo, 4, 32, 34–35, 39, 177,
  182, 187
equipes de desenvolvimento, 4, 32,
  34–35, 39, 177, 182, 187
equity joint venture (quando existe
  investimento direto de capital, sujeito
  a riscos do empreendimento), 8
Ericsson, 18
escopo
  da combinação de recursos nas
    aquisições, 129–132

de eliminação de recursos
    pós-aquisições, 129, 132
Espanha, 109
estratégia de construção-empréstimo-
    compra
  Apple usando a, 18
  caso da Panacea Pharmaceuticals na,
    2, 5–74
  como poderosa ferramenta para
    atingir o crescimento, 7
  decisão entre aquisição e outras
    alternativas e, 125f
  distinção entre recursos
    internalizados e emprestados na,
    155
  estrutura conceitual dos caminhos
    para obtenção de recursos (árvore
    de decisões) na, 25f, 195f
  liderança necessária na, 194
  responsabilidade corporativa pela,
    187–188
estratégia de distribuição, 32, 35, 36,
    102, 103
estratégia dependente do caminho, no
    caso da Merlin Manufacturing, 2–4
estratégia oportunista
  caso da Maverick Publishing, 2, 4–5
  M&A e, 71, 139–140
estrutura conceitual dos caminhos para
  obtenção de recursos e, 25f, 195f
estrutura conceitual dos caminhos para
  obtenção de recursos, 11–33
  alianças e, 25, 25f, 29–31, 106, 106f,
    195f
  aquisições e, 25, 25f, 31–33, 195f a
  armadilha da implementação e,
    20–23
  benefícios de usar, 16
  capacidade de negociação do recurso
    e, 25f, 27–29, 195f
  ciclo da capacidade de seleção com,
    171–172, 172f, 173

como uma árvore de decisões, 25, 25f, 195f
contratos básicos e, 25, 25f, 195f
difusão da, 191-192
entendimento compartilhado da, 190-193
escolha exclusiva da empresa, 18
exemplos de escolhas na, 17-20
identificação de lacuna de recursos e, 23, 23-24, 25f, 195f
modelo completo, 195f
planejamento estratégico e, 23, 25
proximidade com o parceiro de recursos e, 25f, 29-31, 63t, 195f
questões referentes ao caminho de seleção na, 24-25, 25f, 195f
realinhamento do portfólio de recursos usando, 33, 149, 151, 172f, 173
relevância dos recursos internos e, 26-27, 25f, 53f, 195f
rotatividade dos executivos e, 192-193
transição do uso formalizado da, 192
viabilidade de integração da empresa-alvo e, 25f, 31-33, 195f
executivos
adequação organizacional e, 45
colaboração e, 30
comprometimento excessivo com o passado por parte dos, 152-153
controle compartilhado nas alianças e, 95
decisão quanto ao desenvolvimento interno e, 39-40, 41-42, 44
desconfiança de alianças por parte dos, 92-93, 94, 95
estrutura conceitual dos caminhos para obtenção de recursos difusão e, 192-193
experiência de obtenção de recursos e, 186

M&As usadas por, 71-72, 93, 118-119, 121-122, 124
modismos na obtenção de recursos e, 153
pesquisa sobre tomada de decisões relativas aos recursos, 25
realinhamento do portfólio de recursos e, 151-154
tendência a focar apenas o futuro dos, 151-152
triagem externa feita por, 182
Veja também CEOs
experimentação. *Veja* ambientes investigativos internos
Extracorporeal Medical Systems, 128
ExxonMobil, 111

FDA, 67
ferramentas de avaliação
capacidade de negociação do recurso e contratos, 88-90, 89t
proximidade desejada com o parceiro de recursos nas alianças, 113-115, 114t
realinhamento do portfólio de recursos, 165-168, 169t
relevância do recurso interno na decisão de compra, 62-66, 63t
viabilidade de integração da empresa-alvo na decisão de compra, 145-147, 146t
Fiorina, Carly, 14
First USA, 128
Fomento Económico Mexicano S.A. de
força do recurso, 45, 48, 63t
força dos recursos, 45, 48, 63t
Ford Motor Company, 20, 35, 40, 74, 99-100, 108, 113, 159
França, 17, 20, 35, 98-99, 111, 142, 166-167
franquias, 8
Frito-Lay, 57

Fuji Heavy Industries, 100-101
fundos de capital de risco, 184-185
fusões e aquisições (M&A)
   alianças *versus*, 119-120
   como atalho, 71-72
   contratos *versus*, 65
   coordenação com, 187-188
   custos das, 70, 118
   desinvestimentos após, 160
   dificuldade de alcançar sucesso nas, 32
   ênfase exagerada (impulso às M&As), 139-140
   escopo da combinação de recursos nas, 131
   estratégia de obtenção de recursos e, 140, 140f
   estratégia oportunista para o crescimento usando, 71, 139-140
   habilidades de execução nas, 138-140, 146t, 147
   indústria farmacêutica com, 179
   interesse próprio dos executivos nas decisões sobre, 122-123
   liderança e, 117-118, 124, 186-187, 188
   modismos na obtenção de recursos e, 153
   preferência dos executivos por, 71-72, 93, 118-119, 121-122, 124
   realinhamento dos recursos de, 169t
   sinergia nas, 127-128
   Veja também aquisições

"Game Changer", modelo de inovação da Shell, 58
Geely Automobile, 20, 159
Genentech, 158
General Electric (GE), 58, 62, 98-99, 110-111, 128, 144, 160-161, 179
General Motors (GM), 60, 111-112, 143
Genzyme, 183

gestão
   alianças e, 31, 66, 103-106, 111, 114t
   aquisições e, 122-123, 124
   desafios de implementação e, 52, 64
   desenvolvimento interno e, 39-40, 42, 43, 186
   integração pós-aquisições e, 135
   portfólio equilibrado de recursos e, 189
   Skunk Works e unidades semiautônomas e, 62
   uso da estrutura conceitual dos caminhos para obtenção de recursos, 85
GlaxoSmithKline (GSK), 66, 136
globalização, 11, 17, 124, 149, 179
Gmail, 58
Google News, 58
Google, 18, 24, 57-58, 74, 133
Green & Cool, 49
grupos de trabalho, 110, 190-191
Guidant, 123-124

habilidades de execução
   alianças e, 103-106, 111, 113, 114t
   Cisco com, 176
   contratos e, 80, 83, 89t
   M&A e, 138-140, 146t, 147
habilidades técnicas
   adequação ao sistema atual, 49
   armadilha da implementação e, 21-22
   concorrência interna sobre, 50-51
   conflitos internos sobre o uso das, 49-50
   obtenção de recursos externos para, 49
Haier, 79
Hancock Extracorporeal, 128
Hero Honda Motors Limited, 102-103
Hero, 102-103, 151, 165

Hewlett-Packard (HP), 13–15, 18, 59, 62, 133–134, 138, 155–156
Hisense-Kelon, 79
Hoechst, 142
Honda, 102–103, 151, 163, 165
Hong Kong, 109
HP. *Veja* Hewlett-Packard
HSBC, 108–109
HTC, 19, 24
Hughes, 143
Hyundai, 35, 163

IBM, 13, 43, 59–60
ICOS, 108, 162–163
Ilse Media, 19
Immelt, Jeffrey, 179
immonet.de, 19
implementação
    critérios de seleção e, 189
    recursos internos e, 51–52, 63t, 64
impulso às M&As, 139–140
incentivos
    colaboração e, 52
    desenvolvimento interno e, 39, 42
    divisão do conhecimento e, 181
    horizontes limitados e, 43
    inovação e, 177, 181, 184
    integração pós-aquisições e, 135–136
    M&A e, 122, 123
    modos de obtenção de recursos na Cisco e, 176, 177
    parceiros de aliança e, 29, 30, 31, 92, 93, 104, 108, 109–110, 111, 111, 115
    relevância dos recursos internos e, 26, 45
    remuneração e, 123, 135
    retenção e, 136, 138, 144, 146t, 157, 177
    transações de *spin-in* e, 183

Índia, 49, 54, 81, 86, 102–103, 107, 117–118, 139139, 151, 159, 165, 167, 168
índice de fracassos para aquisições, 121–122
Indonésia, 167, 168
indústria de refrigerantes, 35–40
indústrias químicas, 27, 124, 141, 145, 165, 184
Infosys, 48
ING, 71
InnoCentive, 55–56
inovação
    alianças e, 111
    ambientes investigativos internos e, 62
    aquisições e, 135, 173, 176
    capacidade de seleção e, 193
    Danone e, 166, 167–168
    empresas farmacêuticas e, 17, 66, 99
    força em recursos e, 48, 49
    fundos de capital de risco e, 185
    "Game Changer", modelo de inovação da Shell, 58
    grupo de empreendimentos internos e, 52
    "lead users" (consumidores que, a certa altura, apresentam necessidades bem mais exigentes que o restante do mercado) e, 56
    mix de estratégias de construção e compra da J&J's e, 125–128
    P&D e, 15, 16, 21–22, 138, 179
    pessoas-chave para, 135, 138, 181
    portfólio equilibrado de iniciativas e, 174
    recursos externos para, 26, 135, 138, 185
    restrições de não concorrência e, 181
    setor de smartphones e, 18
    Skunk Works e, 58

tendência a focar apenas o futuro e, 151
transações de *spin-in* e, 183–184
triagem externa de, 182
unidades semiautônomas para, 59, 61
inovação aberta, 56
integração das empresas-alvo
    alianças e, 108–109
    aquisições arriscadas e, 140f, 141–142
    aquisições complexas e, 140, 140f, 142–143, 147
    aquisições e, 31–33, 119, 120–121, 124, 125–140, 125f
    aquisições sem direcionamento e, 140f, 142–143
    aquisições tranquilas e, 140f, 141, 147
    autonomia organizacional da empresa-alvo e, 137, 142, 156, 169t
    clareza na integração e, 128–129, 130, 131, 132, 133, 141, 143, 146t, 147
    cronograma da, 132–134
    desinvestimento após, 159
    dois conjuntos de analistas usados na, 128–129
    escopo da combinação de recursos na, 129–132
    escopo da eliminação de recursos na, 132
    estratégia de obtenção de recursos e, 140–145, 140f
    estrutura conceitual para determinação da viabilidade de, 25f, 31–33, 195f
    exemplos de, 131–132, 133–134, 136, 138–139, 141–142, 144, 156
    identificando as pessoas-chave na organização adquirida e, 134–135, 146t
    mapeando caminhos, 127–128
    motivação dos funcionários, 121, 125f, 128, 136, 137–138, 140f, 141, 142–143, 146t, 147

portfólio de desenvolvimento e, 175
realinhamento do portfólio de recursos e, 156–156, 158, 167
retendo as pessoas-chave após, 135–138, 146t
Intel, 74, 183
Internet Explorer, 40
investigações em pequena escala. *Veja* ambientes investigativos internos
investimentos
    concorrência interna pelos recursos e, 50
    cross-equity (participação acionária cruzada), 86, 87, 110, 111
    cruzados, 8, 29, 91
    estratégia de crescimento com, 179
    estratégia oportunista para o crescimento usando, 4–5
    portfólio de desenvolvimento com, 177, 178
investimentos cruzados, 8, 29, 91
investimentos em educação, 182–183
iPhones, 18
iPods, 191
IPOs (oferta pública inicial de ações), 174–175
IPOs, 174–175
Isis Pharmaceuticals, 183
Israel, 17
Isuzu Motors, 100–101

J. P. Morgan Chase & Co., 128
J&J Cardiovascular, 128
J&J Interventional Systems, 128
Jaguar, 20, 118, 159
Japão, 17, 20, 42, 58, 77, 78, 102–103, 109, 110–111, 111, 112, 129, 167
Jet Airways, 107
Jobs, Steve, 191
John Hancock Financial Services, 141
Johnson & Johnson (J&J), 51–52, 123–124, 126–128, 144, 151

joint venture farmacêutica Astra-Merck, 99
joint ventures
alianças com, 8, 29, 30, 91, 111–112
concorrência e, 99–100, 102–103
controle dos recursos nas, 164
estratégia de aquisições usando, 142
exemplo da Hero-Honda, 102–103, 151, 165
exemplos de, 20, 58, 98–99, 102–103, 108–109
expansão de mercado por meio de, 144
motivos para terminar, 165, 168
negociação de condições nas, 145
oportunidades de aprendizado nas, 142
preenchendo lacunas de recursos com, 12
relutância em usar, 94
retorno financeiro compartilhado nas, 94

kanban, 157
Kingfisher Airlines, 107
Kmart, 147

L'Oréal, 143
lacunas de recursos
definição de, 8
exemplo da Coca-Cola FEMSA, 35
ferramenta de avaliação para opção de comprar e, 62
"lead users" (consumidores que, a certa altura, apresentam necessidades mais exigentes que o restante do mercado), e design de produtos, 56
LEGO, 55–56
levantamento de habilidades, 179
licenças e licenciamento
a Apple usando, 18
a Merck usando, 66, 67–68

abordagem de licenciamento no país, 30, 43
acordos modulares em, 85
acordos/contratos em condições normais de mercado com, 8, 27, 28, 66
alianças e, 69, 78–79, 110, 174, 186
alianças estratégicas com, 69
apoio do fornecedor em, 83
busca externa para identificar, 182
busca por recursos e, 182
capacidade de negociação dos recursos e, 76–77
contrato básico para, 68–69, 75f, 88
desenvolvimento de novos produtos e, 81–82
desenvolvimento interno complementado por, 68
estratégia de crescimento por meio de construção-empréstimo-compra e, 6
estratégia oportunista de crescimento e, 4, 5
estrutura conceitual dos caminhos para obtenção de recursos para, 25f, 27, 28, 195f
falta de conhecimento da tecnologia subjacente em, 74, 82, 83, 87–88, 186
fundos de capital de risco e, 185
mercados emergentes e, 69, 78–79, 86
mistura de modos de obtenção de recursos com, 174
necessidade de controlar recursos como barreira ao uso de, 70, 73, 168
obsessão sobre controle e, 70–71
obtenção de recursos externos usando, 64, 66, 67, 74, 74, 76–77, 88, 150, 179

participações acionárias como parte
do, 183, 185
presença em novos segmentos do
mercado usando, 49, 64
realinhamento do portfólio de
recursos e, 150-151
relacionamento com o fornecedor
em, 76-77, 183
uso de aquisições *versus*, 74, 186
uso no setor automotivo, 20, 35,
102
uso pelas empresas farmacêuticas, 27,
30, 42, 66, 67-68, 74, 76, 77, 78,
82, 85, 88, 174, 183, 190-191
vazamento de recursos em, 82
licenciamento no exterior, 8, 27, 68, 77
licenciamento no país, 30, 43
liderança
análise e implementação dos modos
de construção-empréstimo-
compra e, 187-188
busca externa e, 182
capacidade de seleção e, 173,
187-188, 189-193, 193-194
em vários pontos da empresa, 193
entendimento compartilhado criado
pela, 190-193
experiência de obtenção de recursos
e, 186, 187
M&A e, 117-118, 186-187
Linksys, 157, 176
Lockheed Martin, 139
Lockheed, 74
locomotivas a vapor, lançamento das,
24
lojas de desconto no varejo, 144, 147
lojas do varejo, 72, 131, 144, 147

M&A. *Veja* fusões e aquisições
Malásia, 107
Manulife Financial Corp., 141
mapas do conhecimento, 179

mapeando o caminho de integração,
127-128
marca Actimel, 166
marca Activia, 166
marca Alberto Culver, 161
marca Amora, 161
marca BlackBerry, 18, 156
marca Claritin, 42
marca Danoninho, 166
marca de biscoitos irlandeses, 168
marca de biscoitos Jacob's, 168
marca de cerveja Kronenbourg, 167
marca de pneus Firestone, 74
marca de veículos Land Rover, 118, 159
marca do medicamento Cialis, 108
marca Doritos, 57
marca Efavirenz, 67
marca Fosamax, 67
marca Knorr, 161
marca Mevacor, 67
marca Pravachol, 77
marca Prilosec, 78
marca Prozac, 54
marca Slim-Fast, 161
marca Vitalinea , 166
marca Zocor, 67
marca Zyprexa, 54
marcas
coordenação de, 188, 189
equilíbrio do portfólio de
desenvolvimento e, 179
obtenção de recursos externos e, 49
reconhecer as lacunas de recursos e,
24
sobreposição competitiva nas joint
ventures e, 99
marcas registradas, 73
Marion Laboratories, 141
Marion Merrill Dow (MMD), 141-142
marketing
adequação do conhecimento dos
recursos e, 45

adequação organizacional dos recursos e, 49
alianças para, 8, 91, 97, 102, 104, 111
aquisições e, 121
obtenção de recursos externos e, 49
PepsiCo New Ventures e, 61
projetos coesos (close-knit) e, 54
projetos não relacionados e, 54
reconhecer as lacunas de recursos e, 24
sobreposição competitiva nas joint ventures e, 99
Massmart, 144
Medtronic, 128
Menlo Care, 128
mercados emergentes
adequação organizacional e, 54
aquisições nos, 144
busca externa e, 181, 182
contratos nos, 81, 86
controle dos recursos nos, 168
controle nas alianças nos, 96
direitos de continuação e, 164–165
horizontes limitados e negligência, 43
incertezas quanto ao valor futuro e, 78–79
lacunas de recursos nos, 11, 24
leis de propriedade intelectual nos, 69
licenças e, 69, 78–79, 86
realinhamento do portfólio, 179
retenção dos funcionários nos, 181
Merck, 42, 66, 67–68, 78, 99
Merrill Dow, 141
Merrill Lynch, 108–109
metas de desenvolvimento, e ciclo da capacidade de seleção, 172f, 173
metas, nas aquisições, 130–131, 132, 141, 147
México, 35–40, 168
Microsoft, 40, 66, 131–132

mídia digital, 19, 26, 50, 52
milestones (marcos)
alianças com, 31, 69, 88, 93, 177
aquisições com, 88, 118, 145, 183
controle dos recursos e, 162
processo de integração e, 133
Minsheng, 129
Mitsubishi Motors, 20
modelos de negócios, 8, 26, 49, 50, 57, 58, 59, 60, 64, 131
motivação
alianças e, 105
controle sobre os recursos pretendidos e, 32
estrutura conceitual dos caminhos para obtenção de recursos com, 195f
integração pós-aquisições e, 121, 125f, 128, 136, 137–138, 140f, 141, 142–143, 146t, 147
Motorola Mobility, 74
Motorola, 18, 74
MTN Cellular, 95
MTN, 82, 107, 188–189
mudança tecnológica, 58, 62, 131, 156, 184

NASE, 56
negociações
alianças e, 79, 92, 94, 103–105, 109, 110–111, 120
aquisições e, 120, 122, 124, 143, 145
busca externa e, 182
clareza em relação aos recursos e, 78
contratos nos mercados emergentes e, 69, 81
habilidades de execução de contratos e, 83
joint ventures e, 102, 103, 145
licenças geográficas e, 76
parcerias e, 163
projetos entrelaçados e, 88, 88

realinhamento do portfólio com, 162
transações de *spin-in* e, 183
recursos negociáveis e, 27, 77
negócio de brinquedos no varejo,
    71-72
negócio de máquinas automáticas de
    venda de café, 35-40
negócios de impressoras, 14, 59-60, 62,
    155-156
Nestlé, 35, 36
Netscape, 40
networking e colaboração, 52
NeuTec Pharma, 118
New United Motor Manufacturing Inc.
    (NUMMI), 111-112
Nissan, 111, 113
Nokia, 18, 24
nonequity joint venture (em que a
    posição do investidor é a de credor
    num empréstimo a ser pago,
    independentemente do resultado do
    negócio), 8
Nortel Networks, 66, 68, 142
North American Aviation, 74
Novartis, 66, 118
novos segmentos do mercado
    aquisições investigativas e, 131
    autonomia dos recursos-chave nos,
        157
    contratos básicos para, 88-90
    exemplo da Cisco entrando em, 176
    licenciamento para presença em, 6,
        49, 64
    obtenção de recursos externos e, 49
    obtenção de recursos necessários
        para, 15, 24, 48
    parcerias e, 104
    unidades semiautônomas e, 61

obtenção de recursos externos
    adequação aos sistemas atuais e uso
        de, 48-49, 63t

capacidade de seleção e
    oportunidades para, 173
contratos e licenciamento *versus*, 29
desvantagens da, 35
exemplo da Merck, 67-68
ferramenta de avaliação para decisões
    sobre, 62-66, 88
obtenção de recursos internos *versus*,
    34-35, 42, 44-45, 45f, 62-66, 67
opções para, 8, 65, 88
pesquisa no setor de
    telecomunicações sobre, 34
Projetos coesos (close-knit) e, 53f,
    53, 54
Projetos desalojados (homeless) e,
    53f, 55, 57
projetos não relacionados e, 53f, 54
projetos sem recursos e, 53f, 55-56
quando usar, 68
relevância dos recursos internos e,
    52-53, 53f
transição do desenvolvimento
    interno para, 186
Veja também aquisições; alianças;
    contratos
OneWorld, 107-108
oportunismo dos parceiros, 80-82
Oracle Corp., 118
Orkut, 58
Owens Corning, 88, 101

P&D. *Veja* pesquisa e desenvolvimento
P&G, 56
parceiros de recursos. *Veja* parcerias
parcerias
    cronograma para, 164
    direitos de continuação nas, 164-165
    estratégia de crescimento com, 4-5,
        179
    participações acionárias nas, 183
    proximidade desejada nas, 25f,
        29-31, 195f

relevância dos recursos internos e, 26
responsabilidade principal pelas, 188
Veja também alianças
participações acionárias, 182–183
patentes, 66, 69, 73, 77–78, 80, 81, 159
PayPal, 156
Pearson Group, 19
PepsiCo New Ventures, 61
PepsiCo, 60–61
Pesquisa e Desenvolvimento (P&D)
    adequação do conhecimento dos recursos e, 45
    alianças para, 8, 91, 97, 98
    aquisições e, 121
    benefícios de usar equipes internas para, 35
    colaboração na, 52, 166
    grupo de empreendimentos internos para, 52
    inovação e, 15, 16, 21–22, 138, 179
    portfólio de desenvolvimento com, 177, 178
    realinhamento do portfólio de recursos e, 166
pesquisa no setor de telecomunicações
    alianças, 30–31, 93
    ambientes investigativos internos, 62
    aquisições, 122, 124, 125
    colaboração, 52
    contratos básicos, 68, 79
    contratos, 29
    descrição, 25
    desenvolvimento interno, 26–27, 34, 44
pesquisa. *Veja* pesquisa no setor de telecomunicações
pessoal
    alianças e perda de controle sobre, 95
    relevância dos recursos internos e, 26
    restrições de não concorrência, 181

retenção de, 32, 125, 134, 135–138, 140, 141, 142, 144, 146t, 147, 156, 172, 181
transações de *spin-in* e, 184
Peugeot-Citroën, 20
Pixar, 142–143
planejamento estruturado, 23
planejamento. *Veja* planejamento estratégico
portfólio de desenvolvimento
    alimentando o, 179–185
    aquisições parciais e, 182–183
    avaliação dos projetos de recursos no, 175
    busca externa para, 181–182
    busca interna para, 179–181
    coordenação no, 186–189
    exemplo da Cisco, 176–178, 179, 183
    fundos de capital de risco e, 184–185
    ganhando experiência no, 185–186
    misturando o modo de obtenção de recursos no, 174
    necessidade de equilíbrio no, 173–179
    ritmo dos ajustes no, 175–178
    transações de *spin-in* e, 183–184
privatização, 138, 188
processos de produção
    adequação do conhecimento dos recursos e, 45
    alianças para, 97
    eliminação de ativos redundantes, 160
programas de recompra de ações, 178
projeto Trusted Borders, 85
Projetos coesos (close-knit), 53f, 53
projetos desalojados (homeless), 53f, 54, 57
projetos não relacionados, 53f, 53
projetos sem recursos, 53f, 55–56
propriedade intelectual
    alianças e, 68, 69

como ativo intangível, 8
compra de tecnologia pronta para
    uso e, 81
decisão de compra controle da, 34
desinvestimento e, 132
leis que regem, 69
obsessão quanto ao controle da, 70,
    81
vazamento de recursos e, 82
proteção dos recursos, 80-83, 84f, 89t
proximidade
    com os parceiros de recursos, 97
    com os recursos pretendidos, 45-47,
        63t
proximidade dos recursos, 45, 47-48, 63t
Psion, 18

questão de conhecimento
    adequação do conhecimento dos
        recursos pretendidos e, 45-48, 53f,
        62, 63t, 84f
    capacidade de negociação do recurso
        e, 83, 84f
    clareza em relação aos recursos e,
        77-80, 89t, 195f
    clareza na integração e, 146t
    contratos básicos para obtenção dos
        recursos pretendidos e, 88, 89t
    decisão entre aliança e aquisição e,
        96, 96f
    decisão entre aquisição e outras
        alternativas e, 125, 125f
    decisão entre contrato básico e
        aliança e, 74, 75f
    decisão entre desenvolvimento
        interno e obtenção de recursos
        externos e, 44, 45f
    escopo de colaboração e, 97-99, 106f,
        114t
    estrutura conceitual dos caminhos
        para obtenção de recursos com,
        195f

mapa de integração e, 128-134,
    140f
proximidade com o parceiro de
    recursos e, 106, 106f, 113, 114t
relevância dos recursos internos e,
    52-53, 53f
viabilidade de integração da
    empresa-alvo e, 140, 140f, 145,
    146t
questão de governança
    adequação organizacional dos
        recursos pretendidos e, 45, 48-52,
        62, 63t
    capacidade de negociação do recurso
        e, 83, 84f
    compatibilidade de objetivos e,
        99-102, 106f
    contratos básicos para a obtenção
        dos recursos pretendidos e, 88, 89t
    decisão entre aliança e aquisição e,
        96, 96f
    decisão entre aquisição e outras
        alternativas e, 125, 125f
    decisão entre contrato básico e
        aliança e, 74, 75f
    decisão entre desenvolvimento
        interno e obtenção de recursos
        externos e, 44, 45f
    estrutura conceitual dos caminhos
        para obtenção de recursos com,
        195f
    motivação dos funcionários e, 145,
        146t
    possíveis aliados na decisão de
        alianças e, 104
    proteção dos recursos e, 80-83, 84f,
        89t
    proximidade desejada com o
        parceiro do recurso e, 106, 106f,
        113, 114t
    relevância dos recursos internos e,
        52-53, 53f

viabilidade da integração da
  empresa-alvo e, 140, 140f, 145,
  146t
  Veja também adequação
    organizacional

Raytheon, 85, 139
Reagan, Ronald, 93
realinhamento do portfólio de recursos,
  149-168
  comprometimento excessivo com o
    passado no, 152-153
  eliminação de recursos obsoletos
    como parte do, 150
  estrutura conceitual dos caminhos
    para obtenção de recursos para,
    149, 151, 172f, 173
  exemplo da Danone, 166-168
  ferramenta de avaliação para,
    165-168, 169t
  fragmentação organizacional e, 153
  modismos de obtenção de recursos
    e, 153
  necessidade de reavaliação frequente
    do, 149-150, 169t
  opções para, 155, 155t
  reavaliando as opções de
    construção-empréstimo-compra
    no, 154-155
  recursos emprestados no, 155t,
    162-165
  recursos internalizados no, 155-162,
    155t
  recursos obtidos por meio de licenças
    e alianças e, 150-151
  relutância dos executivos no, 151
  tendência a focar apenas o futuro e,
    151-152
realinhamento dos portfólios de
  recursos. *Veja* realinhamento do
  portfólio de recursos
reconhecimento, 23, 23-24

recursos
  definição de, 8
  Veja também recursos internos
  recursos desnecessários, 159, 160-161
  recursos emprestados
    definição de, 155
    eliminação de, 155t, 164-165
    maior controle dos, 155t, 162-164
    menor controle dos, 155t, 164
    necessidade de realinhamento dos,
      169t
    realinhamento, 155t, 162-165, 169t
  recursos estratégicos
    coordenação dos, 187-188
    definição de, 8
    liderança e, 187
    perda de controle nas alianças,
      94-95, 164
    realinhamento do portfólio
      estratégico, 169t
  recursos existentes/atuais, definição de,
    8
  recursos internalizados
    capacidade de seleção e
      oportunidades para, 173
    definição de, 155
    desinvestimento, 155t, 159-162
    identificando e conectando, 179-181
    maior controle dos, 155-156, 155t
    menor controle dos, 155t, 156-158
    necessidade de realinhamento dos,
      169t
    proteção dos, 181
    realinhamento, 155-162, 155t, 169t
  recursos internos
    abordagem multidimensional aos, 44
    adequação do conhecimento dos,
      36-38, 45-48, 45f, 53f
    adequação organizacional dos, 35,
      35-40, 45f, 45, 48-52, 53f
    arrogância e opiniões muito
      exageradas sobre, 41-42

avaliando a relevância dos, 44-52, 53f
capacidade de negociação dos, 27-29
concorrência interna por, 50-51, 63t
conflitos internos quanto ao uso de, 49-50
definição de, 8
desafios de implementação e, 51-52, 63t
escolha automática dos, 40
estrutura conceitual dos caminhos para obtenção de recursos nos, 25, 25f, 26-27, 195f
exemplo de reimplantação da Coca-Cola FEMSA, 35-40
falta de habilidades de obtenção de recursos externos e uso de, 44
gestores e, 39-40, 42
horizontes limitados e escolha dos, 43-44
obtenção de recursos externos *versus* uso de, 34-35, 42-43, 44-45, 45f
projeto coeso (close-knit) e, 53f, 53, 54
projetos desalojados (homeless) e, 53f, 55, 57
projetos não relacionados e, 53f, 54
projetos sem recursos e, 53f, 55-56
relevância dos, 26-27, 53f
tendência a usar, 42-43, 43
recursos livres, 73
recursos obsoletos, 159
recursos pretendidos
adequação do conhecimento e, 45, 47-48, 53f, 63t
clareza em relação aos recursos e, 77-80, 89t, 195f
definição de, 8
valor futuro dos, 78-79
recursos redundantes, 159, 160
reengenharia, 153
Renault, 20, 35, 111, 113

Research In Motion (RIM), 18, 24, 66, 156
restrições de não concorrência, 181
retenção de funcionários, 32, 125, 134, 135-138, 140, 141, 142, 144, 146t, 147, 156, 172, 181
RightNow Technologies, 118
Roche, 158
rodízio de trabalho, 52
Rohm & Haas, 145
Rosneft, 109-110, 111
Royal Numico, 167
royalties, 68, 69, 103
Rússia, 109-110, 112, 168, 185

Samsung, 19, 23-24, 101
Sankyo, 77
Sanofi-Aventis, 17, 66, 179
Sanoma Group, 19
Santander Bank, 109
SAP, 14
Schering-Plough, 42
Scientific Atlanta, 176
Scottish & Newcastle, 167
Sega, 40
serviço MTN Money, 95
serviços de internet banking via celular, 95, 107, 189
setor automotivo
alianças no, 111-112, 113
aquisições no, 143
coaprendizado nas alianças no, 111-112
contribuições equilibradas de recursos nas alianças no, 100-101
cross-equity holdings (holdings com acionária cruzada) no, 111
desenvolvimento interno no, 40, 71
desvantagens na obtenção de recursos externos no, 35
eliminações/desinvestimento no, 159

horizontes limitados e negligência em relação às oportunidades no, 43
joint ventures no, 99-100, 102-103, 108, 111-112
kanban eletrônico adotado pelo, 157
M&As no, 117-118
sobreposição competitiva no, 99-100
unidades semiautônomas no, 61
setor bancário, 26, 28-29, 30, 32, 71, 95, 107, 108-109, 123, 128, 129, 141, 143, 156, 188
setor de aviões, 74, 98-99, 107-108, 112
setor de biotecnologia, 17, 82, 118, 158, 167, 183
setor de computadores/TI, 13-15, 43, 60, 133-134, 138, 191
setor de energia, 109-110, 118, 179
setor de jogos eletrônicos, 40
setor de mídia impressa, 19, 26, 50, 52
setor de smartphone, 17-19, 23-24, 77, 156
setor de telecomunicações
   alianças no, 95
   aquisições de patentes no, 66
   aquisições no, 188
   concorrência interna pelos recursos no, 50
   opção pelo desenvolvimento interno no, 43
   tendência a focar apenas o futuro no, 151
   vários modos de obtenção de novos recursos no, 174
setor editorial, 19, 26, 50, 52
Shell Oil, 57, 165
Siemens, 24, 87-88, 133, 144
sinergia, 127-128
Sirtris, 136
sistema operacional Symbian, 18
sistema operacional webOS, 18

sistemas de imagens por ressonância magnética (MRI), 58, 110-111, 144
sistemas de MRI, 58, 110-111, 144
sistemas de refrigeração, 49
sistemas just-in-time, 157
Skunk Works, 8, 56-60, 62, 192
Skype, 131-132
SkyTeam, 107-108
Snecma, 98-99
Sony, 40
spin-offs (empresas desmembradas), 177, 181
Springer, 19
Standard Bank, 95, 107, 188
Star Alliance, 107-108
startups, 46, 136, 144-145, 181, 185, 193
Stonyfield Farm, 142, 143
Subaru-Isuzu Automotive (SIA), 100-101
Sun Microsystems, 118
Symedix, 127

Tandem Computers, 13
Tata Group, 20
Tata Motors, 117-118, 159
Technicare, 144
tecnologias revolucionárias, 58, 62, 131, 156, 184
Telia Light, 54
Telia, 54
tendência a focar apenas o futuro, 151-152
Tesla Motors, 112
Teva, 17
Time Warner, 143
TNK, 109-110, 111
Toyota, 19-20, 111-112, 157, 163, 164
Toys "R" Us, 71-72
transações de *spin-in*, 183-184
transferência de conhecimento, e contratos, 72, 79, 83
transferência de tecnologia, 79, 103, 111

3M, 57
Tribune Company, 178
Trilix, 118
Tyco, 139

UCBH, 129
unidades semiautônomas
   ambientes investigativos internos
      com, 57, 58–60
   baixo índice de uso das, 61–62
   exemplos de, 58–60
   integração das, 61–62
Unilever, 143, 160, 161
United Technologies Group, 49

vacina Gardasil, 67
valor futuro dos recursos pretendidos, 78–79
vantagem competitiva
   aquisições e, 65, 122
   capacidade de seleção e, 189, 193
   contrato básico *versus* aliança na, 65
   controle dos recursos-chave e, 34, 157, 163
   decisão entre comprar ou construir e, 16, 34
varejistas on-line, 71–72, 131

Vascor, 128
vazamento de recursos, 82, 169t
vazamento de recursos, 82, 169t
veículos da marca Aston Martin, 159
veículos Saturn, 60
Virgin Airlines, 107
visão estratégica
   aquisições e, 125
   estrutura conceitual dos caminhos para obtenção de recursos e, 85
Volkswagen (VW), 99–100, 108
Volvo, 20, 113, 159

W. L. Gore and Associates, 27, 184
Wadia Group, 168
Walmart, 144
Walt Disney Studios, 142–143
West, Arch, 57
Whirlpool, 79
Wockhardt Group, 139, 168

Yakult, 168
Yili e Robust, 167
Yokagawa Medical Systems, 57
Yokogawa Hokushin Electric Corp., 111
YouTube, 133

Cartão Resposta

050120048-7/2003-DR/RJ

Elsevier Editora Ltda

...CORREIOS...

ELSEVIER

SAC | 0800 026 53 40
ELSEVIER | sac@elsevier.com.br

CARTÃO RESPOSTA

Não é necessário selar

O SELO SERÁ PAGO POR

Elsevier Editora Ltda

20299-999 - Rio de Janeiro - RJ

---

nosso trabalho para atendê-lo(la) melhor e aos outros leitores.
Por favor, preencha o formulário abaixo e envie pelos correios ou acesse www.elsevier.com.br/cartaoresposta. Agradecemos sua colaboração.

Seu nome: _____

Sexo: ☐ Feminino ☐ Masculino   CPF: _____

Endereço: _____

E-mail: _____

Curso ou Profissão: _____

Ano/Período em que estuda: _____

Livro adquirido e autor: _____

Como conheceu o livro?

☐ Mala direta   ☐ E-mail da Campus/Elsevier
☐ Recomendação de amigo   ☐ Anúncio (onde?)
☐ Recomendação de professor
☐ Site (qual?)   ☐ Resenha em jornal, revista ou blog
☐ Evento (qual?)   ☐ Outros (quais?)

Onde costuma comprar livros?

☐ Internet. Quais sites? _____
☐ Livrarias   ☐ Feiras e eventos   ☐ Mala direta

☐ Quero receber informações e ofertas especiais sobre livros da Campus/Elsevier e Parceiros.

Siga-nos no twitter @CampusElsevier

Qual(is) o(s) conteúdo(s) de seu interesse?

Concursos
- [ ] Administração Pública e Orçamento
- [ ] Arquivologia
- [ ] Atualidades
- [ ] Ciências Exatas
- [ ] Contabilidade
- [ ] Direito e Legislação
- [ ] Economia
- [ ] Educação Física
- [ ] Engenharia
- [ ] Física
- [ ] Gestão de Pessoas
- [ ] Informática
- [ ] Língua Portuguesa
- [ ] Línguas Estrangeiras
- [ ] Saúde
- [ ] Sistema Financeiro e Bancário
- [ ] Técnicas de Estudo e Motivação
- [ ] Todas as Áreas
- [ ] Outros (quais?)

Educação & Referência
- [ ] Comportamento
- [ ] Desenvolvimento Sustentável
- [ ] Dicionários e Enciclopédias
- [ ] Divulgação Científica
- [ ] Educação Familiar
- [ ] Finanças Pessoais
- [ ] Idiomas
- [ ] Interesse Geral
- [ ] Motivação
- [ ] Qualidade de Vida
- [ ] Sociedade e Política

Jurídicos
- [ ] Direito e Processo do Trabalho/Previdenciário
- [ ] Direito Processual Civil
- [ ] Direito e Processo Penal
- [ ] Direito Administrativo
- [ ] Direito Constitucional
- [ ] Direito Civil
- [ ] Direito Empresarial
- [ ] Direito Econômico e Concorrencial
- [ ] Direito do Consumidor
- [ ] Linguagem Jurídica/Argumentação/Monografia
- [ ] Direito Ambiental
- [ ] Filosofia e Teoria do Direito/Ética
- [ ] Direito Internacional
- [ ] História e Introdução ao Direito
- [ ] Sociologia Jurídica
- [ ] Todas as Áreas

Media Technology
- [ ] Animação e Computação Gráfica
- [ ] Áudio
- [ ] Filme e Vídeo
- [ ] Fotografia
- [ ] Jogos
- [ ] Multimídia e Web

Negócios
- [ ] Administração/Gestão Empresarial
- [ ] Biografias
- [ ] Carreira e Liderança Empresariais
- [ ] E-business
- [ ] Estratégia
- [ ] Light Business
- [ ] Marketing/Vendas
- [ ] RH/Gestão de Pessoas
- [ ] Tecnologia

Universitários
- [ ] Administração
- [ ] Ciências Políticas
- [ ] Computação
- [ ] Comunicação
- [ ] Economia
- [ ] Engenharia
- [ ] Estatística
- [ ] Finanças
- [ ] Física
- [ ] História
- [ ] Psicologia
- [ ] Relações Internacionais
- [ ] Turismo

Áreas da Saúde
- [ ]

Outras áreas (quais?): _____

Tem algum comentário sobre este livro que deseja compartilhar conosco?
_____

Impresso nas oficinas da
SERMOGRAF - ARTES GRÁFICAS E EDITORA LTDA.
Rua São Sebastião, 199 - Petrópolis - RJ
Tel.: (24)2237-3769